SUMARIO

AF237903

ESPECIAL MATERIAL

INICIATIVAS SOSTENIBLES EN VESTIMENTA
¿De qué está hecha la ropa de montaña?

CALCETINES
Escoge bien a los aliados de tus pies

Botas técnicas para alta montaña
PROTECCIÓN Y TECNOLOGÍA AL SERVICIO DE TUS PIES

LA MÁXIMA EXPRESIÓN DEL REFUGIO PORTÁTIL
Tiendas de campaña ligeras

SUELAS DE ZAPATILLAS PARA
TRAIL RUNNING
Cómo influyen en nuestra carrera

Nutrirse para rendir
¿QUÉ COMER EL DÍA DE LA CARRERA?

UN ELEMENTO DE SEGURIDAD PARA CADA OCASIÓN
Cuerdas simples, dobles y gemelas

PIES DE GATO
Últimas tendencias

EDITA
Ediciones Desnivel S.L.
C/ San Victorino n° 8. 28025 Madrid.
Teléfono: 91 360 22 42.
edicionesdesnivel@desnivel.com

REDACCIÓN
Director:
Darío Rodríguez.
dario@desnivel.com

Redactora Jefe:
Eva Martos.
evamartos@desnivel.com

Director de Arte:
Gregorio Arranz.
g.arranz@desnivel.com

Colaboran en este número:
Jesús Velasco, Rafa Gómez, Mónica
Llorente, José Yáñez, Miguel Escrig,
Miguel Ángel Sánchez, Curro González,
Roberto Llorente, Josito Fernández,
Juan Ramón Morán, José Isidro Gordito y
Marga Sanz.

DEPARTAMENTO DE PUBLICIDAD
Directora: María Ángeles Trujillo.
publicidad@desnivel.com
Tel: 91 360 22 60.

DESNIVEL.COM
Webmaster: José Yáñez.
webmaster@desnivel.com

DISTRIBUCIÓN Y VENTAS
María José Santamaría. Tel: 91 360 22 84.
mariajose@desnivel.com
Pedidos particulares:
Librería Desnivel.
Tel: 91 369 42 90.
Envíos: Ramón Díaz y Pedro Montes.

SUSCRIPCIONES
Tel: 91 360 26 20 (horario de 9 a 16:00 h).
suscripciones@desnivel.com
http://desnivel.com/suscripciones

CONTABILIDAD
Maite López.
mayte@desnivel.com
Tel: 91 360 26 20.

Distribuye: SGEL. Tel: 91 657 69 00.
PVP Canarias: 7.05 €

Impresa en España/Printed in Spain.
Imprime WILLING PRESS
en papel ecológico TCF
(totalmente libre de cloro).

Depósito legal: M-8747-2013
ISSN: 0211-9765
ISBN: 978-84-9829-714-0

SÍGUENOS EN: **desnivel.com**   facebook.com/revistadesnivel   twitter.com/desnivelados   instagram.com/desnivel_revista

PRESENTACIÓN

Jesús Velasco

Curro González

Roberto Llorente

Miguel Escrig

Mónica Llorente

Eva Martos

La guía definitiva para acertar con tu equipo para la montaña

Volvemos con la edición anual de nuestro imprescindible Especial Material, que lanzamos hace ya ¡31 años!, con un contenido dirigido a orientarte en la elección del mejor equipamiento para la escalada, el alpinismo, el trekking, el trail running y otros deportes de montaña. El número incluye un total de ocho artículos relacionados con el material, escritos con un enfoque claro, útil y directo. Ofrecen consejos prácticos sobre materiales, tecnologías y criterios de compra que te ayudarán a tomar decisiones informadas y adaptadas a tus necesidades reales en la montaña.

El núcleo central de la revista lo componen más de treinta test de producto, realizados íntegramente sobre el terreno por un amplio equipo de especialistas en las distintas disciplinas de los deportes de montaña. Guías de montaña como Curro González, Josito Fernández, Roberto Llorente, Jesús Velasco, Rafa Gómez y Miguel Escrig han puesto a prueba mochilas, calzado, ropa técnica y más, en condiciones reales de uso. A ellos se suman corredores como Miguel Ángel Jiménez, Mónica Llorente y Juan Ramón Morán, así como los técnicos Javier García y Alejandro Pérez. También han participado

en las pruebas Eva Martos, José Yáñez, Ana Díaz de Espada y Mariángeles Trujillo, todos con una amplia experiencia y pasión por la montaña. Sus valoraciones, rigurosas y libres de influencias comerciales, se centran en aspectos clave de los productos como su funcionalidad, durabilidad, diseño o sostenibilidad, entre otros.

Completando esta edición, encontrarás más de 300 fichas de producto organizadas en categorías como vestimenta, calzado, mochilas, trail running, sacos de dormir, tiendas o material de escalada, entre otras. Cada uno de los productos están clasificados por orden alfabético –atendiendo a la marca– e incluyen una imagen del producto, su precio recomendado, características destacadas y el enlace web del fabricante para ampliar información. Corresponden a las novedades tanto de esta temporada como de la siguiente (otoño-invierno 2026).

Con este gran despliegue de contenido actualizado, técnico y honesto, esperamos ofrecerte una herramienta útil para que elijas el equipo que mejor se adapta a ti, elevando así tu experiencia y seguridad en la montaña. // **Redacción Desnivel**

Josito Fernández

José Yáñez

Miguel Ángel Jiménez

Rafa Gómez

Alejandro Pérez

Juan Ramón Morán

GUIA DE MARCAS

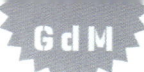
Marca	Distribuidor	Web	Capítulo	Página
Karpos	MVC Iberia S.L.	www.karpos-outdoor.com	Vestimenta	25
Kletter	KletterRetter	www.kletterretter.com	Escalada	156
Korda's	SACID Kordas	www.sacidkordas.com/es/	Escalada	156
Laken	Laken Productos Deportivos, S.A.	www.laken.es	Accesorios	111
Leatherman	Leatherman	www.leatherman.com	Accesorios	112
Lowa	Megasport	www.lowaboots.com	Calzado	64
Lurbel	MLS Textiles 1992, S.L.	www.lurbel.eu	Vestimenta	28
			Calcetines	44
Marmot	Vertical Sports, S.L	www.vertical.es	Vestimenta	26-27
			Dormir	95
Merrell	Wolverine Worldwide	www.merrell.com	Calzado	65
			Trail Running	129
Montane	Esportiva Aksa, S.A	www.esportivaaksa.com	Vestimenta	29
Montura	Panasport ETD	www.montura.com	Vestimenta	30
Mund	Mundoimport, S.L	www.mundsocks.com	Calcetines	45
OS2O	OS2O	www.os2o.com	Vestimenta	21
Osprey	Viper Sport	www.ospreyeurope.com/es_es/	Mochilas	83
Petzl	Petzl España	www.petzl.com	Escalada	154
Primus	Vertical Sport, S.L	www.primus.eu	Accesorios	113
Rab	Outdoor Representaciones	www.rab.equipment/eu/	Vestimenta	31
Rafiki	Esportiva Aksa, S.A	www.rafikiclimbing.com	Vestimenta	32
Robens	Vertical Sport, S.L	www.robens.de	Dormir	96-97
Rock Experience	Viper Sport	www.rockexperience.shop	Vestimenta	33
Salewa	Salewa Ibérica	www.salewa.com	Vestimenta	34
			Calzado	66
			Mochilas	85
			Dormir	98
			Escalada	157
Silva	Vertical Sports, S.L	www.vertical.es	Iluminación	101
Sinner	Esportiva Aksa, S.A	www.sinner.eu	Accesorios	114
Teva	Outdoor King	www.teva.com	Calzado	67
Vaude	Vaude Spain, S.L	www.vaude.es	Vestimenta	35
			Mochilas	85
			Dormir	99
Wild Country	Salewa Ibérica	www.wildcountry.com	Escalada	157

MATERIAL

INICIATIVAS SOSTENIBLES EN VESTIMENTA

¿De qué está hecha

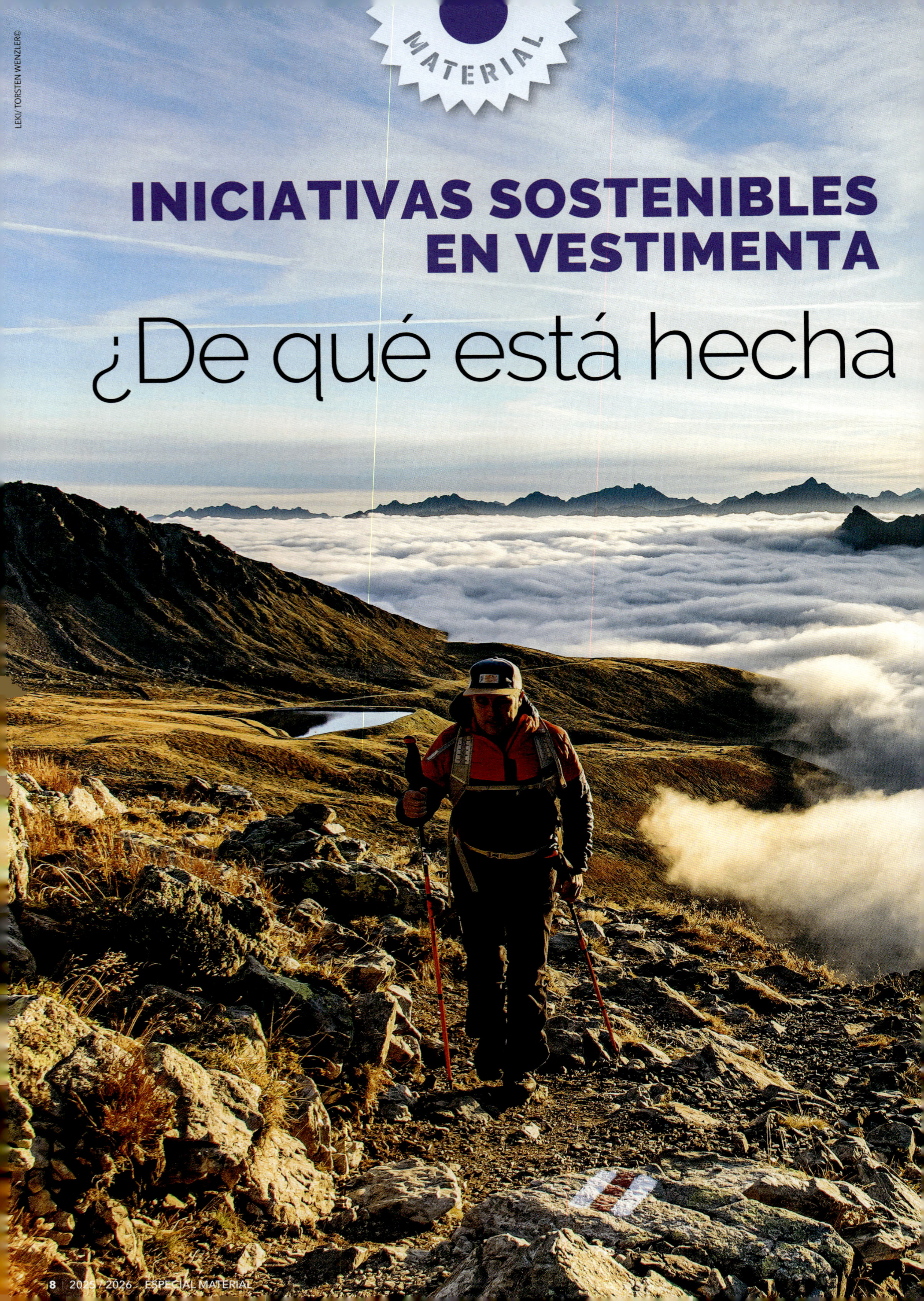

LEKI/ TORSTEN WENZLER©

La ropa que llevamos a la montaña ha de ofrecer un rendimiento capaz de soportar climas extremos, pero, si nos preocupa el escenario en el que desarrollamos nuestra actividad, también hemos de incluir los criterios sostenibles a la hora de vestirnos. Analizamos en este artículo la materia prima de la vestimenta de montaña y exploramos iniciativas que buscan reducir su impacto ambiental desde el origen.

la ropa de montaña?

Un atardecer de ensueño, con las cumbres sobresaliendo del mar de nubes. Es imperativo cuidar el escenario de nuestra pasión.

AS iniciativas sostenibles en la industria textil, y en particular en el sector de la ropa de montaña, buscan minimizar el impacto ambiental y social de cada prenda desde su concepción hasta el final de su vida útil. Estas acciones pueden agruparse en distintas medidas. Por un lado tenemos la elección de los materiales, apostando por fibras recicladas, biodegradables o de origen renovable que reduzcan la dependencia del petróleo, limiten la generación de residuos y eviten la liberación de microplásticos.

En el segundo eje de medidas entrarían los procesos de fabricación, que comprenden desde la eficiencia energética en las fábricas hasta la elección de tintes menos contaminantes, el ahorro o reutilización del agua, la reducción de las emisiones de CO_2, el uso de energías renovables o de paquetes de bajo impacto, entre otros. Los fabricantes que siguen criterios sostenibles también buscan cadenas de suministro más cortas, producción local o regional, que reduzcan la contaminación en el transporte. La sostenibilidad también se refleja en el diseño de prendas más resistentes y duraderas, pensadas para que se puedan reparar y con posibilidades de reciclaje al final de su vida útil.

Estas y otras estrategias no son soluciones aisladas, sino piezas de un sistema más amplio que trata de reconciliar el alto rendimiento técnico exigido en la montaña con la necesidad urgente de cuidar el planeta. Aunque todas ellas son importantes, en este artículo nos vamos a centrar en desarrollar el primer apartado: la elección de los materiales con los que se confecciona la vestimenta para montaña.

Las fibras sintéticas

Las fibras sintéticas comenzaron a usarse en la fabricación de prendas a partir de la década de 1930, con el desarrollo de materiales como el nylon (o nailon), que fue la primera fibra sintética comercializada a gran escala. Inventado por Wallace Carothers en los laboratorios de DuPont en 1935, se utilizó inicialmente para cepillos de dientes y medias, pero pronto encontró aplicaciones en la industria textil más amplia.

En el caso concreto de la ropa de montaña, el uso de fibras sintéticas se popularizó especialmente a partir de los años 50 y 60, cuando el equipamiento para actividades al aire libre empezó a evolucionar hacia materiales más ligeros, resistentes al agua y de secado rápido. El nylon fue uno de los primeros en adoptarse para chaquetas, cortavientos y mochilas, debido a su resistencia mecánica y bajo peso.

El poliéster, desarrollado poco después por científicos británicos, se incorporó ampliamente en textiles en los años 60 y 70, ganando terreno en el ámbito outdoor por su resistencia a la humedad. En esa misma época, marcas pioneras del sector

LEKI/TORSTEN WENZLER©

CERTIFICADOS DE SOSTENIBILIDAD
Guías para el consumidor

Buscar certificaciones independientes es clave para saber si una prenda cumple criterios ambientales y sociales. Entre las más relevantes conocidas internacionalmente, se encuentran:

• **Fair Trade Certified:** se centra especialmente en el plano social de la producción, velando por condiciones laborales y salarios justos.

• **bluesign®:** regula desde el origen químico hasta el producto final. Asegura eficiencia y seguridad.

• **GOTS (Global Organic Textile Standard):** certificación para textiles orgánicos.

• **Oeko-Tex® Standard 100:** garantiza la ausencia de sustancias nocivas en los tejidos.

• **Cradle to Cradle™:** evalúa productos desde el ecodiseño hasta su reciclabilidad.

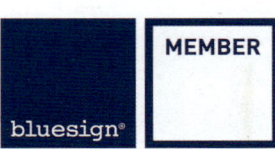

comenzaron a experimentar con estos nuevos tejidos para sustituir a la lana y al algodón que, si bien eran naturales, absorbían mucha agua, se secaban lentamente y eran más pesados.

La gran explosión del uso de fibras sintéticas en prendas técnicas de montaña llegó en los años 80 y 90, con la introducción de materiales como el *fleece* (forro polar, desarrollado por Malden Mills, ahora Polartec), membranas como el Gore-Tex y tejidos con propiedades específicas (transpirabilidad, impermeabilidad, elasticidad, etc). Desde entonces, el textil técnico se ha basado casi exclusivamente en polímeros sintéticos, que siguen formando hoy en día la columna vertebral de la ropa técnica de montaña.

Origen de las fibras sintéticas y sus consecuencias

Las fibras sintéticas que se utilizan en la vestimenta se producen a partir de derivados del petróleo mediante procesos industriales en los que se funde un polímero y se hila en filamentos finos. Entre las más habituales, como podemos comprobar en las etiquetas de nuestras prendas, están:

- **Poliéster (PET):** el más usado. Se obtiene del polietilenereftalato, el mismo plástico con el que se fabrican las típicas botellas de agua o refrescos. Es resistente, de secado rápido y barato de producir.

- **Poliamida (Nylon):** más resistente que el poliéster, se usa en prendas que necesiten hacer frente a la abrasión, como en pantalones de alpinismo.

- **Polipropileno (PP):** es ligero y ofrece un buen aislamiento térmico. Se utiliza sobre todo en ropa interior térmica pues no absorbe humedad.

- **Elastano (Spandex, Lycra):** presente en pequeños porcentajes para aportar elasticidad. Procede del poliuretano.

Desde un punto de vista medioambiental, el gran problema de estas fibras es su

El clima húmedo de la montaña exige tratamientos de impermeabilización para la ropa que, en su mayoría, son bastante contaminantes.

origen fósil, su difícil reciclaje y la emisión de microplásticos. Ya en 2012, Greenpeace, en su muy difundido informe de *Toxic Threads* ("Amenazas tóxicas") alertó del uso de sustancias peligrosas en la ropa deportiva y de su liberación durante el lavado. Otros estudios relevantes, como el de la Universidad de Plymouth (2016), estiman que una sola prenda de forro polar puede liberar hasta 250 000 microfibras por lavado.

La liberación de microfibras sintéticas durante el lavado de la ropa representa un riesgo tanto para el medio ambiente como para la salud humana. Muchas de estas fibras, menores de 5 mm, terminan en ríos y océanos, donde son ingeridas por los peces y otros seres vivos marinos, entrando así en la cadena alimentaria hasta llegar a los humanos. Diversos estudios han

COL. TERNUA

COL. REPREVE

CONTRIBUTING TO PLASTIC FREE OCEANS. This garment has been manufactured using recycled fabric that contains plastic collected from the sea.

COL. TERNUA

demostrado que ingerimos microplásticos a través del pescado, del marisco e incluso del agua potable. Estas partículas actúan además como conductores de sustancias tóxicas, como los metales pesados, que tienen efectos muy negativos sobre nuestra salud. Ante estas amenazas, la búsqueda de soluciones más sostenibles ha pasado a ser una necesidad.

Materiales reciclados: una segunda vida para el plástico

Los plásticos comunes en ropa de montaña tienen una vida extremadamente larga en la naturaleza. Por ejemplo, el PET puede tardar entre ¡400 y 1000 años! en degradarse en el medio ambiente, lo que hace imprescindible reducir su uso y fomentar el reciclaje efectivo, además de buscar otras alternativas más sostenibles.

Desde hace unos años la industria del reciclaje del plástico se ha desarrollado mucho, y dentro de este campo se ha conseguido que muchos residuos se transforme en fibra textil para confeccionar prendas.

Una de las fibras recicladas más utilizadas es el hilo Repreve® (producido por la empresa Unifi): es una fibra de poliéster reciclado obtenido principalmente de botellas PET postconsumo. El proceso incluye recolección, triturado, lavado, extrusión y texturizado. Según explican en su web, desde su lanzamiento en 2007, han reciclado más de 30 000 millones de botellas bajo esta tecnología. Aproximadamente, se calcula que para fabricar una chaqueta técnica hacen falta unas 25 a 30 botellas recicladas.

Otra solución es la que propone Econyl®, una fibra de nylon reciclado producida por la empresa Aquafil, que proviene de redes de pesca, alfombras y residuos industriales. La empresa vasca Ternua emplea esta fibra en su proyecto Redcycle, recuperando redes de pesca del

Cantábrico para fabricar prendas técnicas. También encontramos otras iniciativas como la de *Parley for the Oceans*, que transforma plástico marino recogido en zonas costeras en hilo técnico. O *Close the Loope* de Mammut, que reutiliza cuerdas de escalada desechadas, que son de poliamida, para confeccionar camisetas.

Otros materiales reciclados emergentes incluyen la viscosa reciclada, el poliuretano termoplástico reciclado (TPU), empleado en membranas o las fibras mixtas obtenidas de residuos postindustriales.

Aunque estas iniciativas son esperanzadoras, hoy en día representan un porcentaje poco significativo de la producción total. Según un informe de Textileexchange.org, publicado en diciembre de 2023, el poliéster reciclado representó alrededor del

12,5% de toda la producción de poliéster de ese año; y el nylon reciclado aún menos, apenas un 2%. Es decir que, la realidad es que la ropa de montaña se sigue produciendo en su gran mayoría con fibras sintéticas vírgenes.

Tratamientos DWR: la otra cara de la impermeabilidad

Las chaquetas de montaña, destinadas a soportar lluvias, nieve o tormentas, suelen llevar unos tratamientos de repelencia al agua DWR (*Durable Water Repellent*) que logra que el agua resbale por la superficie, sin penetrar en el tejido. Durante muchos años los ingredientes más utilizados en estos acabados fueron los perfluorocarbonos (PFC), que son unos compuestos que se crean en laboratorio mediante procesos químicos avanzados, y que se ha demostrado que resultan perjudiciales

MADE FROM · RECYCLED MATERIALS

100% con base de agua · ECO LÍDER · Cero Fluorocarbonos

 PFC FREE
 PFC FREE
 PFC FREE
 PFC FREE
 PFC FREE

FOTOS: ADOBESTOCK

para la salud humana. De nuevo, se han detectado en ríos, suelos, fauna salvaje y sangre humana en todo el mundo.

Hay muchas marcas que ya utilizan como reclamo la no inclusión de estos químicos en sus productos, proponiendo tratamientos sin PFC. Algunos ejemplos de estas alternativas son las que ofrece Nikwax o el High Definition Finish de Marmot, que funcionan modificando la tensión superficial, sin incluir compuestos tóxicos. También encontramos el Teflon EcoElite™: alternativa desarrollada por Chemours a partir de materias primas renovables (plant-based), libre de fluoros.

La industria del textil avanza hacia acabados más limpios, pero la durabilidad de estos tratamientos a menudo es menor, por lo que requieren reaplicaciones frecuentes con productos adecuados.

Lava tus prendas conscientemente

Aunque una prenda esté fabricada con materiales reciclados, puede seguir siendo contaminante si se lava sin precaución. Estudios del TMC (*The Microfibre Consortium*) muestran que el tipo de tejido, el

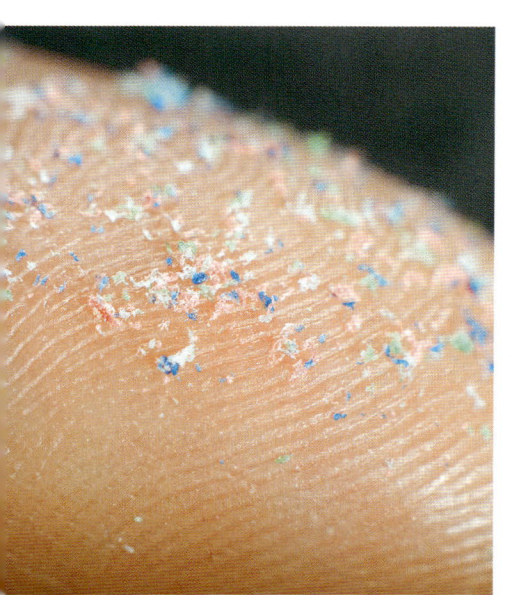

acabado y el uso influyen en la liberación de microfibras. Algunas pautas que has de seguir para reducir la liberación de microplásticos al lavar las prendas son:

• **Lava con temperaturas bajas,** pues esto reduce el desgaste de la fibra. 30 °C es suficiente.
• **Carga completa en la lavadora,** pues evita la fricción excesiva entre prendas.
• **En general el detergente líquido es menos abrasivo que el polvo,** aunque hay que tener en cuenta su composición.
• **Evita la secadora,** ya que también debilita las fibras sintéticas y desprende microfibras. Mejor tender al aire libre.
• **Existen filtros de microplásticos** que puedes incorporar en tu lavadora.

Fibras naturales: una alternativa biodegradable

Las fibras sintéticas se impusieron frente a las fibras naturales utilizadas anteriormente, como la lana o el algodón, que resultaban más pesadas, absorbían más agua y se secaban lentamente. Sin embargo, ante la amenaza que representan, los fabricantes están reintroduciendo en sus colecciones las fibras naturales que, aunque siguen siendo menos comunes en la ropa técnica para montaña, van ganando terreno.

Estas son algunas de las fibras naturales utilizadas en las prendas de montaña:

• **Lana merino:** proviene de una raza de ovejas llamada Merina, conocida por producir una lana especialmente fina, suave y de alta calidad. Al igual que otras lanas, tiene propiedades termorreguladoras y no retiene olores. Aunque la oveja merina es originaria de la Península Ibérica, teniendo el monopolio de su comercio durante la Edad Media, posteriormente fueron exportadas a otros países. Hoy día la producción española continúa, especialmente en Extremadura y Castilla y León, aunque en menor volumen. Actualmente Australia es el mayor productor de lana merina, gracias a su clima favorable y el desarrollo de su industria, seguido de otros países como Nueva Zelanda o Argentina. Se suele emplear principalmente en primeras capas y calcetines, habitualmente mezclada con alguna fibra sintética que aumente su durabilidad y elasticidad.

• **Algodón orgánico:** aunque el algodón no ha sido tradicionalmente un material utilizado en prendas de montaña

COL. TERNUA

FOTOS: ADOBESTOCK

«Protegemos el planeta mientras te protegemos a ti» reza el mensaje de la chaqueta de Ternua fabricada con poliéster y plumón, ambos reciclados. Arriba, ejemplos de materia prima biodegradable usada en la confección de tejidos (café, madera, pluma y maíz).

por lo mucho que tarda en secarse cuando se moja, sí se usa en camisetas para actividades no demasiado aeróbicas. Aunque es una fibra natural, esto no es sinónimo de sostenible, pues el algodón convencional necesita mucha agua, pesticidas y puede contribuir a la degradación del suelo. Para que sea sostenible, ha de ser orgánico, es decir, cultivado sin pesticidas ni fertilizantes químicos, o bien provenir de prendas recicladas. Suelen estar avalados por certificaciones como GOTS (*Global Organic Textile Standard*) o GRS (*Global Recycled Standard*).

• **Pluma:** fibra natural que sigue imbatible como relleno de chaquetas o de sacos por su alta capacidad de aislamiento térmico con un peso ligero. Para que sea sostenible nos tenemos que fijar sobre todo en su origen y en el trato de que se le da a los animales de los que se extrae la pluma (normalmente ganso o pato). Hay certificaciones que garantizan el bienestar animal, como RDS (*Responsible Down Standard*) o TDS (*Traceable Down Standard*). También cada vez más fabricantes están optando por la pluma reciclada de productos ya usados, que es sometida a un proceso de lavado y reutilización, mante-

niendo todas sus propiedades. La empresa vasca Ternua fue pionera en el uso de pluma reciclada en sus prendas para montaña, con la pluma Neokdun®, con trazabilidad certificada, recogida en Europa y limpiada sin químicos nocivos.

• **Cáñamo:** esta fibra milenaria es antibacteriana, resistente y termorreguladora, además de filtrar los rayos UV de forma natural. Su cultivo regenera suelos y no necesita pesticidas. Sin embargo, no tiene mucha capacidad térmica y es menos flexible que otros tejidos, además de secarse más lentamente, por lo que todavía no es muy utilizada en prendas técnicas para montaña. Sí que hay marcas que comercializan ropa hecha con cáñamo para senderismo en climas cálidos.

• **Fibra de café:** aunque es un material reciente y de momento poco utilizado, hay marcas que están introduciendo esta fibra natural especialmente en camisetas y pantalones para senderismo. Se trata de un tejido que se obtiene de los residuos del café molido, si bien posteriormente se suelen integrar en fibras sintéticas, como el poliéster reciclado. El proceso más conocido lo desarrolla la empresa S.Café®, que ha patentado la tecnología para convertir los residuos de café en microcápsulas que se añaden al hilo, y ya es utilizado por muchas grandes marcas de ropa para montaña, como Haglöfs, Fjällräven, Marmot, Millet, Mammut, The North Face o Ternua, entre otras.

• **Lyocell:** Es una fibra tipo celulosa fabricada a partir de la pulpa de madera de árboles como el eucalipto, el abeto o la haya. Aunque es de origen vegetal, también está procesada con sustancias sintéticas avanzadas, por lo que se podría calificar de "semisintética". La empresa austriaca Lenzing comercializa la fibra Tencel®, a partir de árboles cultivados en plantaciones sostenibles certificadas. Se trata de una fibra biodegradable, transpirable, suave al tacto, resistente y naturalmente antibacteriana. Además, regula bien la humedad y es transpirable, ayudando a mantener la piel seca. Es una opción empleada en prendas interiores técnicas o segundas capas. Como desventajas, el Tencel® puede resultar más caro que las fibras convencionales, tiene una menor elasticidad y, aunque es resistente cuando está seco, puede perder resistencia al mojarse, por lo que no es ideal como capa exterior en condiciones extremas.

Esta misma empresa también comercializa la fibra Refibra™, que mezcla pulpa de madera con algodón reciclado, por lo que presenta otra opción sostenible, con un producto resultante biodegradable, si bien muchas veces se utiliza mezclado con elastano u otra fibra sintética.

Nuevas generaciones de biopolímeros

Los biopolímeros son materiales obtenidos a partir de fuentes biológicas renovables como almidón, azúcares vegetales, celulosa o proteínas naturales, y pueden ser biodegradables dependiendo de su estructura y del entorno. Algunos se obtienen también a partir de residuos agroalimentarios (como puede ser la piel de naranja, hojas de piña, etc), aunque todavía son minoritarios.

Algunos ejemplos de biopolímeros que se utilizan en ropa de montaña son:

• **Fibra Sorona®,** la comercializa Du-Pont y está fabricada a partir de un 37% de ingredientes vegetales (principalmente almidón del maíz). Su producción tiene además un menor gasto de energía, reduce las emisiones y emplea recursos naturales renovables. Se utiliza principalmente como aislamiento en chaquetas, destacando por su alto nivel térmico, secado rápido y buena comprensibilidad.

• **Bananatex™:** es un innovador tejido desarrollado por la firma suiza Qwstion a partir de fibras de Abacá, un tipo de plátano, que lanzaron en 2018. Las fibras se cultivan en Filipinas en bosques gestionados de forma sostenible, sin pesticidas. Es un tejido resistente y ligero que, aunque de momento no se utiliza en prendas técnicas de montaña, empieza a explorarse en mochilas, fundas y prendas híbridas para actividades como senderismo.

• **Q-Cycle®,** desarrollado por la empresa Fulgar, se trata de una poliamida cuya materia prima necesaria para su producción ha sido sustituida por aceite procedente de neumáticos al final de su vida útil. Al igual que el anterior, su uso en prendas técnicas todavía no está explotado, pero es otra alternativa que muestra nuevos caminos de la industria textil hacia la sostenibilidad.

• Aunque no es un biopolímero, en este apartado se podría incluir el **Primaloft Bio®,** que es una fibra de poliéster que

EL IMPACTO DEL COLOR

Más allá del material utilizado, los procesos de teñido tradicionales en la industria textil son altamente contaminantes: requieren grandes volúmenes de agua, energía y productos químicos que a menudo terminan vertidos en ríos sin tratar. En el caso de la ropa técnica para montaña, donde se utilizan tejidos sintéticos difíciles de teñir, el impacto puede ser aún mayor. Por eso, algunas marcas están adoptando alternativas más sostenibles como el dope dye (o teñido en masa), que consiste en añadir el pigmento directamente al polímero antes de convertirlo en hilo, lo que reduce drásticamente el consumo de agua y las emisiones. También destacan tecnologías como Archroma, que desarrolla sistemas de tintado con menor carga química y energética, o Colorifix, una empresa biotecnológica que utiliza microorganismos para fijar colores sin necesidad de disolventes tóxicos ni altas temperaturas. Son ejemplos que marcan un paso importante hacia una cadena de producción textil más limpia.

proviene de productos PET postconsumo, igual que muchos otros tejidos sintéticos, pero que tiene la particularidad de haber sido modificado a nivel molecular para que los microbios puedan descomponerlo en ambientes como vertederos, aguas residuales o entornos marinos, donde el poliéster tradicional no se degrada. Se descompone en agua, CO_2, metano y biomasa, sin generar microplásticos persistentes, por lo que es un aislamiento bastante avanzado en materia de sostenibilidad ambiental.

Consumir con conciencia: el gesto más sostenible

La materia prima es solo una parte de la huella que deja una prenda. El lugar de producción, las condiciones laborales y la vida útil del producto también definen su impacto medioambiental. El primer paso es comprar menos y mejor. Apostar por prendas duraderas, reparables y fabricadas bajo criterios de transparencia. Muchas marcas ya ofrecen programas de reparación, como *Worn Wear* de Patagonia o *ReWear* de Haglöfs, entre otras, o bien ofrecen las piezas por separado, para poder ser reparadas en casa. No necesitamos una chaqueta nueva cada temporada. Si realmente amamos la montaña, debemos vestirnos para ella, pensando en su protección. La sostenibilidad no es una moda: es una necesidad urgente.

Eva MARTOS

PRODUCTO PROBADO *Por Jesús VELASCO*

CHAQUETA WHISTLER PEAK™ DE COLUMBIA

Haga el tiempo que haga

Fabricante:
Columbia (EEUU).
Distribuidor:
Columbia Sportswear.
Actividad recomendada:
trekking, senderismo y otros deportes outdoor.
Materiales:
Exterior: nailon 100% reciclado.
Sobrecapa: 100% poliuretano.
Cremalleras frontal y de bolsillos para las manos revestidas de PU.
Tecnología OutDry™ Extrem.
Tallas: S - XXL.
Colores: crema/gris, negro.
PVP aprox: 300 €.

LO que más destaca de esta chaqueta es su eficaz impermeabilidad y transpirabilidad. He podido probarla durante este invierno, en el que hemos tenido frecuentes días de lluvias, y he acabado siempre seco. Durante las jornadas que hice una actividad más intensa, durante las subidas me bajé las cremalleras que tiene en las axilas para facilitar la ventilación, logrando que al término del día el sudor no me hubiera empapado por dentro.

Su sobresaliente impermeabilidad sin comprometer la transpirabilidad lo logran gracias a la tecnología OutDry™ Extrem que incorpora. Según explica la marca, es una tecnología de impermeabilización cuya principal innovación es que la membrana se adhiere directamente al material exterior de la prenda, eliminando cualquier espacio donde el agua pueda acumularse. Además, todas las costuras están termoselladas. Consiguen una prenda flexible y que se adapta muy bien al cuerpo, como he podido comprobar en los días de la prueba, que he realizado principalmente en excursiones por la sierra de Guadarrama.

Tiene también bastantes detalles que suman funcionalidad. Por ejemplo la capucha se puede ajustar cómodamente con un tirador trasero. Está muy bien diseñada e incorpora una visera que resulta muy útil para que la lluvia no entre en los ojos.

La cremallera central lleva solapa protectora que sube hasta casi la nariz, protegiendo

VALORACIÓN GENERAL ★★★★☆

Ligereza	★★★★☆	Comodidad	★★★★☆
Impermeabilidad	★★★★★	Diseño	★★★★☆
Transpirabilidad	★★★★☆	Precio	★★☆☆☆

muy bien toda la zona del cuello. Todas las cremalleras llevan un revestimento de PU que las hace impermeable. Además de las cremalleras bajo las axilas ya mencionadas, tiene también velcro para cerrar los puños y una goma elástica con tanca en los bajos, que permite llevarlo más suelto o cerrarlo para impedir que se escape el calor corporal.

Los dos bolsillos laterales para las manos que incrporan son bastante amplios y con rejilla interior. En la zona de los hombros y en la cintura, donde si llevamos mochila está más sometido al roce de las hombreras y el cinturón, tiene un refuerzo de tejido más grueso que aumenta su resistencia a la abrasión.

Un último punto a favor es que el nailon que han utilizado para su confección sea 100% reciclado.

Puntos fuertes: una chaqueta ligera y cómoda con la que puedes salir a disfrutar de las caminatas al aire libre sin temor a las tormentas.

FOTOS: COL. JESÚS VELASCO

 INFO **www.columbiasportswear.es**

PRODUCTO PROBADO *Por José YÁÑEZ*

CHAQUETA CASTORE DE KARPOS
Para múltiples actividades

PRENDA pensada para quienes estamos en el monte desde primera hora de la mañana hasta bien entrada la tarde, ya que la chaqueta se presenta como una capa que, aunque no sustituye a un cortavientos, ofrece cierta protección contra el viento y además de ser ligera, aporta aislamiento. En días fríos, funciona bien como capa intermedia, bajo una chaqueta de membrana; cuando las temperaturas son primaverales u otoñales, puede usarse directamente como capa exterior, generando una buena y cómoda protección.

El tejido exterior es Pertex Quantum Air, una tela de nailon ripstop con tratamiento DWR que repele la lluvia ligera y la nieve fina, sin renunciar a la transpirabilidad.

El aislamiento interior recurre a fibras sintéticas PrimaLoft Gold Active, distribuidas con más densidad en el torso que en mangas y capucha. Los minimalistas agradecerán que la prenda pese apenas 390 gramos y que se comprima bastante bien, llegando a ocupar un espacio muy reducido en la mochila.

En cuanto al ajuste, la chaqueta sigue un corte regular que deja suficiente espacio para llevar una camiseta técnica o incluso una capa ligera extra. Los puños y el bajo elástico evitan que el viento frío entre, y el cordón en el bajo permite ajustar la prenda para que quede ceñida al cuerpo sin entorpecer movimientos amplios, como el dar cuerda o hacer pequeñas trepadas en rutas de montaña.

FOTOS: COL JOSÉ YÁÑEZ

VALORACIÓN GENERAL ★★★★☆

|---|---|---|---|
Ligereza	★★★★☆	Transpirabilidad	★★★★☆
Aislamiento	★★★☆☆	Impermeabilidad	★★☆☆☆
Cortavientos	★★★★☆	Precio	★★★☆☆

La capucha, por su parte, está muy bien diseñada. Tiene una pieza frontal reforzada que le da forma y evita que se deforme con el viento, manteniendo la visibilidad clara, y sin que moleste durante los movimientos de cabeza.

Tanto los bolsillos laterales como el bolsillo del pecho llevan cremalleras YKK, lo que significa que podemos abrirlos y cerrarlos sin problema, incluso con guantes finos.

En la práctica, el aislamiento PrimaLoft mantiene una buena capacidad calorífica y movilidad y eso se nota en la sensación de confort al llevarla puesta mientras realizas actividad. Además, el tejido Pertex Quantum Air facilita que el sudor se evacue y no tengas esa sensación de humedad.

Frente a rachas de viento moderadas, el tejido hace eficazmente su trabajo: no lo bloquea, pero sí reduce que el frío cale y nos enfríe. Su capacidad de compresión, sin llegar a ser mínima, la convierte en una buena opción para llevar un "por si acaso" en la mochila.

Puntos fuertes: ideal para quienes buscan una chaqueta versátil. La chaqueta Castore se ubica en un punto intermedio: no sustituye a una prenda de plumas, ni pretende ser una capa interior mínima, ultracompacta y ultraligera. En su lugar, cubre las necesidades de quienes buscan un póker en ligereza, protección, aislamiento y confort.

 **www.karpos-outdoor.com**

Fabricante: MVC Group/ Karpos (Italia).
Distribuidor: MVC Iberia S.L.
Actividad recomendada: multiactividad outdoor.
Materiales: tejido Pertex® Quantum. Aislamiento Primaloft® Gold Active 60 g (en el torso) y 40 g (en mangas y en capucha), DWR. Composición: poliamida y poliéster. Cremalleras YKK®.
Peso: 390 g (M).
Tallas: S a 3XL.
Colores: negro, verde y azul.
PVP aprox: 168 €

ESPECIAL MATERIAL > 2025 / 2026 **17**

PRODUCTO PROBADO *Por Mª Ángeles TRUJILLO*

CHAQUETA CASTORE W DE KARPOS

Una aliada en cada paso

Fabricante: MVC Group/ Karpos (Italia).
Distribuidor: MVC Iberia S.L.
Actividad recomendada: multiactividad outdoor.
Materiales: tejido Pertex® Quantum. Aislamiento Primaloft® Gold Active 60 g (en el torso) y 40 g (en las mangas y en la capucha), tratamiento DWR. Composición: poliamida y poliéster. Cremalleras YKK®
Peso: 390 g (M).
Tallas: S a 3XL.
Colores: rosado, azul cielo y verde jungla. También disponible en versión masculina.
PVP aprox: 196 €

HAY chaquetas que simplemente nos mantienen aislados del frío. Hay otras que nos acompañan en cada paso, sin que apenas nos demos cuenta de que están ahí. La Castore W de Karpos es, sin lugar a dudas, de las segundas.

Tras probarla en plena naturaleza, bajo un cielo encapotado, con ráfagas de aire frío y lluvia, doy fe de que esta chaqueta deja de ser una simple prenda para convertirse en nuestra mejor aliada en la montaña… y más lejos de ella.

Así la describe el departamento de investigación y desarrollo de Karpos: "Te la pones y ya no te la quitas". Y así ha sido en nuestra experiencia: sin tener que buscar más capas, sin que el frío apareciese como un invitado sorpresa, sin que el aire atraviese el aislante, sin que el peso termine agotándonos. La chaqueta proporciona justo eso que necesitamos: calidez, transpirabilidad y una extraordinaria comodidad de movimientos en cada paso.

Pero lo que más me ha sorprendido es lo versátil que resulta. Nacida como capa intermedia para esquí de montaña, esta chaqueta va mucho más lejos: se deja llevar tanto en el barrio, camino del trabajo, como en un trekking tranquilo el fin de semana, o en una jornada más exigente en plena naturaleza.Una prenda que se vuelve indispensable sin que eso suponga tener que ir cargados de más.

VALORACIÓN GENERAL ★★★★☆

Ligereza	★★★★☆	Comodidad	★★★★☆
Polivalencia	★★★★★	Diseño	★★★★☆
Transpirabilidad	★★★★☆	Precio	★★★☆☆

El PerTex® Quantum Air, junto con el tratamiento DWR, proporciona una muy eficaz repelencia frente al agua y a la nieve ligera, mientras que el aislante Primaloft® Gold Active (60 g en el torso y 40 g en las mangas y la capucha) conserva el calor sin restarle transpirabilidad. Así podemos movernos sin que el sudor nos enfríe ni el frío nos detenga.

Además, el diseño cuida de cada detalle: dos bolsillos con cremallera para guardar lo que queramos tener más a mano, una capucha preformada con visera y cordón de ajuste, el bajo regulable y el ribete elástico en las mangas, que mantienen el aire a raya sin restarle un ápice de confort.

En definitiva, tanto si estás en plena ascensión, en el barrio de tu casa o de viaje, la Castore se vuelve tu compañera más fiel.

Puntos fuertes: Ligera, cálida y muy transpirable, sin restarle agilidad en plena acción. Versátil: perfecta tanto para la montaña como para el uso diario en la ciudad. Alta protección frente al frío, el viento y la lluvia ligera.

 **INFO** www.karpos-outdoor.com

Por Jesús VELASCO

CHAQUETA SPITZE HYBRID DE MONTURA

Buen equilibrio entre protección, transpirabilidad y elasticidad

CHAQUETA polivalente para actividades como el esquí de montaña o la escalada, que combina muy bien propiedades como la transpirabilidad y la capacidad térmica, así como la resistencia al viento y al agua. Tiene una construcción híbrida en la que la firma italiana ha unido varias tecnologías punteras. Por la parte superior emplea tejido Pro-Meteo de 1 capa, hecho con fibra Cordura® de alta tenacidad, que además lleva tratamiento DWR (repelencia al agua) y estructura Ripstop doble, con lo que consigue que sea hidrófugo, resistente al viento y a la abrasión. Además, tiene un relleno parcial de OCTA®, que es una fibra de poliéster ligero (69 g/m^2) con forma de hélice o "estrella de ocho brazos" como explica la marca, en lugar de los tradicionales filamentos redondos, que consigue retener eficazmente el aire caliente y además permite evacuar la humedad con más rapidez que las fibras tradicionales, gracias a esa estructura abierta.

Tiene dos bolsillos frontales (compatibles con el uso de arnés) con cremallera y rejilla para aumentar la transpirabilidad en esos días en que con la cremallera principal abierta te quedarías frío. Toda la prenda es elástica en cuatro direcciones, lo que hace que se ajuste muy bien y permita gran libertad de movimientos. Los puños de las mangas tienen un orificio para el dedo pulgar que consigue un ajuste aún mejor. También dispone de bolsillos laterales con cremallera. La capucha está sobredimensionada para que sea compatible con el casco, sin molestar cuando no lo llevas.

He podido ponerla a prueba por la sierra de Gredos realizando actividades largas que han

VALORACIÓN GENERAL	★★★★☆		
Ligereza	★★★★☆	Transpirabilidad	★★★★★
Aislamiento	★★★☆☆	Ajuste	★★★★☆
Cortavientos	★★★★☆	Precio	★★★☆☆

incluido caminatas de más de tres horas con escalada de crestas. La prenda ha respondido muy bien, aportando la calidez suficiente a primera hora del día, cuando la temperatura es más baja. Posteriormente, escalando por encima de los dos mil metros, a la sombra y con viento, ha conseguido igualmente mantener bien la temperatura y su buena transpiración ha hecho que no acabara mojado por el sudor durante la actividad. Además, por la tarde se ha originado alguna tormenta con caída de granizo y lluvia, ante las que la chaqueta ha ofrecido muy buena protección. Después del roce con el granito en pasos de chimenea, ha quedado patente la buena resistencia del tejido.

Puntos fuertes: prenda versátil, técnica, que ajusta muy bien, perfecta para actividades en las que tenemos que movernos y necesitamos buena transpirabilidad, sin comprometer la protección eficaz ante las inclemencias.

Fabricante: Montura (Italia).
Distribuidor: Panasport.
Actv. recomendada: escalada, esquí de montaña....
Materiales: nylon Cordura®, fibra OCTA®.
Peso: 340 g (M).
Tallas: XS a XXL.
Colores: naranja/gris, azul/gris, granate y verde.
PVP aprox: 183 €

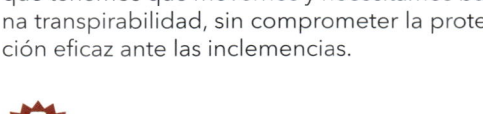
INFO www.montura.com

✳ MONTAÑA

www.mas8000.es

VESTIMENTA

NIEL

Tejido principal en interlock poliester con interior perchado y acabado de secado rápido.
Parte frontal acolchada con ligero relleno sintético 100% polyester.
Bolsillos laterales con cremallera.
Puños elásticos.
Bajo y capucha rematados con vivo elástico.
Construcción con paneles bajo el brazo para mejor movilidad.
3er bolsillo en el pecho.
Colores disponibles: negro y verde bosque.
PVPR: 69,70 €

PAROS

Chaqueta larga con capucha integrada.
Cremalleras impermeables.
Cremallera central de doble cursor.
Capucha ajustable con tankas invisibles.
Puños elásticos.
Relaxed fitt.
Colores disponibles: negro y antracita.
PVPR: 139,40 €

SANDEI

Chaqueta de capucha con relleno sintético.
Construcción sandwich en taffeta 3d sin costuras.
Bolsillos laterales con cremalleras.
Bajo rematado con vivo elástico.
Capucha y puños rematados con vivo elástico.
Etiqueta corporativa en el pecho.
Colores disponibles: negro, vino rosado y piedra.
PVPR: 112,70 €

ELARIA

Sudadera con capucha.
Tejido principal en interlock poliéster.
Gráfico en la espalda.
Bolsillos laterales.
Capucha ajustable con cordón.
Etiqueta corporativa en el pecho.
Puños y bajo en rib elástico.
Colores disponibles: geranio y marfil.
PVPR: 61,50 €

TINE - TORMUN

TINE
Cortavientos para actividades outdoor.
Confeccionada en tejido poliéster ligero ripstop.
Paneles de rejilla en zonas críticas que favorecen la transpiración durante la realización del ejercicio aeróbico.
Bolsillos laterales con cremallera.
Bajo recogido con tankas.
Aperturas en espalda para una mejor ventilación.
Colores disponibles: verde bosque.
PVPR: 57,40 €

TORMUN
Malla larga para Outdoor de construcción híbrida.
Composición en Jersey elástico 90% poliéster y 10% elastán con interior perchado en la parte frontal y un tejido similar pero más ligero en la parte posterior.
Bolsillo posterior con cremallera.
Cremalleras laterales en el bajo.
Acabado de secado rápido que garantiza un confort extra.
Colores disponibles: negro.
PVPR: 45,10 €

SANSA – LISKA

SANSA
Chaqueta de capucha con relleno.
Bolsillos laterales con cremalleras.
Bajo ajustable con tankas.
Capucha con relleno.
Puños rematados con elástico.
Etiqueta corporativa en la manga.
Colores disponibles: vino rosado y piedra.
PVPR: 98,40 €

LISKA
Tejido bi-elástico con interior perchado, tratamiento exterior que repele el agua.
Bolsillos laterales con cremallera.
Cintura elástica con cinturón.
Rodilla pre-formada.
Regular fitt.
Colores disponibles: negro y piedra.
PVPR: 70,70 €

FAST&LIGHT

www.os2o.com

PHANTOM GRID JACKET

La chaqueta Phantom es un mid-layer técnico para actividades de montaña en condiciones frías. Confeccionada en tejido Polar Stretch Grid®, ofrece excelente aislamiento térmico y transpirabilidad gracias a una estructura de microcanales que regula el aire y la humedad. Su ajuste elástico favorece la movilidad sin restricciones. Incorpora una capucha ergonómica con cuello que actúa como máscara y cremallera asimétrica para evitar roces prolongados. Los puños con orificio para el pulgar mejoran la protección térmica. Diseñada para alpinismo técnico y salidas intensas, es una prenda ligera, versátil y precisa para condiciones exigentes.

Peso: 391 g (S).
Tejidos:
Polar Stretch Grid®, Poliéster (94%) y elastano (6%). Cremalleras YKK®.
PVPR: 99,90 €

DOLOMITE JACKET

La Dolomite Jacket es una chaqueta técnica diseñada para alpinismo y escalada en verano. Su tejido principal es cortaviento, ultraligero y elástico, proporcionando gran libertad de movimiento en terrenos exigentes. Refuerzos con estructura ripstop en capucha y mangas que mejoran la resistencia al roce en zonas clave. Incorpora bolsillos con cremalleras YKK®, capucha elástica de ajuste preciso y cremallera frontal de doble carro YKK®, que permite una ventilación eficaz incluso con arnés. Ligera, resistente y funcional, es una prenda ideal para crestas, vías largas y actividades *FAST&LIGHT* en condiciones variables de montaña.

Peso: 325 g (S).
Tejidos:
Nylon 70D bielástico DWR C0 (libre de PFCs) 130 gr/m². Nylon 70D bielástico ripstop DWR C0 (libre de PFCs) 92% 155 gr/m².
PVPR: 89,90 €

SKIN FEEL SUN HOODIE

La Skin Feel® Sun Hoodie es una sudadera técnica, ligera y transpirable, ideal para actividades estivales en montaña. Confeccionada en tejido Skin Feel®, combina tacto suave, ligereza extrema y protección solar UPF 50+. Su diseño versátil se adapta a múltiples usos outdoor: desde rutas de trekking y entrenamientos de trail hasta escalada o descansos post-actividad. El panel microperforado en la espalda optimiza la ventilación en condiciones calurosas o de alta exigencia física. Una prenda funcional y cómoda que ofrece frescor, libertad de movimiento y protección en los días más soleados en alta montaña.

Peso: 134 g (S).
Tejido: 100% Poliéster Skin Feel®, tratamiento wicking de secado rápido, suave con la piel y protección UPF 50+.
PVPR: 49,90 €

SPEEDPACK ALPINE 20L

Diseñada para responder a las exigencias del alpinismo valle-cima-valle, la Speedpack Alpine permite portar todo el material necesario para la aproximación y transformarse en una versión ligera para actividades *FAST&LIGHT*. Sus correas desmontables permiten fijar cuerda, casco, piolets, esquís o raquetas, y retirarlas para reducir peso al mínimo. Cuenta con cinturón extraíble, acceso lateral con cremallera, bolsillo elástico exterior y espalda semirrígida y transpirable. Las hombreras envolventes integran bolsillos para soft flasks (2 incluidos) y compartimentos con cremallera. Incluye espacio para bolsa de hidratación y bolsillo interior con porta llaves.

Peso: 498 g.
Tejido:
Nylon Ripstop reforzado. Tejido técnico ligero, resistente y con tratamiento hidrorepelente.
PVPR: 139,90 €

MONTAÑA

www.cimalp.es

GUIDE PRO

Chaqueta impermeable y resistente Membrana Ultrashell®. Impermeable (20 000 Schmerber) y altamente transpirable (80 000 MVP) gracias a la membrana Ultrashell®, esta chaqueta técnica está equipada con capucha ajustable, costuras termoselladas y cremalleras de ventilación bajo los brazos para optimizar la gestión de la humedad y la temperatura corporal durante el esfuerzo. Incorpora además el sistema de rescate RECCO® para una mayor seguridad en entornos de montaña. Indicada para montañismo y esquí de travesía.
Peso: 710 g (M).
PVPR: 289,90 €

WHYMPER

Chaqueta polar de CIMAGRID®. Forro polar técnico confeccionado en CIMAGRID®, un tejido caracterizado por su estructura en malla, que ofrece máxima transpirabilidad, calidez y elasticidad. Ideal como capa intermedia, cuenta con cremallera frontal, dos bolsillos espaciosos, capucha compatible con casco, además de cintura y puños elásticos que garantizan una excelente protección contra el frío.
Peso: 355 g (M).
PVPR: 94,90 €

CLAPIER

Camiseta de lana merina. Las camisetas de lana merina de Cimalp están confeccionadas con CimaWool®, un tejido innovador patentado que combina un 47% de lana merina, ofreciendo una mayor resistencia y durabilidad. Gracias a las propiedades únicas de esta fibra natural, estas prendas representan una elección excepcional en una amplia variedad de situaciones. Altamente versátiles, son adecuadas tanto para actividades al aire libre como para un uso diario elegante y confortable.
Peso: 115 g (M).
PVPR: 59,90 €

ROCKFIT

Pantalón con refuerzos de Kevlar®. El ROCKFIT combina tres tejidos técnicos para ofrecer una prenda de alto rendimiento y gran resistencia, diseñada específicamente para los amantes de la montaña. Confeccionado en Softshell elástico, proporciona mayor libertad de movimiento, mientras que los refuerzos de Kevlar® en glúteos, rodillas y pantorrillas garantizan una durabilidad superior en zonas de alta abrasión. Además, incorpora la tecnología CIMAFLEX®, patentada internamente, que aporta transpirabilidad y resistencia al viento.
Peso: 530 g (M).
PVPR: 134,90 €

EXLPORE

Pantalón elástico con refuerzos de Kevlar®. Confeccionados con el exclusivo tejido bielástico CIMAFLEX®, patentado internamente, estos pantalones garantizan un confort superior y una total libertad de movimientos. Su estructura de doble cara favorece la evacuación de la humedad y proporciona protección frente al viento, mientras que el tratamiento hidrorrepelente Teflon EcoElite™ y los refuerzos de Kevlar® mejoran significativamente su resistencia. Incorporan además un medio cinturón elástico y bolsillos impermeables que completan su diseño técnico. También disponibles en versión CORTA, adaptada para estaturas inferiores a 172 cm y 162 cm.
Peso: 430 g (M).
PVPR: 119,90 €

X-TREK

Zapatillas de senderismo Ultrashell® con suela Vibram®. La zapatilla X-TREK combina adaptabilidad y durabilidad para un confort óptimo durante todo el año. Incorpora la membrana Ultrashell® (20 000 Schmerber / 80 000 MVP) que garantiza impermeabilidad y transpirabilidad. Su construcción resistente en Ripstop y la suela Vibram® MEGAGRIP ofrecen tracción y resistencia en todo tipo de terrenos.
Peso: 840 g (talla 42 EU).
PVPR: 169,90 €

VISION ONE ALL MOUNTAIN

Gafas técnicas modulares. Gafas técnicas diseñadas para actividades al aire libre como trekking, parapente y ciclismo de montaña. Su montura inferior desmontable permite elegir entre una versión ligera y ventilada o una opción con mayor protección y opacidad. La pantalla panorámica ofrece un campo de visión de 180° con lentes antivaho NO-FOG. Las patillas y el puente nasal ajustables aseguran un ajuste preciso y cómodo. **Peso:** 35 g. **PVPR:** 89,90 €

LAS CHULAS

Las GO2 son gafas lifestyle de diseño moderno, ideales tanto para la montaña como para la ciudad. Fabricadas con materiales resistentes, sus lentes polarizadas mejoran significativamente la percepción de colores y contrastes, ofreciendo una protección superior frente a las lentes no polarizadas.
PVPR: 49,90 €

MONTAÑA ✹

www.columbiasportswear.es

REIGN NO SHINE™ W

Chaqueta impermeable con costuras selladas para días lluviosos.
Características: Sellado de costuras integral OutDry™ Extreme impermeable/transpirable. Cinta de costura exterior. La capucha ajustable con ceñidor y los puños ajustables con lengüetas te aíslan del exterior. Protector de mentón. Las aperturas con cremallera en las axilas permiten la entrada de aire para liberar el exceso de calor. Las cremalleras de los bolsillos para las manos están revestidas de PU para proteger tus objetos de la humedad cuando están cerradas. Puños ajustables. El dobladillo con ceñidor te aísla de las corrientes de aire. Además, el faldón posterior te abriga aún más.
Materiales: Exterior: nailon 100 % reciclado mate.
Longitud al centro de la espalda: 66 cm. **Tallas:** XS – XL. **PVPR:** 200 €

WHISTLER PEAK™ M

Chaqueta shell impermeable con costuras selladas para aventuras en días de lluvia. La colección Titanium, creada con nuestros mejores tejidos, características y tecnologías, está diseñada para hacer todo tipo de actividades de alto rendimiento al aire libre y afrontar cualquier desafío que se te presente.
Características: Sellado de costuras integral OutDry™ Extreme impermeable/transpirable. Capucha fija con visera, ajuste periférico y ceñidor proporciona mayor protección y visibilidad. Sobrecapas resistentes a la abrasión. Transpirabilidad bidireccional en las axilas. Cremalleras frontales y de bolsillos para las manos revestidas de PU. Los puños ajustables, el dobladillo y el faldón posterior protegen aún más. Detalle reflectante.
Materiales: Exterior: nailon 100 % reciclado mate. Sobrecapa exterior: 100 % poliuretano.
Longitud al centro de la espalda: 76.2 cm. **Tallas:** S – XXL. **PVPR:** 300 €

SUMMIT VALLEY™ M/W

Sudadera técnica con media cremallera, deflector solar y enfriamiento activado por transpiración para hacer senderismo a gusto en días calurosos de verano. La colección Titanium, creada con nuestros mejores tejidos, características y tecnologías, está diseñada para hacer todo tipo de actividades de alto rendimiento al aire libre y afrontar cualquier desafío que se te presente.

Características:
Deflector solar OmniShade™. Tecnología avanzada OmniFreeze Zero™ Ice™ de enfriamiento. OmniWick™. Captura y neutraliza los olores para conseguir un frescor duradero. Los prácticos agujeros para los pulgares mantienen las mangas en su lugar y maximizan la protección. Trabilla.
Tallas: S – XXL (hombre).
XS – XL (mujer).
PVPR: 90 €

SKIEN VALLEY™ M

Las caminatas de verano y las aventuras en la montaña no son rivales para esta sobrecamisa con capucha con protección solar, tejido que absorbe el sudor para eliminar la humedad de la piel y detalle de malla transpirable, para mantenerte fresco y seco.
Características: Tecnología Omni Shade™ de protección solar UPF 50 de amplio espectro. OmniWick™. Fabricación con material reciclado. La capucha ajustable, el dobladillo y los puños elásticos y la mascarilla de malla integrada ofrecen un ajuste flexible y te permiten moverte libremente sin dejar de lado la protección. Tiene prácticos bolsillos para las manos y un bolsillo de pecho. Dobladillo ajustable con ceñidor. Cremallera con tirador fácil de alcanzar. Detalle de malla transpirable en el canesú posterior. Esta camisa ha sido tratada con la tecnología Insect Shield que repele los insectos, para que puedas protegerte mejor y disfrutar de tu próxima aventura.
Materiales: 100 % poliéster reciclado. Forro: malla resistente 88 % nailon y 12 % elastano. **Tallas:** S – XXL. **PVPR:** 100 €

SKIEN VALLEY™ M

Pantalones flexibles e hidroabsorbentes con protección solar UPF 50 para excursiones de verano. Las caminatas de verano y las aventuras en la montaña no son rivales para estos pantalones con protección solar UPF 50 y tejido hidroabsorbente para eliminar la humedad de la piel y mantenerte fresco y seco.
Características: Tecnología OmniShade™ de protección solar UPF 50 de amplio espectro. OmniWick™. La cintura ajustable, las rodilleras articuladas y el dobladillo con ceñidor proporcionan un ajuste flexible para que puedas moverte con libertad. Tienen bolsillos superprácticos, un bolsillo de seguridad con cremallera, bolsillos cargo y bolsillos posteriores. Malla detrás de la rodillera para mayor ventilación. Este artículo ha sido tratado con la tecnología Insect Shield que repele los insectos.
Materiales: 100 % poliéster reciclado. Malla resistente 88 % nailon y 12 % elastano.
PVPR: 100 €

✳ MONTAÑA

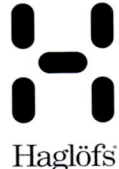

Haglöfs

www.haglofs.com

VESTIMENTA

ROC FLASH DOWN HOOD MEN

El modelo Roc Flash Down Hood cuenta con una capucha técnica, ligera y cálida para las actividades de montaña más atrevidas. Actualizada con un nuevo look icónico que incorpora el característico acolchado offset, sirve como prenda versátil e insultante en sintonía con las exigencias de la escalada y el alpinismo. El ligero tejido exterior Pertex® Quantum te protege de los elementos a la vez que permite una cómoda circulación del aire. Está relleno con una combinación estratégica de H DOWN Gold y aislamiento de lámina sintética MIMIC colocada en zonas propensas a rozaduras. El aislamiento se extiende hasta la capucha compatible con casco para maximizar la protección cuando soplan vientos de montaña. **PVPR:** 280 €

SPITZ DOWN HOOD MEN

La Spitz Down Hood es una chaqueta única con capucha, de plumón y tejido elástico que mantiene el calor en condiciones húmedas de montaña. Está diseñada pensando en las exigencias del alpinismo y la escalada. Está confeccionada con un tejido exterior elástico bidireccional resistente al agua y está rellena con H DOWN Platinum de 800 CUIN, un plumón de ganso hidrófobo que se mantiene seco hasta 10 000 minutos con exposición a condiciones húmedas. La construcción de alta tecnología del deflector evita eficazmente los puntos fríos gracias a su diseño ancho, pretejido y sin costuras. La chaqueta también cuenta con una capucha aislante compatible con casco para una protección máxima. **PVPR:** 370 €

SPITZ GTX PRO II JACKET MEN

Prenda técnica de alto nivel, pensada para el alpinismo más exigente y condiciones extremas. Está confeccionada en GORE-TEX PRO de 3 capas (ePE), por lo que ofrece una impermeabilidad y resistencia al viento excepcionales, además de una gran durabilidad frente al desgaste. Las zonas de mayor fricción, como hombros y caderas, están reforzadas para soportar el uso intensivo con mochila o arnés. Su patrón está optimizado para garantizar libertad de movimiento, incluso con arnés. El cuello cuenta con un forro interior de tricot cepillado que añade suavidad. Las cremalleras de ventilación bajo los brazos, de doble sentido, permiten regular fácilmente la temperatura. Chaqueta icónica, ahora aún más preparada para todas las aventuras. **PVPR:** 700 €

L.I.M AIRAK 2,5L JACKET MEN

La L.I.M Airak 2,5L Jacket es una chaqueta impermeable sorprendentemente ligera y fiable para todo tipo de actividades. Diseñada para que sea más ligera, transpirable y plegable que nunca, está confeccionada íntegramente con tejido PERTEX Shield Revolve. Los productos monomateriales son más fáciles de reciclar al final de su vida útil. Dispone de capucha, dobladillo y puños ajustables para un ajuste personalizado, así como de un generoso juego de bolsillos para las manos que sirven también de ventilación lateral mientras trabajas duro. **PVPR:** 260 €

MIMIC ALERT HOOD MEN

Mimic Alert Hood es la opción ideal para cualquier estación, que mantiene el calor en todas tus salidas gracias a su capucha aislante. Diseñada para que sea una prenda básica en el armario outdoor y lista para ser usada en todo tipo de actividades. Se puede llevar sola o debajo de otras capas gracias a su composición. Está rellena de una capa aislante MIMIC Silver envuelta en un elegante y cómodo material elástico que mejora la movilidad. Otras características clave son la capucha ajustable, las zonas extra suaves alrededor del cuello y la barbilla, y los bolsillos laterales con cremallera que proporcionan una comodidad de nivel superior. **PVPR:** 230 €

SÄRNA MIMIC HOOD MEN

La chaqueta Särna Mimic Hood es el modelo adecuado tanto para la montaña como para hacer recados por la ciudad. Esta chaqueta con capucha aporta tecnología de alto rendimiento a tu vida cotidiana. Tiene una cara suave con tratamiento DWR y está rellena de Mimic GOLD, un material innovador que emula las propiedades de abrigo únicas del plumón, pero que rinde mejor cuando está mojado. Su diseño inclinado y acolchado le confiere un aspecto fresco y distintivo. También tiene una capucha aislante y bolsillos con cremallera para las manos frías y pequeños objetos esenciales. **PVPR:** 210 €

KORP MID JACKET MEN

La chaqueta Korp Mid es una capa intermedia deportiva para actividades de alto pulso y días más fríos al aire libre.
Está confeccionada en un material elástico y transpirable con un refuerzo de rejilla que absorbe la humedad y mantiene el calor. Las costuras sencillas aumentan la comodidad y facilitan la superposición de capas. Los bolsillos para las manos, forrados de malla, sirven también para ventilar.
PVPR: 75 €

ROSSON MID JACKET MEN

La Rosson Mid Jacket es una chaqueta de capa intermedia elegante y suave, ideal para senderismo y la vida al aire libre. La diseñamos para que sea una prenda versátil y esencial en tu equipo de exteriores. Puedes usarla sola o debajo de otras capas. Está confeccionada con un tejido polar elástico y duradero que conserva el calor, pero sigue siendo transpirable y de secado rápido. Incluye características prácticas como un protector de barbilla forrado en polar que mantiene el cuello abrigado y protege del clima, además de bolsillos con cremallera para calentar las manos o guardar pequeños objetos esenciales. **PVPR:** 110 €

KARPOS
www.karpos-outdoor.com

MONTAÑA ✦

LASTEI ACTIVE PLUS W

Tecnología y estilo, para acompañarte. La chaqueta Lastei Active Plus está diseñada para adaptarse a todas las aventuras, ya sea en la montaña o en la ciudad. Esta chaqueta es la solución ideal para todos los viajes. Versátil y eficaz, es perfecta si quieres relajarte y disfrutar del entorno con tranquilidad o si quieres enfrentarte a una actividad más exigente como el ski de montaña en condiciones adversas. Sin olvidarse de los fríos días en la ciudad. Equipada con capucha y fabricada con tejido impermeable K-Dry también en los hombros, garantiza una perfecta impermeabilidad, hasta 20 000 mm de columna de agua. El tejido Pertex Quantum® protege del viento por delante y por detrás y garantiza una excelente transpirabilidad. Ligera y comprimible, con un peso de sólo 495 gramos, ofrece una elevada protección térmica gracias a la combinación que ofrece el PrimaLoft® Silver Active 100 en mangas, capucha y laterales, y el K-Synthetic Down Micro en la parte central. Una chaqueta nacida para garantizar calor, protección y estilo en cualquier situación.
Características: Costuras elásticas en la capucha. Inserción térmica en el interior de la capucha para mayor confort. Cremallera Vislon® de apertura rápida con solapa interior en la parte delantera. Dos bolsillos con cremallera minimalista en la parte delantera. Costuras elásticas en la parte trasera, en los lados y en la parte de abajo de las mangas. Ribete elástico en los puños. Cordón de ajuste regulable en la parte inferior de la chaqueta.
Tallas: XS - XXL. **Peso:** 495 g. **PVPR:** 260 €

LASTEI UP

Chaqueta híbrida con aislamiento térmico y alta protección climática, ideal para actividades en condiciones frías y cambiantes.
Los hombros, la capucha y el torso están confeccionados en tejido K-Dry (columna de agua de 20 000 mm), impermeable y cortaviento, que impide totalmente el paso del agua y la humedad. En el frontal y la espalda, se utiliza Pertex® Quantum, un material ligero que bloquea el viento y ofrece una excelente transpirabilidad. Ambos tejidos cuentan con tratamiento repelente al agua (DWR) libre de PFC. El aislamiento térmico híbrido combina: PrimaLoft® Silver Active 100 en mangas, capucha, laterales y parte inferior. K-Synthetic Down Micro en la parte central del cuerpo. Ambos rellenos están fabricados con materiales 100% reciclados.
El cuello interior Thermo Fleece añade calidez y suavidad en contacto con la piel. Todo el conjunto está equipado con cremalleras YKK®, garantía de durabilidad y fiabilidad.
Características: Todos los tejidos DWR son libres de PFC.
Costuras elásticas en el centro de la capucha para mejor ajuste. Inserto térmico interior en la capucha para mayor confort. Cremallera frontal con corte diagonal, apertura rápida y solapa interior. Dos bolsillos frontales con cremalleras minimalistas. Bolsillo en el pecho tipo parche, con cremallera. Capucha ajustable con cordones en parte frontal y trasera.
Puños elásticos en las mangas. Cordón de ajuste en el bajo de la prenda.
Tallas: S - 3XL. **Peso:** 559 g. **PVPR:** 270 €

MARMAROLE UP

Chaqueta híbrida con aislamiento térmico combinado, ideal para climas fríos y actividades dinámicas en montaña. Su diseño inteligente combina dos tipos de forro térmico para maximizar el confort y la eficiencia térmica. La parte frontal, la espalda y la capucha están rellenas de K-Synthetic Down Micro, fijado mediante tejido Pertex® Quantum ultraligero, 100% reciclado y libre de PFC, con estructura de 30 deniers. El resto de la prenda incorpora Thermo Fleece de alto poder calorífico, que aporta gran calidez y suavidad al tacto.
Características: Tejido principal: 100% reciclado. Todos los tejidos con tratamiento DWR libre de PFC. Capucha rematada con vivo elástico, que mejora el ajuste y la protección. Cremallera frontal asimétrica para una apertura más rápida, con solapa interior que actúa como protector de barbilla. Dos bolsillos frontales con cremalleras invisibles. Bolsillo en el pecho tipo parche, con cremallera. Dos bolsillos interiores amplios. Puños elásticos en las mangas. Bajo elástico para un mejor ajuste térmico.
Tallas: S - 3XL. **Peso:** 800 g. **PVPR:** 210 €

MONTAÑA

VESTIMENTA

AIREXCHANGE UPF50

La nueva serie AirExchange Solar Shield está formada por 3 formatos de camisetas que destacan por su gran ligereza y protección solar pero sobre todo por su elevada capacidad de transpiración. Esto es posible gracias al tejido exterior en poliéster reciclado con malla micro-perforada. Para añadir más confort, el corte es preformado en las mangas y las costuras son planas y están distribuidas de forma que se evitan posibles roces con el uso de mochila. Las prendas incluyen también un mini-bolsillo lateral con cremallera perfectamente integrada para evitar volúmenes innecesarios. Las propuestas con manga larga, incluye orificio en el puño para salida para el pulgar.
Tejido: 100% rejilla poliéster pre-consumo reciclado 103 g/m².
CON CAPUCHA. **Peso:** 175 g. **PVPR:** 75 €
MANGA LARGA. **Peso:** 150 g. **PVPR:** 65 €
MANGA CORTA. **Peso:** 110 g. **PVPR:** 55 €

SEEKER GTX

Prenda resistente y ligera; cuenta con tejido Nylon reciclado 40d con tratamiento DWR sin PFCs que, sumado a la membrana Gore-Tex C-Knit 3L, garantiza unos valores de transpirabilidad e impermeabilidad aptos para las condiciones más adversas. El tejido en hombros y torso proporciona además una mayor resistencia a la abrasión. Capucha envolvente compatible con casco, con un solo punto de regulación. Hombros sin costuras para un mayor rango de movilidad, confort con mochila y evitar puntos débiles. Cremalleras estancas que destacan por su impermeabilidad y facilidad de deslizamiento. Bolsillos laterales con cremalleras estancas compatibles con arnés. Cremallera frontal con doble-tirador. Aberturas de ventilación en axilas con cremallera estanca. Tejido exterior: 100% Nylon Reciclado 40 d. **Peso:** 328 g. **PVPR:** 400 €

MINIMALIST PERTEX

Junto con la nueva membrana Pertex Shield Revolve 2.5 capas, construida con material reciclado y bajo criterios de economía circular, la Minimalist estrena también nuevo tejido exterior 100% poliéster reciclado con tratamiento DWR sin PFCs. Esta nueva versión conserva su protección y ligereza en nuestras actividades outdoor y propiedades altamente compactables. Capucha fija envolvente, mangas preformadas para un mayor rango de movimiento y vestir cómodamente por capas, cremalleras Pit-Zips en axilas para un extra de confort, cremallera frontal estanca para más protección sin añadir volumen y peso, 2 bolsillos laterales compatibles con arnés y mochila bajo un dseño depurado al que no le falta funcionalidad. Tejido exterior: 100% Poliéster Reciclado 75 d. **Peso:** 331 g. **PVPR:** 200 €

WAYPOINT GTX

Chaqueta con Gore-Tex® 2 capas impermeable, transpirable, corta-viento y compactable, con prestaciones que la convierten en una prenda de gran polivalencia. Ligera y transpirable, el interior cuenta con recubrimiento en DriClime para una mayor absorción de nuestra transpiración. Diseñada para que ocupe poco espacio en la mochila. En momentos de mayor rendimiento aeróbico, dispone de aberturas con cremallera en las axilas para aportan un extra de ventilación Cuenta con mangas con corte ranglán para una mayor libertad de movimiento. Costuras 100% selladas. Tratamiento hidrófugo DWR sin PFCs. Capucha fija con visera preformable y regulación periférica. Bolsillos laterales y en pecho con cremallera. Tejido exterior: 100% Poliéster recicldado Plain Wave. **Peso:** 466 g. **PVPR:** 280 €

PINNACLE DRICLIME

Reúne todas las prestaciones que los amantes de avanzar rápido y ligero valoran: transpiración, aislamiento térmico, corta-viento, resistencia al agua, ligereza. Tejido stretch para añadir confort con acabo 'hardface' para aportar resistencia a la abrasión. Interior, con tejido Driclime® que combina lo mejor en protección térmica y transpiración bajo un tejido muy liviano.
Características:
Corte entallado. Bolsillos laterales y en pecho, accesibles con arnés y mochila. Capucha fija. Puños elásticos y tensor elástico regulable en cadera. Tratamiento hidrófugo DWR sin PFCs. Tejido: 89% Recycled Polyester, 11% Elastane.
Peso: 442 g.
PVPR: 180 €

SUPERALLOY BIO RAIN JKT

Diseñada con criterios sostenibles y para situaciones en las que cada gramo cuenta. Puede almacenarse en su propio bolsillo para mayor funcionalidad. Su carácter sostenible viene de la mano del nuevo tejido Bio-Nylon ripstop con fibras confeccionadas con un 60% de aceite procedente de semillas de ricino. El factor impermeabilidad se consigue con la inducción micro-porosa NanoPro™, desarrollada por Marmot, y aplicando al tejido exterior un tratamiento repelente al agua libre de PFCs.
Características: Prenda ultraligera y compacta con tejido 12 deniers Nylon Ripstop 60% de origen vegetal. Inducción micro-porosa NanoPro™ impermeable y transpirable (columna agua 15 000 mm). Costuras 100% selladas. Bolsillo en pecho, cremallera frontal estanca, puños preformados, capucha fija envolvente. **Peso:** 165 g. **PVPR:** 160 €

PRECIP ECO JKT M'S & W'

Descripción: La opción impermeable de Marmot con un valor más sostenible al incorporar membrana y tejido Nylon reciclado y tratamiento DWR libre de PFCs.
Características: Muy apreciada entre trekkers, senderistas, viajeros y urbanitas que valoran la ligereza y la funcionalidad, sus 290 g altamente compresibles, incluyen capucha fija regulable que puede esconderse en el cuello mediante cremallera. Dispone de micro-costuras estancas, cremallera frontal con solapa, barboquejo forrado con agradable tejido DriClime, aberturas PitZips en axilas para transpiración extra, bolsillos Pack de gran capacidad, bolsillo que sirve de funda, mangas preformadas Angel-Wing. Tejido: 100% Nylon Ripstop Reciclado 2.4 con tratamiento Dry-Touch. Inducción micro-porosa: NanoPro™ Eco 2,5 capas. Tratamiento DWR sin PFCs. **Peso:** 290 g. **PVPR:** 130 €

Marmot®

Marmot® FOR LIFE

MINIMALIST PERTEX® jkt
Cerrando el círculo.

Descubre la chaqueta Minimalist Pertex® de Marmot: versatilidad en esencia en cualquier aventura y climatología. Ligera, transpirable e impermeable gracias a la tecnología Pertex® Shield Revolve. Cremalleras frontales estancas y cremalleras en axilas con las que sumar transpiración. Fabricada con poliéster reciclado y tratamiento DWR libre de PFC y PFAs para una economía más circular. Diseño funcional y compactable para no restar espacio en tu mochila. Peso: 330 g.

marmot.eu

MONTAÑA

www.lurbel.eu

HALO SHORT SLEEVES

Camiseta unisex de diseño moderno y versátil, apta para deporte y estilo urbano. Fabricada sin costuras perimetrales para evitar fricciones e irritaciones, ofrece un ajuste ergonómico que permite total libertad de movimientos. Incluye protección UPF50+ y gran capacidad de transpiración para mantener la piel fresca y seca. Confeccionada con tecnología IDT Neo Recycled, optimiza la regulación térmica del tejido para mantener un equilibrio constante de la temperatura corporal, satisfaciendo en todo momento las demandas de refrigeración y control de humedad. Incorpora la regulación térmica Feel Cool, con propiedades inodoras y máxima transpiración, diseñada para actividades en altas temperaturas, y se sustenta en la Antiodour Base Layer para garantizar durabilidad y acción antibacteriana.
Composición: 100% Poliéster reciclado. **PVPR:** 47,90 €

CRISTALLO SHORT SLEEVES

Camiseta termorreguladora de manga corta. Esta primera capa ajusta la temperatura de tu cuerpo durante la práctica deportiva. Se siente como una segunda piel gracias a su construcción sin costuras perimetrales, eliminando cualquier roce o incomodidad. Además, en las zonas de más sudoración, como en las axilas, optimizan la transpiración y evacúan el sudor de forma eficaz paran mantenerte libre de humedades durante todo el día. Perfecta para uso diario o para tus entrena-

mientos. Confeccionada con la tecnología IDT Neo Recycled cuyo objetivo es mejorar la capacidad termorreguladora del tejido IDT para un correcto equilibrio de la temperatura corporal, en beneficio de una realización deportiva más efectiva. Con una exigencia térmica Feel Thermo Tech, con propiedades inodoras y de alta transpiración. Sustentado por la "Antiodour Base Layer" que ejerce su poder de forma transversal en toda la prenda como una garantía de durabilidad y anti-olor.
Composición: 70% Poliéster, 24% Poliamida, 6% Elastano. **PVPR:** 47,50 €

LOOP SERIES

Cinturones técnicos portaobjetos y porta-dorsales. La colección Loop de Lurbel ofrece cinturones ergonómicos y ultraligeros, ideales para trail running y actividades outdoor. Todos los modelos están confeccionados con tecnología Performance Dry, que garantiza evacuación de humedad, ajuste anatómico y máxima transpirabilidad, incluso a altas temperaturas. Incorporan la base Antiodour antiolor y la exigencia térmica Feel Cool, asegurando comodidad directa sobre la piel gracias a su construcción sin costuras perimetrales.
LOOP ONE: Diseño minimalista (5 cm de alto, 64 cm de largo), con bolsillo de 700 ml dividido en 4 aberturas para geles o barritas. Ideal para quienes buscan ligereza y comodidad absoluta. **PVPR:** 20,90 €
LOOP TWO: Más capacidad (2 L) y funcionalidad. Incluye bolsillo central de 27 cm para móvil, dos bolsillos laterales y espacio para 2 softflasks de 150 ml. Con detalles reflectantes y tejido antiarrugas. **PVPR:** 29,90 €
LOOP THREE: Versión más completa (2,5 L), con espacio para 2 softflasks de 350 ml o 1 de 500 ml, bolsillos para nutrición, móvil y sistema trasero para bastones. Con detalles reflectantes y excelente estabilidad. **PVPR:** 33,90 €

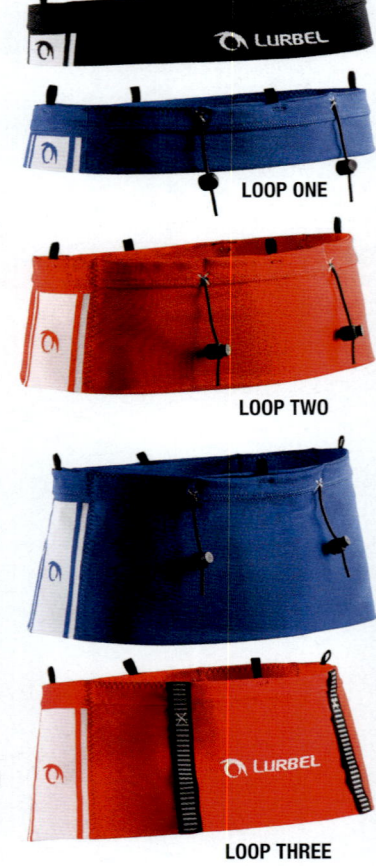

LOOP ONE

LOOP TWO

LOOP THREE

MERINO LITE

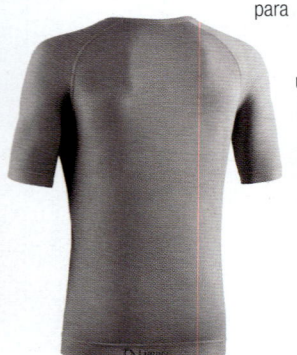

Camiseta termorreguladora de manga corta confeccionada sin costuras perimetrales para evitar rozaduras y ofrecer un tacto suave y natural. Fabricada en lana merino, proporciona alta retención térmica, gran ventilación y rápida evacuación del sudor. Su tejido libre de arrugas y bidireccional garantiza libertad de movimientos, adaptándose a cada gesto sin molestias. Integra la tecnología Performance Thermowool para mantener el confort y el rendimiento deportivo en climas fríos, y cuenta con la rejilla Anti Odour Base Layer para una acción antibacteriana que elimina los malos olores. Ideal tanto para deporte al aire libre en días fríos como para uso diario.
Composición: 50% Lana merino, 34% Polipropileno, 16% Poliamida.
PVPR: 59,90 €

www.montane.com

ALTA XT CON GORE-TEX

Combinando la resistente Gore-Tex Pro Shell con avanzadas técnicas de construcción BARRIER que ayuda a prevenir la entrada de agua y cremallera frontal STORMGUARD de doble dirección, la Alta XT destaca en condiciones extremas. Ofrece una protección excepcional contra la lluvia y una transpirabilidad total. Características esenciales como la capucha PIVOT 3 con visera, ajustable y compatible con casco. Los bolsillos en el pecho y uno interior, compatibles con arnés y mochila, todos con cremallera YKK Aquaguard, y ventilación con cremallera extendida en las axilas, se han diseñado cuidadosamente teniendo en cuenta la compatibilidad con el equipo y maximizar la funcionalidad. De 70 deniers, con una superficie lisa, aspecto mate, excelente resistencia a la abrasión y al desgarro. **PVPR:** 680 €

MINIMUS NANO PULL-ON

La chaqueta cortaviento impermeable (15 000 mm de columna de agua) Montane Minimus Nano Pull-On es una capa extremadamente ligera diseñada para corredores que priorizan la ligereza y la facilidad de transporte. Fabricada con uno de los tejidos impermeables y transpirables más ligeros del mercado pesa tan solo 100 g y se pliega en su propia bolsa para guardarla cómodamente en tu mochila durante no la necesites. Capucha elástica con visera reforzada, cremallera frontal YKK AQUAGUARD® bidireccional de media longitud con solapa interior, puños elásticos y bandas reflectantes para mayor seguridad en casos de poca visibilidad. **PVPR:** 155 €

ALPINE 850 NANO HOODIE

El diseño de alto rendimiento de la chaqueta con capucha Alpine 850 Nano para mujer ofrece máxima eficiencia térmica con el mínimo peso en las condiciones más extremas de gran altitud. Confeccionada con tejido PRIMALOFT GOLD y PERTEX QUANTUM y ripstop 10D ligero y cortavientos con DWR sin PFC. Rellena con plumón de oca ExpeDRY™ con certificación RDS de alta calidad y secado rápido 850FP fill power de secado rápido, cuenta con paneles de aislamiento sintético en zonas de alta humedad para una mayor eficiencia térmica. Su tejido exterior 10D ripstop y su DWR sin PFC proporcionan una protección ligera y cortaviento. El ajuste Trim mejorado facilita el movimiento durante las actividades en la montaña. Bolsillos laterales con cremallera y cremallera YKK frontal completa. **PVPR:** 360 €

FORTES LITE HOODIE

El tejido exterior ligero de nailon ripstop antidesgarro 12D con revestimiento acrílico ofrece una protección excepcionalmente ligera para todo tipo de clima, mientras que el forro APT de 10 deniers altamente transpirable mejora la comodidad y garantiza un control óptimo de la humedad. El sistema de ventilación Primaloft Gold Active Vent, estratégicamente ubicado, mantiene el rendimiento en condiciones de humedad y garantiza la calidez en zonas críticas, a la vez que mantiene un peso reducido. Sistema de capucha PIVOT 3 totalmente ajustable y compatible con casco, con puntos de ajuste frontales integrados para montaña y ajuste trasero de velocidad. Cremallera bidireccional YKK Vislon Natulon, 2 bolsillos para las manos, y bolsillo en el pecho con cremallera, compatible con arnés y mochila, con aislamiento para mantener los objetos esenciales abrigados y protegidos. **PVPR:** 270 €

KHAMSIN HOODIE

Chaqueta para mujer en tejido Softshell RAPTOR FLEX combinada con forro polar, resistente al viento, extremadamente cálida y transpirable. Perfecta para cualquier actividad de montaña, ya sea senderismo, alpinismo, escalada o esquí de travesía, usándola como capa intermedia o como primera capa. Diseñada para moverse en entornos alpinos fríos y técnicos en las montañas. Forro polar OCTA de alta absorción del sudor, secado rápido y peso ligero. Destaca por controlar la humedad y mantenerte abrigada. El revestimiento DWR sin PFC crea una barrera contra la humedad, mientras que los tejidos elásticos garantizan la libertad de movimiento. Equipada con capucha ajustable y puños y cinta cinta elásticos para minimizar la pérdida de calor. Bolsillos para las manos y bolsillo interno con cremalleras YKK. Cremallera frontal YKK Vislon con solapa interior. **PVPR:** 220 €

MALLI LONG SLEEVE

La camiseta de manga larga con cremallera Malli de Montane ofrece una durabilidad excepcional, además del control natural del olor, la termorregulación y el rendimiento de gestión de la humedad de la Lana Merino de 18,5 micras combinado con elastano para una libertad excepcional y elasticidad. Con tecnología de hilado de núcleo de nailon, tejido superligero y altamente efectivo, las costuras de perfil bajo y el ajuste ergonómico garantizan comodidad en contacto con la piel y una libertad de movimiento sin restricciones. Ajuste ceñido para actividades al aire libre esenciales, diseñada para usarse en contacto con la piel y proporcionar capas térmicas adicionales cuando sea necesario. Dobladillos elásticos discretos para un ajuste cómodo, cremallera frontal de 1/4 de longitud YKK. **PVPR:** 120 €

KAMEN XT HOODIE

Combinando la ligereza de PERTEX QUANTUM Diamond Fuse Ripstop de 20 deniers con la innovadora pluma de oca ALLIED FEATHER ExpeDRY 800FP, que favorece la evaporación de las moléculas de agua, lo que permite que el plumón se seque más rápido y se mantenga seco en condiciones de alta humedad. Aislamiento PrimaLoft® Gold con ventilación activa. Calidez ligera y eficiencia térmica, diseñada para ofrecer transpirabilidad y un control eficaz de la humedad. La protección contra el viento la proporciona la construcción de deflectores OFFSET, que maximiza la ventilación y reduce los puntos fríos, mientras que el sistema de capucha PIVOT 3 ajustable y compatible con casco se combina con el avanzado patrón REACH+ para garantizar un ajuste preciso y una libertad de movimiento. Bolsillos compatibles con arnés. Cremallera bidireccional YKK. **PVPR:** 480 €

VALEN 30L

La mochila Valen de 30 litros es increíblemente ligera y resistente. Fabricada con hilo antidesgarro ripstop RAPTOR Grid 200D, esta mochila es duradera y excepcionalmente ligera. La construcción de cincha continua en toda la mochila proporciona una compresión y estabilidad completa para garantizar que tu equipo esté seguro en largas jornadas en la montaña. El panel trasero y el arnés están modelados para mayor estabilidad y comodidad durante actividades dinámicas. Dispone de un compartimento principal de fácil acceso, bolsillo externo con cremallera para acceder fácilmente a los artículos esenciales y hebillas y componentes compatibles para uso con guantes. Peso 560 gramos, y disponible en colores azul o gris. **PVPR:** 160 €

MONTAÑA

www.montura.com

VERTIGO GTX PRO JACKET

Diseñada para el alpinismo técnico, es la chaqueta ideal para afrontar condiciones extremas sin renunciar a la comodidad ni a la libertad de movimiento. Confeccionada bajo la garantía impermeable Weather-Ready, incorpora tecnología GORE-TEX Pro de 3 capas con membrana ePE, lo que asegura una protección total frente a los elementos, ofreciendo al mismo tiempo una excelente impermeabilidad y transpirabilidad. Su diseño ErgoFit maximiza la funcionalidad y el confort: los insertos elásticos de GORE-TEX Stretch mejoran la ergonomía, mientras que la capucha ajustable se adapta perfectamente tanto con casco como sin él. Los sistemas de ajuste permiten una adaptación precisa al cuerpo. Con un peso de solo 415 g (talla M), es ligera y compacta, sin comprometer la resistencia. Los detalles reflectantes mejoran la visibilidad en condiciones de poca luz, y los nuevos materiales aportan un tacto más suave que en versiones anteriores. **PVPR:** 600 €

VERTIGO WATERPROOF DUVET

Chaqueta desarrollada para los alpinistas más exigentes, combinando las mejores tecnologías de Montura en una prenda térmica e impermeable. En su interior, destaca la tecnología Cross-section, que elimina los puntos fríos mediante cámaras escalonadas, logrando una distribución homogénea del plumón. Fabricado bajo la garantía impermeable Weather-Ready y con tejido de nailon de 2 capas laminado con membrana de poliuretano, ofrece protección total frente a los elementos (15 000 mm y 15 000 g/m²/24 h). La tecnología Thermo-Adaptive incorpora aislamiento de plumón de pato blanco Moulard (750 CUIN), que proporciona excelente rendimiento térmico, alta capacidad de compresión y secado rápido, manteniendo el calor incluso en condiciones de humedad. El plumón cuenta con tratamiento hidrófugo NIKWAX sin PFAS. El diseño ErgoFit garantiza máxima libertad de movimiento. Con múltiples bolsillos funcionales. **PVPR:** 600 €

VERTIGO DIAMOND DUVET

Chaqueta técnica de peso medio, comprimible y con capucha, que ofrece el equilibrio perfecto entre calidez y ligereza. Gracias a la tecnología Thermo-Adaptive, su aislamiento 100% de plumón mantiene una temperatura corporal estable, asegurando un excelente rendimiento térmico incluso en las condiciones más frías. Relleno de plumón de pato Moulard Pure White (750 CUIN), con tratamiento hidrófugo NIKWAX sin PFAS. Tejido exterior Pertex® Quantum-Diamond Fuse ultraligero, fabricado con nailon reciclado y estructura rip-stop, y con tratamiento DWR libre de PFAS. El diseño ErgoFit mejora la libertad de movimiento. La capucha, ampliable mediante cremallera, es compatible con casco y se ajusta con un sistema elástico. Combina aislamiento térmico, ligereza y protección, convirtiéndose en una prenda ideal para afrontar las aventuras alpinas más exigentes. **PVPR:** 400 €

VERTIGO OCTA HIGH NECK MAGLIA

Camiseta térmica técnica de alto rendimiento, diseñada como primera capa para actividades alpinas exigentes en condiciones extremas. Incorpora la tecnología Thermo-Adaptive de Montura, ofreciendo un equilibrio óptimo entre aislamiento térmico, transpirabilidad y ligereza. Confeccionada con tejido Octa® ultraligero, cuya innovadora fibra –con estructura similar a un pulpo– atrapa el aire para retener el calor corporal de forma eficiente, reduciendo el peso en un 50% respecto a materiales convencionales. El resultado es una prenda térmica que seca rápidamente, ideal para actividades de intensidad variable y entornos fríos. El diseño ErgoFit garantiza libertad de movimiento. Su cuello alto con buff integrado proporciona protección adicional contra el frío y el viento. Diseñada para ser resistente, robusta y funcional. **PVPR:** 90 €

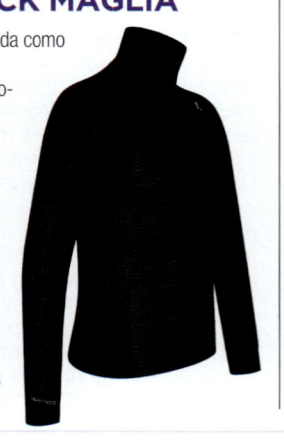

VERTIGO GTX PRO COVER PANTS

Diseñado para el alpinismo técnico, el pantalón Vertigo GTX Cover ofrece protección total frente a las condiciones meteorológicas más extremas, sin comprometer la libertad de movimiento. Confeccionado bajo la garantía impermeable Weather-Ready, incorpora tecnología GORE-TEX Pro de 3 capas con membrana ePE, que garantiza una impermeabilidad de 28 000 mm de columna de agua, alta transpirabilidad y gran durabilidad. Los insertos elásticos de GORE-TEX Stretch, junto con el diseño ErgoFit, proporcionan una movilidad excepcional. La zona inferior elástica y el fuelle de expansión añaden versatilidad, permitiendo la compatibilidad con botas de gran volumen, ideales para actividades en alta montaña o esquí de travesía. Cada detalle ha sido pensado para ofrecer la máxima funcionalidad y facilitar la reparabilidad de la prenda. **PVPR:** 500 €

VERTIGO ALLROUND PANTS

Resistentes, ajustados y totalmente equipados; diseñados para los amantes de la montaña que buscan un pantalón versátil para todo el año. Ideales tanto para el alpinismo como para el esquí de travesía, ofrecen confort y protección en cualquier situación, ya sea ascendiendo con pieles, escalando una ruta o descendiendo por pendientes nevadas. Inspirados en los emblemáticos Vertigo Pants, la prenda más icónica de Montura, estos pantalones incorporan nuevas prestaciones sin renunciar al espíritu original. Están confeccionados con un tejido de nailon y elastano con estructura doble ripstop y tratamiento DWR (repelencia duradera al agua, libre de PFC/PFAS), lo que garantiza gran resistencia, transpirabilidad y protección frente a los elementos. La parte inferior de la pierna, diseñada con construcción ErgoFit, incorpora GORE-TEX Stretch impermeable, que asegura un ajuste perfecto sobre botas de montaña o esquí. Esta zona evita la entrada de nieve y agua, manteniendo el confort y la protección incluso en las condiciones más exigentes. **PVPR:** 200 €

VERTIGO OCTA HOODED MAGLIA

Chaqueta técnica tipo forro polar diseñada para ofrecer el mejor equilibrio entre peso y eficiencia térmica, gracias a la tecnología Thermo-Adaptive. Confeccionada en OCTA®, un forro térmico ultraligero de poliéster 100%, retiene el calor corporal y garantiza una excelente transpirabilidad y un secado muy rápido. La exclusiva estructura de la fibra OCTA® –con ocho salientes radiales alrededor de un núcleo hueco– confiere al tejido una gran capacidad aislante, una gestión eficaz de la humedad y una ligereza extraordinaria. El diseño combina el rendimiento térmico del OCTA® con la construcción ErgoFit, que incorpora tejidos elásticos en las zonas de mayor movilidad para garantizar confort, ajuste anatómico y libertad de movimiento. El exterior presenta una textura funcional que combina transpirabilidad con resistencia al viento, mientras que el forro interior en OCTA® optimiza la regulación térmica en todo momento. **PVPR:** 150 €

VERTIGO OCTA PANTS

Primera capa técnica para condiciones extremas, diseñada para ofrecer máxima eficiencia térmica, transpirabilidad y comodidad gracias a la tecnología Thermo-Adaptive de Montura. Confeccionados en tejido Octa® ultraligero, estos pantalones térmicos retienen el calor corporal al tiempo que favorecen un secado rápido, manteniendo el cuerpo cálido y seco incluso en situaciones de alta exigencia física. La construcción ErgoFit está pensada para optimizar el rendimiento: el tejido Octa se posiciona estratégicamente en cuádriceps y glúteos, aportando aislamiento donde más se necesita y evitando capas superpuestas en zonas como la cintura y los tobillos, lo que se traduce en mayor libertad de movimiento y confort bajo otras capas. Ideales para actividades alpinas prolongadas, travesías y escenarios de clima frío donde cada gramo cuenta sin comprometer el rendimiento térmico. **PVPR:** 80 €

Rab®

ELECTRON PRO

Chaqueta técnica de pluma para hombre, diseñada para alpinismo técnico, que combina ligereza, calidez y protección frente al viento y la humedad. El tejido exterior Pertex® Quantum Pro ofrece resistencia al agua y al viento, con acabado DWR para una mayor repelencia. Rellena con pluma europea hidrofugada de 800 CUIN (190 g en talla L), tratada con Nikwax® para mayor durabilidad y mejor comportamiento en condiciones húmedas. La construcción en baffles zonales (micro y midi) evita desplazamientos del relleno y elimina puntos fríos. Capucha ajustable compatible con casco, puños elásticos, bajo ajustable y cremallera frontal YKK® Natulon de doble cursor. **Peso:** 523,5 g. **Ajuste:** regular. **Tejido interior:** nailon reciclado 20D. **PVPR:** 300 €

XENAIR ALPINE

Chaqueta alpina técnica, transpirable y resistente, ideal para actividades intensas en climas invernales variables. Aislamiento sintético PrimaLoft® Gold Insulation Active+ (mapeado por zonas) que mantiene el calor cuando estás parado y ofrece alta transpirabilidad durante el esfuerzo. El tejido exterior Pertex® Quantum Air equilibra protección y ventilación, con acabado DWR libre de fluorocarbonos. Compatible con arnés y casco, incluye cremallera frontal YKK® VISLON® bidireccional, capucha con visera rígida, puños ajustables con velcro y mangas articuladas. Bolsillos compatibles con arnés. **Peso:** 553 g. **Aislamiento:** 133 g/m² PrimaLoft® Active+ (55% reciclado). **Tejido:** Pertex® Quantum Air 20D (47 g/m²). **PVPR:** 260 €

FIREWALL MOUNTAIN

Chaqueta impermeable técnica y versátil, ideal para actividades de montaña en condiciones meteorológicas adversas. Fabricada con Pertex® Shield de 3 capas, ofrece una excelente combinación de protección, transpirabilidad y libertad de movimiento, adaptándose a escenarios exigentes por encima de la línea de árboles. Equipada con capucha compatible con casco, bolsillos accesibles con arnés y ventilación bajo las axilas. Las mangas articuladas, los puños ajustables y los acabados sin fluorocarbonos completan un diseño funcional y comprometido con el medioambiente. **Peso:** 492 g (talla M). **Tejido:** Pertex® Shield 3L (133 g/m²) – 100% poliamida reciclada con tratamiento DWR libre de PFC (20 000 mm/ 20 000 g/m²/24 h). **PVPR:** 300 €

SYNCRINO™ BASE LAYER 125

Primera capa técnica, ligera, transpirable y elástica, ideal para actividades alpinas en climas fríos. Su mezcla de lana merino y fibras sintéticas recicladas ofrece lo mejor de ambos mundos: calidez, regulación térmica y gestión de la humedad con gran durabilidad y secado rápido. Gracias a su resistencia al olor y su comodidad en contacto con la piel, es perfecta para aventuras de varios días o actividades de alta intensidad. **Peso:** 162 g. **Corte:** ajustado. **Tejido:** Syncrino™ 125 – punto simple (125 g/m²). **Composición:** 53% poliéster (32% reciclado), 47% lana merino. **PVPR:** 85 €

ASCENDOR HOODY

Capa térmica técnica, ligera y altamente funcional, diseñada para actividades alpinas exigentes como alpinismo, esquí de montaña y escalada invernal. Su construcción mapeada por zonas combina diferentes tejidos y densidades para ofrecer el equilibrio perfecto entre protección frente al viento, aislamiento térmico, transpirabilidad y libertad de movimiento. El tejido Pertex® Quantum Air en la parte superior del torso, hombros y brazos garantiza resistencia al viento y a la abrasión, mientras que el interior en forro polar Thermic™ G proporciona una excelente retención del calor. Las zonas de mayor movilidad (costados, cintura y axilas) incorporan un forro polar más fino y transpirable para facilitar la evacuación del calor y la compatibilidad con el arnés. **Peso:** 310 g (M). **PVPR:** 180 €

ASCENDOR PANTS

Pantalón técnico softshell para hombre, diseñado para alpinismo y esquí de montaña. Confeccionado con tejido Matrix™ de 2 capas, ofrece elasticidad, transpirabilidad y resistencia a la abrasión, adaptándose a actividades de alta exigencia en terreno alpino. Su diseño favorece la libertad de movimiento gracias a las rodillas preformadas, el refuerzo en la entrepierna y las costuras laterales desplazadas, proporcionando comodidad durante pasos elevados o movimientos técnicos. El interior es suave al tacto, y los detalles funcionales –como los bajos reforzados, cremalleras laterales, sujeción para botas y posibilidad de añadir tirantes– hacen de este pantalón una prenda versátil para condiciones invernales y técnicas. **Peso:** 449 g. **Corte:** regular. **Tejido:** Matrix™ 2 capas – softshell elástico, transpirable y resistente. **PVPR:** 130 €

GUIDE 2 GTX GLOVES

Guantes técnicos de alta gama, diseñados para alpinismo invernal y uso intensivo en montaña. Ofrecen protección total frente a la intemperie, aislamiento térmico eficiente y gran destreza para el manejo de cuerda y aseguramiento. La membrana GORE-TEX® Warm proporciona impermeabilidad, transpirabilidad y resistencia al viento, mientras que el aislamiento sintético PrimaLoft® Gold mantiene el calor incluso en condiciones húmedas. El diseño precurvado y los refuerzos de piel Pittards® mejoran el ajuste, la durabilidad y el agarre. Una opción ideal para ascensiones exigentes en condiciones frías. **Peso:** 220 g (par). **Aislamiento:** PrimaLoft® Gold – 100 g/m² (dorso), 60 g/m² (palma). **Membrana:** GORE-TEX® Warm – impermeable, cortaviento y transpirable. **PVPR:** 165 €

PROTIUM 27

Mochila de día versátil y ergonómica, diseñada para quienes buscan una sola mochila para todas sus aventuras. Con 27 litros de capacidad, ofrece un equilibrio ideal entre comodidad, funcionalidad y adaptabilidad, siendo perfecta tanto para rutas de senderismo, salidas de montaña o aproximaciones rápidas. Su sistema de espalda Air Contour™ con panel precurvado y semirrígido ABS moldeado al vacío proporciona estabilidad y libertad de movimiento, adaptándose al cuerpo en cada paso. El diseño limpio y aerodinámico, junto con un almacenamiento accesible y bien organizado, hacen de la Protium 27 una mochila polivalente para el uso técnico o diario. **Capacidad:** 27 l. **Peso:** 1060 g. **Dimensiones aprox.:** 58 × 28 × 26 cm. **Ajuste:** longitud de espalda ajustable. **PVPR:** 160 €

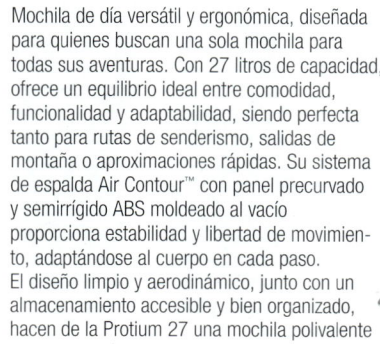

CAMISETA MANGA CORTA

Si te preocupas por el medio ambiente y por el diseño de tu ropa, serás doblemente feliz con la camiseta de mujer de manga corta CHULILLA. La combinación de 50% algodón orgánico y 50% en fibra modal Lenzing hacen de esta prenda ligera y aireada. Esta camiseta para mujer está confeccionada de material ecológico que deja una huella de carbono neutra. Esta pieza no solo es agradable al tacto, sino también agradable a la vista. Gracias a las coloridas partes asimétricas, definitivamente destacarás entre los escaladores. **PVPR:** 34,95 €

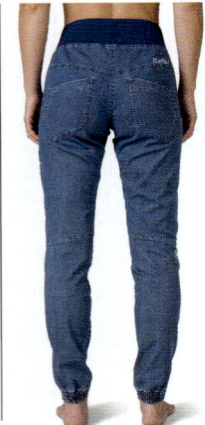

CHAIN

Pantalones vaqueros de mujer de cintura alta, adecuados para uso diario y escalada. Los pantalones de escalada CHAIN tienen el mismo aspecto que cualquier otro vaquero de calle, pero son el complemento perfecto para la escalada en roca. El tejido vaquero ultraligero es elástico, transpirable y se seca rápidamente. Un bajo más ancho garantiza un buen ajuste. El refuerzo interior te ofrece máxima libertad de movimiento, algo que los escaladores agradecerán. Las rodillas elevadas y moldeadas resisten el uso más duro de la roca. El bajo tiene elástico en la parte trasera para mantener los pantalones bastante por encima del tobillo. Sin embargo, el elástico solo está en la parte trasera, por lo que desde delante parecen unos vaqueros acampanados normales. También tienen una elegante trabilla para cepillo limpia-presas. **PVPR:** 79,95 €

FEMIO

Pantalones de escalada para mujer, confeccionados en material ligero pero resistente, transpirable y de secado rápido, ideales para escalar en roca afilada o hacer boulder. Gracias a su cintura elástica y ancha y los bajos también elásticos, se adaptan a todo tipo de siluetas. Los FEMIO están diseñados para todo tipo de escalada, tanto en interiores como en exteriores, o puedes llevarlos contigo para practicar slackline en el parque o para una clase de yoga. Material principal en nailon con elastano, provistos de cordón ajustable en la cintura, dos bolsillos delanteros para las manos, refuerzo en la entrepierna para mayor libertad de movimiento, rodillas ergonómicas. **PVPR:** 74,95 €

SLAB

Camiseta sin mangas para hombre, confeccionada con una mezcla de 95% algodón orgánico y 5% elastano, es ligera suave y, por lo tanto, más cómoda. Diseñada para el movimiento activo en los días calurosos de verano o para la escalada en interiores durante todo el año. El material y el corte están diseñados para limitar al mínimo tus movimientos, ofreciéndote la flexibilidad perfecta para escalar y otras actividades. El color en contraste del bolsillo del pecho y los diseños de escalada realzan su atractivo. Si buscas equipo para escalar en climas cálidos, deberías añadir la camiseta sin mangas SLAB a tu equipo. **PVPR:** 29,95 €

MEGOS

Pantalones cortos de escalada para hombre, de algodón con elastano, combinación que garantiza flexibilidad, transpirabilidad, comodidad y una total libertad durante las escaladas más exigentes. Con corte elegante y cintura elástica con cordón. Los MEGOS perfectos tanto para escalada como en Boulder, o simplemente si quieres disfrutar de un relajante día de escalada bajo el sol en la roca. Dispone de 2 bolsillos delanteros para las manos, cinturilla elástica ajustable y bolsillo para cepillo limpia-presas. **PVPR:** 64,95 €

CRIMP

Pantalones de escalada de mezclilla y denim elástico para hombre casi indistinguibles de los pantalones vaquero clásicos, y son una de las prendas favoritas de nuestros patrocinados. El tejido vaquero ligero los hace duraderos, transpirables y de secado rápido. El refuerzo en la entrepierna y las rodillas articuladas garantizan una libertad de movimiento total. El elástico ajustable de la cintura del CRIMP está oculto en el interior para no estropear el look formal, y también dispone de trabillas para el cinturón. Un práctico bolsillo para el cepillo limpia-presas es imprescindible. 2 bolsillos delanteros para las manos y bolsillos traseros. Abertura en la bragueta con cremallera. **PVPR:** 89,95 €

ACCESS

Una zapatilla cómoda que te apoyará dondequiera que vayas, caminando por las calles de tu ciudad o en el gimnasio de escalada, en la aproximación a la roca, y para esos momentos de descanso entre vía y vía. Gracias al talón especial plegable puedes usar zapatos como si de unas zapatillas se tratase, que te encantarán ya que te permite transiciones rápidas y la versatilidad definitiva. Diseñadas en versión para hombre o para mujer, para ofrecer durabilidad y comodidad, las zapatillas ACCES cuentan con una suela de goma adherente que proporciona un gran agarre en cualquier superficie. La parte superior de cuero de gamuza de primera calidad ofrece resistencia a la intemperie y comodidad, mientras que la puntera baja de goma protegerá el dedo del pie en terrenos más difíciles. **PVPR:** 129,95 €

GRADE UNI

Un crashpad robusto de dos piezas que, gracias a sus dos capas de espuma de alta calidad, (PE rígida de 30 mm y PU de 70 mm) amortigua y te protege de caídas fuertes en boulder. Posibilidad de cambiar el acolchado interior al final de su vida útil. La funda está fabricada con materiales duraderos y resistentes. El material exterior poliéster 600D recubierto de goma es antideslizante y fácil de lavar. Capa de poliéster 600D/PVC resistente al agua y a la abrasión en la parte inferior de la colchoneta. Las cómodas hombreras, desmontables y con hebillas de acero (de una sola pieza) y una sencilla correa para la cadera te permiten transportarla fácilmente. En un bolsillo oculto en la parte superior encontrarás una esterilla para limpiar los pies de gato. **PVPR:** 249,95 €

MONTAÑA

HAINES PADDED JACKET

La aliada perfecta para actividades aeróbicas intensas como el esquí de travesía, gracias a su excelente transpirabilidad y aislamiento térmico. La innovadora tecnología de mapeo corporal garantiza que las diferentes áreas de la chaqueta se adapten para proporcionar el equilibrio perfecto entre transpirabilidad y calidez. La ubicación estratégica de los tejidos y forros externos permite el máximo flujo de aire donde más lo necesitas, mientras que las capas aislantes mantienen el calor corporal y mejoran la termorregulación gracias al acolchado de lana merino estratégicamente ubicado en la parte delantera de la chaqueta y la parte baja de la espalda.

Tejido: pongee de poliéster ripstop reciclado de 2 l con membrana de poliuretano 20K/40K libre de PFC 100% reciclada, 82 g/m². **Tallas:** hombre de S a XXXL, mujer de XS a XXL. **PVPR:** 250 €

RDS WHITE RIVER

Diseñada con una combinación de tejidos y aislamiento que se adapta al cuerpo para lograr una excelente termorregulación. Las zonas acolchadas del cuerpo y las mangas, rellenas de plumón 750 FP, proporcionan calidez y ligereza adicionales, lo que la hace ideal para afrontar temperaturas más frías sin sacrificar la comodidad. Las zonas sin acolchado están acolchadas con Holesnet, nuestro aislamiento perforado que permite la circulación del aire y la evacuación del vapor de agua durante actividades más intensas, manteniendo el cuerpo seco y fresco. Además, la transpirabilidad se ve reforzada por las inserciones de nailon elástico sin aislamiento bajo las axilas, que garantizan libertad de movimiento y una comodidad óptima. Estos detalles hacen de la chaqueta RDS WHITE RIVER la opción perfecta para los aventureros que buscan un alto rendimiento sin sacrificar el estilo.

Tallas: hombre de S a XXXL, mujer de XS a XXL. **PVPR:** 320 €

SILEX 2.0

La chaqueta híbrida SILEX 2.0 está diseñada con materiales de alta funcionalidad y una construcción que se adapta al cuerpo para garantizar el máximo rendimiento. El uso de fibra hueca Octa garantiza ligereza, comodidad y calidez gracias a su innovadora sección transversal octogonal, que optimiza el aislamiento sin añadir peso.

La capucha, los hombros y el pecho están confeccionados con nylon microripstop ultraligero que proporciona una protección eficaz contra el viento y las inclemencias del tiempo. Esta capa se ve reforzada por el aislamiento Holesnet, que cuenta con perforaciones que permiten una ventilación adecuada, crucial para actividades de alta intensidad, ya que ayuda a disipar el exceso de calor durante esfuerzos prolongados. Además, cuenta con perforaciones láser en la inserción de nailon elástico de la espalda. Gracias a estos detalles técnicos y a los materiales avanzados, es ideal para actividades aeróbicas intensas como la escalada y el esquí de travesía.

Tallas: hombre de S a XXXL, mujer de XS a XXL. **Peso:** 420 g (talla L). **PVPR:** 250 €

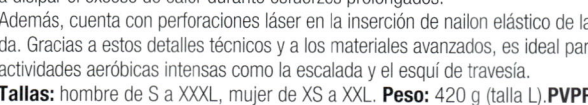

OBSERVER 3.0 ZIP OFF

Pantalón que fusiona funcionalidad de vanguardia y diseño atemporal, dirigidos a los amantes de las actividades al aire libre que no se conforman con cualquier cosa. Con la "inteligencia" intrínseca en su ADN, estos pantalones encarnan la esencia misma de la versatilidad y la funcionalidad, ya que frente a las condiciones climáticas más diversas, fácilmente pueden adaptarse: largos cuando es necesario, pero que se vuelven cortos solo abriendo una cremallera, sin tener que quitarse los zapatos. Versiones para hombre y mujer.

Tejido: Nailon elástico ligero 88% PA 12% EA 140 g/m².

Peso: 330 g (talla L).

PVPR: 85 €

SCARLET RUNNER 2.0 BERMUDA

Scarlet Runner 2.0 es una bermuda diseñada específicamente para senderismo y actividades de montaña. Está confeccionada en tejido elástico, ligero pero muy resistente. Ofrece un ajuste cómodo, garantizado por el cierre de cintura con botón a presión oculto, gancho y cremallera, y por la cinta con hebilla deslizante en la abertura frontal. Bolsillo en la pernera derecha le da un toque distintivo. El tejido elástico en cuatro direcciones tiene propiedades extremadamente elásticas y duraderas que garantizan una amplia libertad de movimiento. Versiones para hombre y mujer.

Tejido: Nailon elástico ligero 88% PA 12% EA 140 g/m².

Peso: 181 g (talla L).

PVPR: 55 €

TERMINATOR 2.0 SS

Camiseta técnica que ofrece comodidad y estilo a los amantes de la montaña, a la vez que garantiza una combinación perfecta de ligereza y resistencia. La textura jaspeada ofrece un aspecto moderno y llamativo, mientras que la composición de los materiales garantiza transpirabilidad y libertad de movimiento durante las actividades de montaña. Es la opción ideal para quienes buscan una prenda versátil y de alta calidad para sus aventuras al aire libre. Versiones para hombre y mujer.

Tejido: Jersey melange 90% PL 10% EA 170 g/m².

PVPR: 35 €

MONTAÑA

www.salewa.com

NXT RDS DOWN JKT M

La chaqueta de plumas NXT RDS DOWN ofrece calidez, protección y ligereza compresibles para terrenos expuestos y condiciones adversas. Fácil de meter en la mochila o enganchar al arnés, es la prenda aislante más versátil de nuestra gama. Las cámaras cuidadosamente colocadas retienen el calor del torso sin abultar y el corte articulado garantiza una movilidad total.El relleno de plumón de ganso RDS, de calidad superior, tiene una proporción de plumón/pluma de 95/5 y una capacidad de expansión de 850 cuin. El tratamiento Downtek™ ofrece impermeabilidad sin PFAS. La tela exterior de nailon ripstop, resistente al viento y a la intemperie, es 100 % reciclada. Cuenta con dos bolsillos laterales con cremallera, capucha ajustable y puños interiores elásticos y ajustados. **Peso:** 310 g (50/L). **PVPR:** 380 €

NXT PL JKT M

La chaqueta NXT Polarlite es un forro polar ligero y versátil con cremallera completa con una termorregulación excepcional para su peso. Especialmente diseñada para la escalada y reforzada en los paneles de los hombros, para usarla con mochila, así como en los codos y la parte inferior de las mangas para una buena resistencia a la abrasión. Fabricada con poliamida 100 % reciclada, su estructura de rejilla polar proporciona más calor con una masa de tejido reducida que ocupa poco espacio. Cuenta con un bolsillo con cremallera en el lado izquierdo del pecho, puños y dobladillo elásticos para mantener el calor. **Peso:** 370 g (50/l). **PVPR:** 180 €

AGNER HEMP 2 HOODED JKT W

Chaqueta confeccionada a partir de nuestro cáñamo alpino patentado, resistente, refrescante y extremadamente transpirable (48 % cáñamo, 40 % algodón, 12 % poliéster de base biológica). Cuenta con dos bolsillos laterales con cremallera colocados más arriba para que sean accesibles incluso cuando se usa un arnés y una discreta cinta probadora tipo «daisy chain» portaescobillas. Con su capucha entallada con ribete elástico, mangas ergonómicas, hombros y costuras elásticas, esta chaqueta con capucha elegante y funcional es práctica y cómoda para escalar. **Peso:** 520 g. **PVPR:** 130 €

PUEZ GTX 3L EPE JKT W

Chaqueta confeccionada con tejido Gore-tex® 75D con DWR sin PFAS certificado por bluesign®. Diseñada para ser lo más ligera, plegable y transpirable posible y, al mismo tiempo, ofrecer protección duradera contra la intemperie en condiciones adversas. La nueva membrana Gore-tex® ePE combina una alta transpirabilidad (RET <20 m² Pa/W) con una fuerte especificación de impermeabilidad (clasificación de columna de agua: 28 000 mm). Además, presenta costuras soldadas, una cremallera frontal impermeable, una capucha entallada con ajuste trasero, dos bolsillos (con cremalleras impermeables) y puños con ajuste de velcro. **Peso:** 360 g (42/36). **PVPR:** 300 €

PUEZ DRY T-SHIRT M

Camiseta de cuello redondo, suave y con buena absorción de la humedad, para trekking y actividades al aire libre pensada para llevarla en caminatas y excursiones veraniegas de uno o varios días. La camiseta Puez Dry está hecha de Dry'ton, nuestro tejido patentado de polialgodón funcional y transpirable que combina fibras sintéticas y naturales para evacuar la humedad de la piel de manera eficiente y garantizar un secado rápido. Está enriquecida con fibras Tencel™ adicionales, suaves y sedosas, para mejorar aún más el confort general, la durabilidad y la absorción de la humedad. Esta camiseta es un modelo Salewa Committed, fabricado según normas ecológicas y de sostenibilidad suplementarias para reducir el impacto. **Peso:** 120 g. **PVPR:** 50 €

NXT DST PANT M

El NXT Durastretch Pant es un pantalón robusto y minimalista confeccionado en tela Durastretch ligera y resistente a las rocas con acabado DWR (repelente al agua duradero) sin PFAS. La pernera aerodinámica tiene una entrepierna con fuelle y una articulación integrada en las rodillas para permitir una movilidad total en la escalada. La cintura elástica ergonómica de perfil bajo con una bragueta con cremallera no abulta debajo del arnés y se ajusta completamente con el cordón. Tiene un bolsillo tipo cargo con cremallera en la pierna derecha e inserciones de ventilación de malla en la parte trasera de las rodillas. **Peso:** 280 g (50/L). **PVPR:** 160 €

PUEZ PTX HYB OVERPANTS W

Pantalón impermeable y ligero, con construcción híbrida de Powertex® para trekking y excursiones en condiciones climáticas mixtas. Confeccionado con dos versiones diferentes de nuestro tejido impermeable laminado de eficacia probada: paneles de Ripstop Powertex® de 3 capas para una mayor protección contra las inclemencias del tiempo y Ripstop Powertex® más ligero de 2,5 capas para una mayor libertad de movimientos y facilidad de empaque. Ambos tejidos ofrecen una impermeabilidad de 10 000 mm y una transpirabilidad de 10 000 g/m²/24h e incorporan costuras selladas. El corte ajustado y el bajo regulable con cierre de botón a presión garantizan que no haya demasiada tela, mientras que la abertura lateral con cremallera completa a ambos lados te permite ponértelos rápidamente, incluso por encima de las botas, si el tiempo cambia de repente. Cuenta con sello Salewa Committed: tejidos hechos de poliéster 100 % reciclado con DWR sin PFC. **Peso:** 315 g (42/36). **PVPR:** 220 €

PEDROC PRO DST CARGO SHORTS M

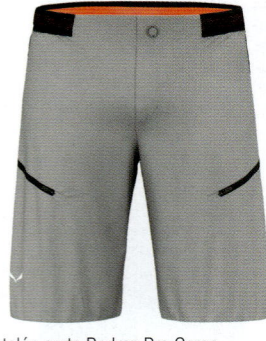

Pantalón corto diseñado pensando en ascensos alpinos de alta velocidad en verano. Su fresco y absorbente tejido softshell Durastretch de 96 gramos está diseñado para proporcionar una protección ligera y de secado rápido, mientras que los paneles de tela perforada con mapeo corporal y las inserciones de malla ofrecen ventilación adicional. El ajuste atlético presenta una cintura de malla con un cordón de ajuste y una bragueta con cremallera y un botón a presión. Tiene dos bolsillos tipo cargo con cremallera, dos bolsillos laterales y dos bolsillos de malla abiertos en la parte trasera. El pantalón corto Pedroc Pro Cargo Shorts es un producto SALEWA® Committed realizado para causar un menor impacto y producido utilizando procesos medioambientalmente responsables y telas recicladas y aprobadas por bluesign®. **Peso:** 170 g (50/L). **PVPR:** 100 €

VAUDE
The Spirit of Mountain Sports

MONTAÑA

www.vaude.es

CROZ ALPINE 3L

Chaqueta hardshell, ligera y resistente para alpinistas. Impermeable, cortavientos y muy transpirable. Fabricación del material principal respetuoso con el clima mediante el innovador reciclaje de neumáticos usados. Capucha fija con ancho regulable, capucha apta para casco, cremallera frontal hidrófuga con faldón de botones, 2 bolsillos en el pecho con cremallera hidrófuga, ancho regulable en el dobladillo, mangas preformadas, ventilación del antebrazo con cremallera hidrófuga, ancho de puño regulable con velcro. Distintivo VAUDE Green Shape: producto respetuoso con el medioambiente y fabricado con materiales sostenibles. **Composición:** 100% Poliamida. Membrana: 100% Poliuretano. Cara interior: 100% poliamida (reciclado). **Peso:** 445 g. **Tallas:** S-XXL. **PVPR:** 350 €

FRENEY VI

Ligera chaqueta aislante de mujer para practicar montañismo. Cálida, transpirable, repele el agua, el relleno PrimaLoft® aísla incluso estando mojado. Corte ajustado y deportivo, guateado, capucha fija, cremallera frontal invisible con faldón de botones, mangas preformadas, 2 bolsillos frontales con cremallera, 1 bolsillo frontal que se puede utilizar para meter cosas, cordón tensor en el dobladillo con ajuste de una sola mano. Distintivo VAUDE Green Shape: producto funcional, respetuoso con el medioambiente y fabricado con materiales sostenibles. **Composición:** 100% Poliamida (53% reciclados). Forro: 100% poliamida (reciclado). Acolchado: 100% poliéster (reciclado), PrimaLoft® Silver Insulation Eco 40 g/m². **Peso:** 273 g. **Tallas:** 34-44. **PVPR:** 190 €

MONVISO DOWN HOODED

Chaqueta de plumón de alto rendimiento con plumón 90/10 que repele la humedad, con 800 cuin de capacidad de relleno. Material principal fabricado mediante el innovador reciclaje de neumáticos. Relleno con plumón, capucha fija con ancho regulable, cremallera frontal invertida con faldón de botones, 1 bolsillo en el pecho con cremallera, 2 bolsillos frontales con cremallera, 1 bolsillo frontal que se puede utilizar para meter cosas, cordón tensor en el dobladillo con ajuste de una sola mano, mangas preformadas, puños elásticos. Distintivo VAUDE Green Shape: producto funcional, respetuoso con el medioambiente y fabricado con materiales sostenibles. **Composición:** 100% Poliamida. Forro: 100% Poliamida. Relleno: 90% Plumón de pato, 10% Pluma de pato. **Peso:** 460 g. **Tallas:** S-XXL. **PVPR:** 350 €

SCOPI INSULATION

Chaqueta aislante, entallada y suave, para salir a la montaña durante todo el año. Ligera y transpirable. Material principal y forro fabricados de poliéster reciclado. La textura de felpa abierta del aislamiento genera una elevadísima transpirabilidad y una gran suavidad. En caso de carga intensa, las separaciones en el aislante bajo los hombros garantizan una disipación rápida del sudor. El material exterior cortavientos está tratado con Eco Finish, sin PFC, que repele el agua y la suciedad. Los puños elásticos, la cintura regulable con una mano y una capucha ajustada ofrecen una protección fiable contra el viento. Sello VAUDE Green Shape. **Composición:** 100% poliéster (reciclado). Forro: 100% poliéster (reciclado). **Peso:** 318 g. **Tallas:** S-XXL. **PVPR:** 180 €

La evolución de la segunda capa

La segunda capa en montaña desempeña un papel clave en la regulación térmica del cuerpo. Su principal función es retener el calor generado durante la actividad y, al mismo tiempo, permitir la evacuación del sudor hacia el exterior, evitando la sensación de humedad. Tradicionalmente, este cometido lo cumplían los forros polares, especialmente desde la aparición de tejidos sintéticos como el Polartec en los años 80. Aunque ofrecían ligereza, buen aislamiento y secado rápido, su volumen y escasa resistencia al viento limitaban su eficacia en condiciones exigentes.

Con el tiempo, la tecnología textil ha dado paso a soluciones más versátiles y eficientes. Aparecieron los micropolares, mucho más ligeros y compactos, ideales para actividades aeróbicas por su capacidad para acompañar el movimiento sin estorbar. También se popularizaron los tejidos elásticos, tipo softshell, que se ajustan al cuerpo como una segunda piel, aportando calor moderado, resistencia al viento (en ocasiones también al agua) y máxima libertad de movimientos.

También entraron en esta categoría las chaquetas de relleno sintético, desarrolladas para ofrecer aislamiento sin comprometer la transpirabilidad, haciéndose un lugar como segunda capa en usos técnicos. Gracias a su construcción, muchas de ellas cumplen una función cortavientos e incluso hidrófuga, lo que permite usarlas como tercera capa en salidas rápidas o con climatología benigna. Este tipo de prendas ha modificado el enfoque tradicional, permitiendo sistemas más ligeros y modulables: una primera capa técnica, una segunda

COL. 0520

con aislamiento térmico o bien un softshell y, en caso necesario, una tercera capa impermeable.

La elección de la segunda capa, por tanto, dependerá tanto de la actividad como de las condiciones meteorológicas. Puede funcionar como capa intermedia o exterior según el momento, pero siempre con el objetivo de mantener el equilibrio entre aislamiento, protección, ligereza y transpirabilidad. La evolución de estas prendas ha permitido una mayor adaptabilidad, mejorando notablemente el confort y el rendimiento en montaña. // **Redacción Desnivel**

Al final del día agradeceremos haber contado con un conjunto de calcetín y calzado transpirable y cómodo, que no haya generado ampollas o rozaduras.

CALCETINES

Escoge bien a los aliados de tus pies

En los terrenos montañosos por los que nos movemos, los pies son nuestra base de apoyo; cuidarlos bien nos permitirá llegar lejos. Saber escoger adecuadamente un calcetín, en función de nuestra actividad, clima, calzado y particularidades personales, es el primer paso.

SI hay un componente de la vestimenta de montaña que tiende a pasar desapercibido pero cuyo papel es fundamental es el calcetín. Y es que elegir un buen calcetín puede marcar la diferencia entre una jornada agradable o una pesadilla de ampollas, rozaduras y pies empapados. Lejos de ser un accesorio menor, el calcetín es el nexo directo entre el pie y el calzado: debe estar en armonía con el tipo de actividad que vayamos a realizar, especialmente en la montaña (no es lo mismo un calcetín para senderismo que para trail running, alpinismo…), así como con el calzado que llevemos (zapatillas de caña alta, media o baja, botas más o menos gruesas…) y, por supuesto, con la meteorología.

Escoger un buen calcetín ayuda a mantener la temperatura constante y el pie seco, facilitando la evacuación del sudor, además de aportar confort y evitar las fricciones que pueden causarnos ampollas o rozaduras.

Por el contrario, llevar un calcetín que no se ajuste a la actividad que vayas a realizar puede implicar riesgos importantes. Un calcetín demasiado fino dentro de una bota rígida puede provocar rozaduras dolorosas en el talón o el empeine. Si el tejido es muy grueso para las condiciones calurosas, puede producir sobrecalentamiento, sudoración excesiva y, a

COL. LORPEN

CALCETINES CON DEDOS

Los calcetines con dedos están ganando terreno en el trail running y la marcha minimalista. Al separar cada dedo, se elimina la fricción entre ellos, lo que reduce significativamente el riesgo de ampollas, especialmente en condiciones de humedad o en recorridos largos. Esta separación también mejora la ventilación entre los dedos, favoreciendo la regulación térmica y la evacuación del sudor. Además, al permitir que los dedos se expandan de forma natural, se optimiza el equilibrio y la estabilidad, lo que beneficia tanto la técnica de carrera como la sensación de contacto con el terreno.

Suelen estar confeccionados sin costuras internas y con materiales técnicos como CoolMax o Lycra, lo que garantiza un ajuste anatómico preciso, una buena durabilidad y una gestión eficaz de la humedad.

Su uso es especialmente recomendable en actividades donde se busca un contacto más directo con el suelo y una biomecánica natural, como el minimalismo o el correr descalzo. También son útiles para quienes sufren de sudoración excesiva entre los dedos. Entre los ejemplos de firmas españolas están los Toesocks Run de Os2o, o los Terre Toe de Lurbel, entre otros. // **EM**

COL. OS2O

ADOBESTOCK

la larga, ampollas. Si el calcetín presenta pliegues mal ajustados, puede provocar una herida abierta que arruine la caminata. Por todo esto, es importante escoger los calcetines con la misma atención que prestamos al calzado o a cualquier otro elemento de nuestro equipo.

Materiales: la ciencia del interior

En la confección de calcetines técnicos para deportes de montaña –y cada vez más, también para un uso urbano o cotidiano– se emplea una combinación de materiales sintéticos y naturales, elegidos por sus propiedades específicas para responder a distintas condiciones climáticas y actividades. Entre los materiales sintéticos más habituales en los calcetines se encuentran el poliéster y la poliamida, ambos conocidos por su resistencia al desgaste, su capacidad para secar rápidamente y su eficacia evacuando la humedad del pie. A estos se suman fibras como el polipropileno, muy ligero y con una notable capacidad hidrófuga, lo que lo hace ideal para ambientes húmedos. Para garantizar un ajuste anatómi-

co y evitar desplazamientos del calcetín durante la marcha o carrera, es habitual incorporar elastano (también conocido como Lycra), que aporta elasticidad sin deformarse con el uso continuado.

En el terreno de los materiales naturales, la lana merino se ha convertido en uno de los más valorados. Su capacidad para retener el calor incluso en condiciones de humedad, junto a su óptima transpirabilidad, la convierten en un buen aliado en entornos fríos o para travesías prolongadas. A estas cualidades se suma su capacidad antimicrobiana natural, que ayuda a reducir el mal olor derivado de la sudoración.

La lana merino rara vez actúa sola en la confección de los calcetines; a menudo se combina con fibras técnicas que mejoran su rendimiento. Un ejemplo es la serie Merino 10 de Feetures, que une lana merino con fibras Tencel, obteniendo así un calcetín suave, resistente, termorregulador y duradero. La combinación de fibras permite una mayor versatilidad térmica y una mejor gestión de la humedad, lo que resulta fundamental en deportes de alta intensidad.

La mayoría de calcetines empleados en montaña están confeccionados con fibras sintéticas, en ocasiones combinadas con lana merino u otras fibras naturales. A la izquierda, calcetines específicos para esquí de Lorpen; y el modelo con dedos Trail Toesocks de OS2O.

Además de la composición del tejido, el grosor –o gramaje– del calcetín es un aspecto fundamental a la hora de elegir el modelo adecuado. No es lo mismo un calcetín fino y transpirable para carreras de verano que uno grueso, con alta capacidad térmica, para expediciones en nieve o altitud. Existen incluso modelos impermeables o con aislamiento térmico específico, desarrollados para soportar temperaturas extremas, que integran membranas como Polartec o aislamiento como Primaloft® o Thermolite®, diseñados para expediciones de alta montaña y travesías invernales, como por ejemplo el Polartec Expedition de la firma vasca Lorpen.

Igualmente encontramos mezclas de lana merino con otras fibras naturales como cachemira o alphaca, que aumentan su capacidad de aislamiento.

Algunas marcas aplican tecnologías adicionales para evitar los malos olores, como la Silver Base Layer de Lurbel, basada en la incorporación de hilos con partículas de plata que inhiben la proliferación bacteriana y favorecen la higiene durante largas jornadas.

También existen modelos diseñados para climas tropicales o zonas boscosas que incorporan tratamientos antimosquitos mediante microcápsulas insertadas en el tejido que ayudan a repeler insectos sin comprometer la comodidad. Un ejemplo es el calcetín Borneo de Mund, diseñado para repeler a los insectos gracias a un tratamiento a base de permetrina, recomendado por la OMS, que también ahuyenta a las garrapatas, pulgas y piojos.

A todo esto se suma la creciente preocupación por la sostenibilidad. Algunas marcas están apostando por el uso de materiales reciclados, sin renunciar a las prestaciones técnicas. Es el caso de las líneas Eco, que utilizan hilos reciclados de origen postconsumo o industrial, reduciendo el impacto medioambiental sin bajar la calidad del producto.

Confección y diseño

Un buen calcetín no depende únicamente de los materiales utilizados, sino también –y de forma decisiva– de su diseño anatómico y de una confección técnicamente cuidada. Una de las claves está en la incorporación de zonas de refuerzo estratégicas, como el talón, la puntera o la planta del pie. Estas áreas están sometidas a una mayor fricción e impacto durante la actividad, especialmente en rutas largas, terrenos pedregosos o cuando se transporta peso. El refuerzo no solo protege de la abrasión, sino que también aporta amortiguación, lo que contribuye a reducir la fatiga muscular y mejora el confort general.

La ventilación es otro elemento fundamental, sobre todo en actividades de alta intensidad o en climas cálidos. Para facilitar la evacuación del sudor y evitar el sobrecalentamiento, muchos modelos incorporan estructuras de malla o canalizaciones específicas que optimizan el flujo de aire. Es el caso de tecnologías como AirConditioning Channel®, desarrollada por la firma X-Socks para mejorar la transpirabilidad sin prescindir de la protección en zonas críticas. Este tipo de diseño ayuda a mantener el pie seco, disminuyendo el riesgo de que salgan ampollas por la humedad y aumentando el rendimiento térmico del conjunto.

CALCETINES DE COMPRESIÓN
Aliados del trail runner

En trail running, los calcetines de compresión han adquirido protagonismo. Están fabricados con tejidos elásticos que aprietan de forma gradual desde el tobillo hacia la pantorrilla, ejerciendo más presión en la parte baja de la pierna y menos a medida que suben. Esta presión ayuda a que la sangre fluya de vuelta al corazón, lo que mejora la circulación y evita que se acumule en los músculos. Al favorecer este retorno sanguíneo, se reduce la sensación de pesadez, la inflamación y el cansancio. Además, al mantener los músculos más estables, disminuyen las vibraciones que se producen al correr o caminar, lo que ayuda a prevenir pequeñas lesiones por sobrecarga. Por eso, muchas personas notan menos fatiga y una recuperación más rápida después del ejercicio.

Estos modelos requieren una elección precisa de talla y del nivel de compresión adecuado puesto que, si no se escoge bien, pueden resultar incómodos o incluso perjudiciales, ya que una presión excesiva puede dificultar la circulación en lugar de mejorarla. También pueden provocar sensación de calor, sobre todo en climas cálidos o durante esfuerzos intensos, ya que suelen ser más gruesos que los calcetines convencionales.

Entre las distintas masrcas que ofrecen este tipo de calcetín encontramos los de 2XU que, según afirman, están elaborados científicamente para aliviar los músculos cansados; así como la gama Ultra Trail Socks V2.0 de Compressport, entre otros fabricantes que trabajan en esta dirección.

ADOBESTOCK

El ajuste es otro aspecto esencial: un calcetín técnico debe ceñirse al pie como una segunda piel, sin oprimir ni generar arrugas que puedan derivar en molestias o lesiones. Un buen elástico en la caña es clave para mantener el calcetín en su sitio sin que se baje con el movimiento, pero también sin llegar a marcar la pierna ni interferir en la circulación. Por ejemplo, tecnologías como Bmax de Lurbel trabaja en esa línea: ofrecen una estructura que adapta cada zona del calcetín a la anatomía del pie, regulando la humedad y el calor de forma eficiente.

En los modelos avanzados es frecuente encontrar confección sin costuras, una técnica que prescinde de uniones internas mediante el uso de tejeduría circular o sistemas de punto tridimensional. Esto permite fabricar el calcetín como una sola pieza continua, eliminando por completo los puntos duros que suelen provocar molestias, especialmente en zonas de presión como la puntera o el arco. Además de mejorar la comodidad, esta técnica prolonga la durabilidad del calcetín, ya que se eliminan las costuras, que son habitualmente las primeras zonas de desgaste. La ausencia de costuras también favorece una mejor adaptación morfológica del calcetín, haciendo que este acompañe el movimiento natural del pie sin desplazamientos ni fricciones indeseadas.

Últimos consejos

El desarrollo de nuevos materiales y tecnologías ha transformado por completo el papel del calcetín técnico en la montaña. Lo que antes se consideraba un simple accesorio ha pasado a ser una prenda especializada, diseñada con criterios muy específi-

Las zonas con refuerzo y amortiguación, como en el talón y la planta del pie, son fundamentales para el buen rendimiento del calcetín. Abajo, fábrica de Lurbel en Valencia; y calcetines Multisport de los burgaleses Mund Socks.

cos para optimizar la comodidad, proteger la salud del pie y mejorar el rendimiento en todo tipo de actividades al aire libre.

La variedad actual de modelos disponibles permite una elección ajustada a cada situación: desde rutas alpinas en invierno hasta travesías estivales, desde botas rígidas hasta zapatillas minimalistas, siempre con soluciones adaptadas al terreno, el clima y la intensidad del esfuerzo.

A la hora de elegir un calcetín técnico, es fundamental considerar el tipo de calzado que se va a utilizar, la duración y exigencia de la actividad, así como las condiciones meteorológicas, sin olvidar las particularidades de cada persona: quienes sufren de sudoración excesiva, rozaduras frecuentes o mala circulación encontrarán en algunos modelos con separación de dedos, compresión ligera o tratamientos antibacterianos una mejora notable en su experiencia.

En definitiva, invertir en un buen par de calcetines no es un detalle menor, sino una decisión que incide directamente en la seguridad, el confort y el disfrute de cualquier jornada en la montaña.

Eva MARTOS

COL. LURBEL

M.A.TRUJILLO

PRODUCTO PROBADO *Por Eva MARTOS*

CALCETINES TIERRA TOE FOUR DE LURBEL

Dedos felices, pies cómodos

Fabricante:
Lurbel (España).
Distribuidor:
MLS Textiles 1992, S.L.
Actividad recomendada:
senderismo
Tecnologías:
Bmax Tetra.
Composición:
43% Poliamida
24% Poliéster,
24% Viscosa,
9% Elastano.
Tallas: S a XL (unisex)
Altura: Semicaña
(8 cm por encima de la zapatilla)
Certificaciones:
OEKO-TEX Standard 100,
FSC Mixto.
PVP aprox: 26,90 €.

Y A conocíamos el modelo Terra de Lurbel y habíamos podido comprobar sus buenas prestaciones, especialmente en lo referente a su transpirabilidad y comodidad. Ahora la casa valenciana nos presenta una nueva versión de este modelo, confeccionado con dedos separados, para quienes prefieran este sistema. Lo cierto es que, si no estás habituado a usar este tipo de calcetines, al principio cuesta un poco más ponérselos y hacer encajar cada dedito en su lugar, pero, una vez que los tienes puestos, resultan muy cómodos y agradables de llevar. No generan pliegues y, al ser un tejido bastante elástico, se adaptan perfectamente a los distintos tipos de pie y perfiles de dedos. En mi caso, que tengo un perfil tipo "romano" (con el dedo gordo más pequeño), no noté que se hicieran molestos pliegues en el tejido, que habrían podido causar rozaduras, quedando ajustado correctamente.

A destacar que está fabricado con la tecnología Bmax de Lurbel, que es la optimización para el sector deportivo de la pionera tecno-

VALORACIÓN GENERAL	★★★★☆
Ajuste ★★★★☆	Sostenibilidad ★★★★☆
Transpirabilidad ★★★★☆	Diseño ★★★★☆
Comodidad ★★★★☆	Precio ★★★☆☆

logía Regenactiv (que la casa valenciana presentó en 2012) tiene la función principal de combatir el sobrecalentamiento y la humedad causado por la combinación del calor y la actividad física. Esto lo consiguen mediante el uso de distintas fibras multicanal –que además tienen origen reciclado– con una estructura especial que transporta la humedad al exterior, manteniendo con ello el pie seco.

También incorpora la tecnología ESP de la marca, que consiste en la inclusión de refuerzos en las zonas concretas de la planta que sufren más impacto y fricción. Y además está confeccionado sin costuras, evitando por tanto los roces.

Dentro de sus distintos diseños y colores, tienen uno con los símbolos del Camino de Santiago, y es que es un calcetín que viene muy bien para este tipo de actividad: senderismo en el que vas a caminar bastantes horas y necesitas muy buena transpirabilidad y comodidad.

Me ha gustado también que en el empaquetado (todo de papel, sostenible), incluyen bastante información sobre su fabricación, incluyendo un QR que lleva a un vídeo explicativo.

Puntos fuertes: buena transpiración y ajuste, con la protección adicional que aporta llevar los dedos separados.

INFO www.lurbel.eu

PRODUCTO PROBADO Por Eva MARTOS

CALCETÍN ALPACA DE MUND SOCKS
Para climas fríos

E L calcetín Alpaca de Mund lleva el nombre de una de las fibras naturales con la que está confeccionado: lana de alpaca, entre cuyas propiedades se encuentra su buena absorción de la humedad, su suavidad y que es hipoalérgico, es decir, que es un material que tiene muy poca probabilidad de producir alergias (esto es debido, según explica el fabricante, a que no contiene lanolina). Al tacto se siente realmente suave y, aunque no es muy gruesa, retiene mucho el calor.

En su composición tiene un 30% de lana de alpaca, que se combina con un 45% de lana merino. Esta otra lana ya es más frecuente verla en la fabricación de prendas interiores, especialmente en las térmicas, y tiene igualmente probadas propiedades de gestión de la humedad, ejerciendo como aislante natural y permitiendo que se evacúe rápidamente la humedad generada por el sudor. La lana merino además tiene propiedades antibacterianas, es decir que, gracias a su estructura natural, es resistente a la proliferación de bacterias, lo que minimiza los malos olores incluso después de un uso prolongado. Además ambas lanas, tanto la de oveja merino como la de alpaca, son fibras naturales sostenibles y biodegradables.

El resto de la composición del calcetín es un 15% de poliamida, que aumenta su resistencia y durabilidad, y un 10% de fibra Lycra, que ayuda a que sea más elástica, manteniendo su forma y ajustándose al pie sin perder la comodidad.

He utilizado el calcetín en un trekking exigente por la sierra de Gredos en un día bastante frío y he de decir que ha cumplido con las expectativas. Aunque soy propensa a sudar por los pies, y mentiría si dijera que el calcetín no estaba mojado después de un par de horas de caminar cuesta arriba, la realidad es que la

sensación en el pie era de estar fresco, sin que en ningún momento notara la humedad o se quedara condensada. Además, al quitarme las botas, los calcetines se secaron en muy poco tiempo, logrando que no se me enfriara el pie.

También me parece que la construcción del calcetín está bastante estudiada. En la parte superior tiene una zona elástica que hace que quede bien sujeto al tobillo, sin que se baje al caminar. Parece que en la zona del empeine han metido una confección elástica para que ajuste bien al pie, evitando la formación de pliegues que ocasionarían posibles rozaduras o ampollas. Que esté fabricado con las costuras mínimas refuerza aún más esta cualidad.

La planta del pie se siente amortiguada, tiene más tejido que el resto del calcetín, en especial en la zona de los dedos, que es lo que se suele quedar más frío. También la puntera está reforzada, lo que se agradece especialmente en las bajadas.

El fabricante indica que se puede usar con temperaturas de hasta -25°C y, aunque ni de lejos lo he probado con tanto frío, he de decir que aguantó muy bien un atardecer al raso en Gredos en noviembre.

Puntos fuertes: garantía de retención del calor en los pies para cuando bajan las temperaturas.

VALORACIÓN GENERAL ★★★★☆

Transpirabilidad	★★★★☆	Polivalencia	★★★☆☆
Ajuste	★★★★☆	Diseño	★★★★☆
Protección	★★★☆☆	Precio	★★★★☆

Fabricante: Mund Socks (España).
Distribuidor: Mund Socks.
Actividad recomendada: trekking.
Composición: 45% lana merino, 30% lana alpaca, 15% poliamida y 10% Lycra.
Colores: azul, negro y rosa.
Tallas: S (34-37), M (38-41), L (42-45) y XL (46-49).
PVP aprox: 16,15 €.

INFO www.mundsocks.com

MONTAÑA

CALCETINES

DESAFÍO FOUR

Calcetines de altura H4 (8 cm sobre la zapatilla) diseñados para Trail Running en medias distancias, con nuevo tallaje que proporciona un ajuste y confort superiores. Fabricados sin costuras en su perímetro y puntera cerrada punto a punto, cuentan con ajuste extra +A en la caña y zonas de máxima transpiración, así como una franja de adaptabilidad y antideslizamiento en el empeine. Incorporan tecnología Bmax Tetra para combatir el sobrecalentamiento, la humedad y la fricción, y presentan estructura ESP 1, sustentada por la rejilla Anti Odour Base Layer que confiere un alto poder antibacteriano.
PVPR: 22,90 €

TIERRA TOE FOUR

Calcetines con separación de dedos, diseñados para senderismo y alto rendimiento sin sacrificar el confort. Mantienen la estructura plantar ESP desarrollada junto a SEPOD, que añade refuerzos en rizo en las zonas de mayor presión y fricción para una amortiguación y durabilidad superiores. Confeccionados con tecnología Bmax Tetra para prevenir ampollas causadas por el sobrecalentamiento, la fricción y la humedad, y sustentados por la rejilla Anti-Odour Layer que ofrece protección antibacteriana avanzada. Ideales para deportistas y caminantes que buscan cuidar al máximo sus pies en cada paso.
PVPR: 26,90 €

LOGAN FIVE

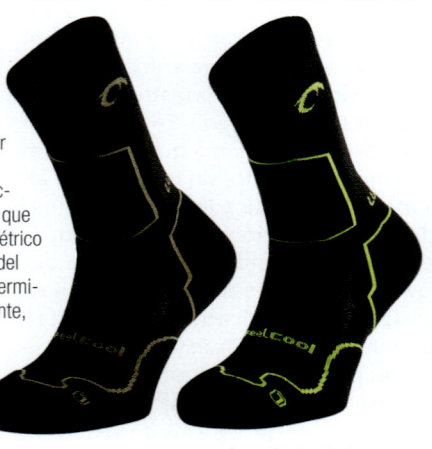

Calcetines diseñados para trekking y soporte extra en pies y tobillos. Cuenta con refuerzo en la caña para mayor protección y durabilidad, puño acanalado sin presión y confección sin costuras perimetrales que evita rozaduras. Su corte asimétrico se adapta al contorno natural del pie, y la alta transpirabilidad permite evaporar el sudor rápidamente, manteniendo los pies frescos, secos y libres de malos olores. Incorpora tecnología Bmax Tetra para combatir sobrecalentamiento, humedad y fricción; regulación térmica Feel Cool con propiedades inodoras; y está sustentado por la Antioudour Base Layer para durabilidad y control antibacteriano. La estructura plantar ESP 2 añade refuerzos en puntera, media planta y talón, proporcionando mayor densidad, amortiguación y protección en las zonas de mayor desgaste.
PVPR: 23,90 €

MOUNTAIN FIVE

Calcetines orientados a estabilidad y ventilación avanzada. Ofrece soporte extra en tobillo y pie gracias a su puño de canalé sin opresión, confección sin costuras para prevenir rozaduras y corte asimétrico que se ajusta a cada pie. Su elevada transpirabilidad expulsa el sudor al exterior, manteniendo los pies frescos y secos. También incorpora tecnología Bmax Tetra para prevenir ampollas, Feel Cool para máxima ventilación en climas cálidos y Antioudour Base Layer para acción antibacteriana y durabilidad. La estructura plantar AWC 3+ mejora el flujo de refrigeración con ondas de relieve y ventilación, tejido microperforado en zonas de impacto y doble capa en puntera y talón, ofreciendo amortiguación localizada.
PVPR: 22,50 €

www.mundsocks.com

LHOTSE CALCETÍN AUTOCALENTABLE

Calcetín térmico elaborado con Lana Merino Ritcher® y con la fibra Fiber Heat®, que es una fibra inteligente creada a partir de la mezcla de diferentes hilos térmicos, que dan como resultado un hilo capaz de auto calentarse, ya que no sólo mantiene, sino que también genera calor para asegurar la perfecta temperatura de los pies. A su vez, el calcetín Lhotse lleva un lavado antibacterial realizado con Adratex EXT-TFN.

Características: Rizo en toda la plata y el talón. Franja elástica en el pie para evitar ampollas. Talón y puntera reforzados.

Composición: 50% Lana Merino Ritcher®, 27% Poliéster Fiber Heat®, 10% Poliamida, 8% Lycra®, 5% Acrílico Fiber Heat®.

Peso: 80 g.

Tallas: S - M – L – XL.

PVPR: 16,45 €

ALPACA CALCETÍN HIPOALERGÉNICO

Calcetín térmico elaborado con lana de alpaca, cuya finura lo convierte en un material muy suave y con un tacto muy agradable. La lana alpaca no contiene grasa, ni aceite, ni lanolina, por lo que no produce alergia y es adecuada para pieles sensibles y delicadas. A su vez, esta lana se seca rápido, evitando que la piel permanezca húmeda mucho tiempo.

Características: Franja elástica para dar mayor sujeción al pie. Rizo en todo el pie desde el pre talón con altas capacidades térmicas. Talón y puntera reforzados.

Composición: 45% Lana Merino Ritcher®, 30% Lana Alpaca, 15% Poliamida, 10% Fibra Lycra®.

Peso: 62 g.

Tallas: S - M – L – XL.

PVPR: 16,15 €

PEREGRINO CALCETÍN ANTIAMPOLLAS

El calcetín antiampollas y termorregulador Mund Peregrino es el calcetín perfecto para llevar con tu calzado de trekking en la ruta del Camino de Santiago. Gracias a la fibra SOFTAIR® PLUS este calcetín regula la temperatura del pie, proporcionando frescor o calor dependiendo de las condiciones en que se utilice. Para su elaboración también se utiliza la fibra CUPRON®, capaz de eliminar el 99,9% de las bacterias y moho causantes de malos olores y ayudar a la regeneración de la piel.

Características: Antibacterias y terapéutico. Franja elástica para dar mayor sujeción al pie. Máxima adaptabilidad debido a la Fibra Lycra®. Puntera sin costuras. Punto de "Nido de abeja" para mejor transpiración. Rizo diseñado.

Composición: 52% Poléster Soft Air Plus®, 25% Fibra Lycra®, 14% Poliamida Cupron®, 9% Poliamida.

Peso: 47 g.

Tallas: S - M – L – XL.

PVPR: 11.70 €

OCEAN CALCETÍN SOSTENIBLE

Calcetín de verano, terapéutico con efecto cicatrizante gracias a su elaboración con hilo viscosa de Bambú e hilo viscosa de Algas Marinas SeaCell®. Ambos tejidos son naturales, protegen frente a la radiación UVA y aportan al calcetín una suavidad extrema que no se pierde con los lavados. El hilo viscosa de Bambú potencia la regeneración natural de la piel mientras elimina las bacterias y malos olores.

Características: Caña semicompresiva de baja densidad. Franja elástica para dar mayor sujeción al pie. Pie izquierdo y pie derecho diferenciados. Rizo diseñado en el pie con efecto ergonómico. Sin costuras.

Composición: 52% Bambú, 23% Poliéster Seacell®, 20% Poliamida, 5% Fibra Lycra®.

Peso: 66 g.

Tallas: S - M – L – XL.

PVPR: 14,25 €

PRODUCTO PROBADO   Por Mónica LLORENTE

BOTAS CROSSWAVE GTX DE BESTARD

Estabilidad, ligereza y comodidad

Fabricante:
Bestard (España).
Distribuidor:
Bestard.
**Actividad
recomendada:**
trekking.
Materiales:
Tech Mesh Hidrófugo;
suela Vibram Bruce
+ plantilla EVA.
Peso: 995 g/par (EU 42).
Tallas: 36 a 47.
Colores: negro, gris
y amarillo.
PVP aprox: 189,90 €.

BOTAS de senderismo que sorprenden por su ligereza, ya que al calzarlas tienes las mismas sensaciones que al llevar unas zapatillas de trail, pero con mayor estabilidad y protección en la zona del tobillo por su media caña. Con una estética moderna, muy lejos de la clásica bota rígida y pesada, cuentan con una membrana Gore-Tex para mantener los pies secos, incluso con lluvia abundante. Esto se ha podido comprobar 100% durante las pruebas en diferentes recorridos por la zona del macizo de Mampodre en León con lluvias intensas.

Del upper destacan los acabados, la protección de la puntera y el tejido Mesh hidrófugo de las zonas blandas, que proporcionan una muy buena ventilación y confort, al mismo tiempo que permite un secado más rápido.

Llama la atención también su potente suela Vibram Bruce +EVA que facilita estabilidad y un excelente agarre en tramos más técnicos, como se ha confirmado en rutas de ascenso a La Maliciosa en la sierra de Guadarrama, y comodidad en las zonas más fáciles. El diseño de la caña, además de garantizar un buen soporte del tobillo, permite una amplia libertad de movimientos, siendo igual de cómodas que una zapatilla baja. La parte posterior de la caña es mucho más baja que la anterior, algo frecuente en las botas denominadas *fast hiking*. Su principal ventaja es que ofrece una mayor movili-

VALORACIÓN GENERAL	★★★★☆		
Diseño	★★★★★	Impermeabilidad	★★★★☆
Polivalencia	★★★★★	Agarre	★★★★☆
Comodidad	★★★★☆	Precio	★★★★☆

COL. MÓNICA LLORENTE

dad al tobillo y mantiene libre de presión el tendón de Aquiles, algo que se agradece cuando llevas kilómetros en las piernas.

La suela Vibram incorpora el compuesto Mega Grip que la hace más adherente, tanto en terrenos secos como mojados. El perfil de los tacos no es muy prominente, especialmente en la zona interior, donde además deja espacios huecos relativamente amplios.

Otra ventaja es que es de horma ancha, con un buen espacio entre los dedos. Su ligereza y comodidad permite caminar a buen ritmo, apoyando primero la zona del talón por la forma de la suela. En definitiva, cuenta con una muy buena amortiguación en la parte trasera.

Puntos fuertes: la unión que han conseguido entre unas botas de montaña y unas zapatillas de trail; comodidad y estabilidad, a la vez que es un calzado ligero; impermeabilidad y buena adherencia incluso en mojado.

INFO https://bestard.com

PRODUCTO PROBADO Por Jesús VELASCO

COL. JESÚS VELASCO

BOTAS ESCAPE THRIVE™
TITANIUM™ MID OUTDRY™ DE COLUMBIA
Agiliza la pisada

VALORACIÓN GENERAL ★★★★☆

Ligereza	★★★★☆	Impermeabilidad	★★★★☆
Amortiguación	★★★★★	Polivalencia	★★★★☆
Transpirabilidad	★★★★☆	Precio	★★★★☆

Fabricante: Columbia (EEUU).
Distribuidor: Columbia.
Actividad recomendada: senderismo, trekking.
Tecnologías: sistema OmniMax™ Plus, Mediasuela Techlite+™, Plantilla Techlite™ Eco, Suela Adapt Trax™, tecnología OutDry™.
Peso: 351 g (medio par talla 42 eu).
Tallas: 40 a 48 eu.
Colores: azul/negro, gris/negro.
PVP aprox: 150 €.

NADA más coger la bota (o zapatilla de caña alta), lo primero que sorprende es su ligereza. A primera vista parecen recias y voluminosas, especialmente por la suela que incorpora, que igualmente es algo que llama la atención, por su forma y grosor. Al utilizarlas, en seguida notas que esa singular suela te acompaña la pisada; tanto en su parte de delante como de atrás, le han dado una forma que permite una entrada y salida del paso muy ágil. Esto lo logran por un sistema de calzado que la marca ha llamado OmniMax, en el que han unido todas sus tecnologías más innovadoras en cuanto a diseño, amortiguación, estabilidad y tracción, para conseguir un calzado que efectivamente se nota muy fiable y confortable.

Otro punto fuerte es su impermeabilidad. Me he metido intencionadamente en charcos y mi pie ha permanecido seco. Incorpora la tecnología OutDry™ que, a diferencia de otros sistemas de impermeabilización (que son tipo «calcetín»), en este caso la membrana está laminada directamente al tejido, con lo que no deja ningún espacio en medio, evitan-

do que entre el agua. Tras horas de caminata, he comprobado que la expulsión del sudor también ha resultado buena. El ajuste, con cordones sencillos, es rápido y eficaz.

En los distintos terrenos probados la zapatilla ha respondido perfectamente, agarrando incluso en las zonas más mojadas y con barro. La suela (Adapt Trax™) tiene unos tacos y unas ranuras que ayudan a la expulsión del barro y, sobre todo, a que no te resbales al caminar.

Otro detalle a valorar es que, además de tener muy buena amortiguación (lleva una mediasuela Techlite+™), incluye una plantilla que optimiza este soporte y amortiguación y que está hecha un 20% con material reciclado.

Puntos fuertes: calzado perfecto para caminatas en todo tipo de terrenos, y especialmente para un ritmo rápido porque acompaña muy bien la pisada y favorece el retorno de energía.

INFO www.columbiasportswear.es

PRODUCTO PROBADO *Por Josito FERNÁNDEZ*

BOTAS VETTA EVO GTX DE GARMONT

Comodidad y precisión en terrenos escarpados

Fabricante:
Garmont (Italia).
Distribuidor:
Viper Sport.
Actividad recomendada:
aproximación, crestas alpinas, vías ferratas...
Materiales: piel de ante (1,6 - 1,8 mm) con tratamiento hidrófugo sin PFC. Forro GORE-TEX® Performance Comfort. Plantilla Ortholite®. Suela VIBRAM® Maton.
Peso: 580 g/medio par (EU 42).
Tallas: 39,5 a 48.
PVP aprox: 230 €.

BOTA perfecta para realizar aproximaciones técnicas a grandes paredes siguiendo los parámetros de comodidad, buen ajuste de tobillos, impermeabilidad y buena adherencia de suela. Es una bota ligera probada en terrenos abruptos como la aproximación al Picu Urriellu en el mes de mayo, cruzando algún nevero todavía existente, y realizando trekking y salidas de una sola jornada en Guadarrama en condiciones de lluvia y mucha humedad.

Está fabricada en piel de ante de 1,6-1,8 mm, con protección de goma en talón y zonas bajas, esto crea una superficie resistente a los arañazos que se adapta rápidamente a la forma de nuestro pie y que, además, la dota de mayor durabilidad. Recubierta de Gore-Tex Performance Confort, impermeable, duradero y libre de PFC. Integra una buena protección superior en la zona interior del tobillo, bien acolchado, que reparte los puntos de presión. Para una mejor sujeción del talón incorpora la tecnología Heel Lock, la penúltima lazada de la bota pasa por una cinta que rodea el tobillo, al tirar de los cordones aprietan la cinta y así aporta mayor sujeción y aumenta la precisión en la pisada por terreno técnico.

El sistema de cordaje es rápido de utilizar, reparte bien los puntos de presión y crea un ajuste perfecto, sin tendencia a deshacerse. Su lengüeta anatómica, más gruesa en el exterior del pie, permite mejorar la estabilidad y la comodidad. Incorpora una plantilla Ortholite® ligera y transpirable para una mayor comodidad durante la caminata.

Suela VIBRAM® Maton con una mayor rigidez en la punta y el talón para ofrecer seguri-

VALORACIÓN GENERAL	★★★★☆		
Comodidad	★★★★★	Ligereza	★★★★☆
Ajuste	★★★★☆	Agarre	★★★★★
Transpirabilidad	★★★★☆	Precio	★★★★☆

dad y precisión tanto en el ascenso cómo en el descenso; que en todo momento ha demostrado una alta adherencia en todo tipo de terrenos y condiciones en los que ha sido puesta a prueba.

También incluye una cinta en la zona del talón que facilita poder ponértelas así como poder colgarlas de un arnés. Aunque no hemos realizado ninguna vía ferrata con ellas por falta de tiempo, presentan unas características fantásticas para esta actividad, gracias a su protección y la rigidez media de la suela.

Puntos fuertes: Una bota de aproximación de caña media, muy cómoda, relativamente ligera, con un buen ajuste de cordones y precisión en la pisada. Ideal para utilizarla en aproximaciones, terrenos escarpados y vías ferratas.

 https://es.garmont.com

PRODUCTO PROBADO *Por Alejandro PÉREZ*

BOTAS MANGART GTX MID DE LOWA

Versátil y fiable, para actividades de montaña

ENTRE las cualidades más destacables de la bota están los materiales y tecnologías de calidad con los que está confeccionada: incluye tanto membrana GORE-TEX® que nos garantiza muy buena impermeabilidad y transpirabilidad, como suela VIBRAM®, por lo que igualmente podemos esperar un excelente agarre a superficies tanto secas como mojadas, tal y como he podido comprobar en terreno rocoso, con arena, con barro o con nieve.

Me ha gustado mucho lo bien que sujeta el tobillo y el remate con un tejido de neopreno que lleva en la parte superior, que impide que entre dentro de la bota la nieve o alguna molesta piedrecita o tierra. La parte superior está construida con un tejido que combina el textil con el material sintético. He estado caminando por rocas y en todo momento ha resistido bien la abrasión y el roce.

Otra de sus cualidades a destacar es su ligereza, que realmente se nota y se agradece en las caminatas largas. Presenta la flexibilidad intermedia para que no moleste cuando llevamos horas con ellas puestas, pero tiene la rigidez suficiente para hacer pasos técnicos sobre roca, como puede ser en una trepada, una aproximación o una vía ferrata.

Es un modelo cramponable, apto para crampones semiautomáticos o de correas, por lo que su uso se amplía a situaciones como una

VALORACIÓN GENERAL	★★★★☆		
Comodidad	★★★★★	Sostenibilidad	★★★★☆
Agarre	★★★★☆	Polivalencia	★★★★☆
Ajuste	★★★★☆	Precio	★★★★☆

travesía glaciar, corredores de poca dificultad o caminatas en las que tengamos que atravesar algún nevero. Las he estado utilizando con los crampones y la fijación es fiable y estable.

Está bien amortiguada y la suela tiene un agarre eficaz, con unos tacos bastante pronunciados que se adhieren muy bien al terreno, sin que el barro o la nieve se quede pegado.

En cuanto al ajuste, presenta un sistema de cordones tradicional que permite un atado en dos partes, por un lado la parte inferior y por separado la parte superior, con lo que se consigue mucha precisión. Además, los cordones se prolongan hasta la punta, permitiendo que el apoyo sea preciso.

Algo a destacar de esta firma a nivel sostenibilidad es que muchas de las partes de su calzado, como la suela o la puntera, son intercambiables y se pueden reparar, con lo que se prolonga su durabilidad

Puntos fuertes: una bota polivalente para actividades de montaña, muy ligera y con el equilibrio perfecto entre rigidez y estabilidad.

Fabricante: Lowa (Alemania).
Distribuidor: Megasport.
Actividad recomendada: trekking exigente, montañismo, trepadas, ferratas, progresión glaciar, crestas...
Materiales: Upper textil y sintético, membrana GORE-TEX®, mediasuela Dual Density DuraPU®, suela VIBRAM ALP TRAC® NUMEN.
Peso: 675 g medio par.
Tallas: 40 a 48,5 eu.
PVP aprox: 320 €.

INFO www.lowa.com

PRODUCTO PROBADO *Por Curro GONZÁLEZ*

ZAPATILLAS MADDOX PRO GTX DE LOWA

Pisada dinámica en todos los terrenos

Fabricante:
Lowa (Alemania).
Distribuidor:
Megasport.
Actividad recomendada:
rekking, fast-hiking, senderismo..
Materiales: tejido Ripstop, membrana GORE-TEX, suela LOWA® FAST HIKING, entresuela LOWA® DYNAPU®.
Tallas: 40 a 51 eu.
Colores: negro/gris, azul marino/navy, gris claro/verde.
PVP aprox: 180 €.

ESTAMOS ante un calzado versátil para nuestras caminatas en baja y media montaña que, como hemos podido apreciar, presentan una construcción cuidada y de calidad, además de una estética llamativa. Es un modelo ideal para speed-hiking, una forma de realizar nuestras actividades de una manera más atlética.

Cumple con las exigencias de esta actividad. En primer lugar la ligereza, favoreciendo una pisada ágil y rápida, que resulta ideal para rutas con desniveles suaves. En segundo lugar su gran comodidad: gracias a la ausencia de costuras y superposiciones de materiales en la zona del Upper, se reduce la posibilidad de puntos de presión, abrazando el pie de forma eficaz y comportable. Cuenta con una construcción exterior en malla sintética Ripstop reforzada, combinada con zonas de termosellado. Un conjunto muy resistente a la abrasión y el desgaste, además de ser protector.

Adicionalmente, la membrana GORE-TEX impermeable y transpirable, proporciona un alto nivel de comodidad constante, independientemente de las condiciones climáticas.

Otro factor fundamental para el senderismo rápido es la amortiguación, y este calzado lo cumple con creces. Lo logra gracias a su entre-

VALORACIÓN GENERAL ★★★★☆

Comodidad	★★★★★	Ligereza	★★★★☆
Impermeabilidad	★★★★☆	Agarre	★★★★★
Transpirabilidad	★★★★☆	Precio	★★★☆☆

suela inyectada hecha con tecnología LOWA DynaPU®, construida 100% con Poliuretano (PU), que es un plástico blando que tiene muy buenas propiedades de absorción del impacto, además de ser ligero y funcionalmente flexible.

Otra cualidad de la zapatilla le viene por el marco LOWA MONOWRAP®, que actúa como un marco de estabilidad, envolviendo el pie en una especie de "corsé" de soporte, y logrando con ello que la zapatilla sea muy estable en todo tipo de terrenos.

En cuanto al ajuste, lleva un sistema de cordones rápidos que me ha parecido muy práctico. Y, para rematar pero muy importante, la suela Lowa Fast Hiking, con su dibujo de tacos agresivos y compuesto de goma adherente, proporciona una buena tracción en todo tipo de terrenos, incluidos los suelos arenosos y ligeramente nevados.

Puntos fuertes: Una zapatilla técnica y polivalente, ligera y flexible, además de ser impermeable y transpirable y ofrecer un gran poder de amortiguación y estabilidad en todo tipo de terrenos.

INFO www.lowa.com

 TEST

ZAPATILLAS FUSE TRAIL LOW DE HI-TEC

Senderismo estival, ligero y cómodo

LAS Fuse trail Low de HI-TEC son unas zapatillas con un diseño bonito que, en una primera impresión, destacan por su ligereza y por los refuerzos que trae de PU en la puntera y talón. La malla de nylon exterior es cómoda y flexible, a la par que transpirable. El aspecto de la suela es bueno, con un diseño apropiado para la actividad para la que se ha diseñado (senderismo), con unos tacos que son los suficientemente grandes para caminar o incluso correr por las pistas de tierra. Es una suela ancha que aporta buena estabilidad.

La zona de los cordones sin ojales metálicos permite un buen ajuste al pie. Es una zapatilla con una horma ancha. La lengüeta está acolchada, lo que proporciona comodidad, al igual que la zona pegada al tobillo y talón, que te da un confort extra. El refuerzo en la construcción del talón es duro, para aumentar la estabilidad de la pisada. Posee tiradores en la lengüeta y el talón para facilitar su calce.

La costura reforzada en la zona media del pie hace que la zapatilla envuelva bien, dando soporte al caminar. En cuanto a la construcción de la suela con GEO-EVA, proporciona comodidad en la marcha, ya que su poder de amortiguación es bueno y su drop no es excesivo.

Su flexibilidad y torsión hace que sea un calzado versátil que te permitirá pasear por la ciudad, el campo y salir a correr por caminos durante un tiempo prolongado. No es un cal-

VALORACIÓN GENERAL	★★★★☆		
Polivalencia	★★★★☆	Ligereza	★★★★☆
Durabilidad	★★★☆☆	Agarre	★★★★☆
Transpirabilidad	★★★★☆	Precio	★★★★☆

zado pensado para trepadas técnicas, sino que sobre todo está ideado para proporcionar ligereza y comodidad.

La plantilla de EVA, que logra buena absorción de impactos, es extraíble, un punto a favor para su sustitución o lavado.

Durante los días que he podido utilizar las zapatillas en terreno de roca compacta la suela se ha adherido bien, e igualmente ha traccionado de forma correcta con tierra suelta. También al usarlas en un entorno urbano me han parecido cómodas.

Aunque la malla del upper es hidrófuga, no tienen membrana impermeable, por lo que están destinadas a un uso en climas sin humedad o lluvia. Esta ausencia de membrana permite a cambio que sean más ligeras y transpirables.

Puntos fuertes: una zapatilla con una relación calidad/precio muy buena, para usar frecuentemente en paseos y salidas a la montaña por terreno no demasiado técnico.

Fabricante:
Hi-Tec (EUU).
Distribuidor:
Hi-Tec.
Actividad recomendada:
trekking, senderismo, fast-hiking, uso urbano...
Materiales:
corte de nylon, forro antihumedad, plantilla EVA, suelo de caucho..
Peso: 373 g (nº 42 eu).
Tallas: 40 a 46 eu.
Colores: negro y verde oliva.
PVP aprox: 59,99 €.

INFO www.hi-tec.com

ZAPATILLAS ELDO GV DE ASOLO

Aproximaciones y caminatas por terreno exigente

Fabricante:
Asolo (Italia).
Distribuidor:
Carving Sport.
Actividad recomendada:
aproximaciones, trepadas, vías ferratas, trekking...
Materiales y tecnologías:
upper de poliéster técnico sin costuras, membrana Gore-Tex Extended Comfort, plantilla anatómica Ortholite. Suela Vibram AG con compuesto MegaGrip.
Peso: 248 g (1/2 par talla 5 UK).
Tallas: 4 a 8 UK (versión femenina), 7 a 12,5 UK (versión masculina).
PVP aprox: 189,95 €.

ESTAS zapatillas de caña baja de Asolo tienen todo lo que se le puede pedir a un calzado de aproximación para actividades en montaña: construcción de calidad, durabilidad, protección de la puntera, suela muy fiable, buena impermeabilidad, transpirabilidad, amortiguación y un peso bajo.

Cuenta con los mejores materiales existentes para este tipo de calzado: membrana Gore-Tex que garantiza que el pie no se te moje por dentro ni por fuera, y suela Vibram con el reconocido compuesto MegaGrip. Puedes caminar tranquila por piedras mojadas, con hierba, arena o barro, sin temor a resbalar.

Desde los primeros usos se sienten cómodas, adaptándose muy bien al pie, sin producir rozaduras o molestias. Su ligereza, además de facilitar la pisada, hace que sea un buen calzado para colgar del arnés mientras escalas y poder tener luego un descenso amable (incluyen un bucle resistente en la parte trasera, para llevarlas colgadas). La zona de la puntera tiene un refuerzo de goma que mantiene los dedos de los pies a salvo de golpes. La combinación de la plantilla con la suela resulta lo suficientemente rígida para que no se claven las irregularidades del terreno, piedras afiladas, etc, y a la vez te permite flexibilidad para caminar

VALORACIÓN GENERAL	★★★★☆		
Ligereza	★★★★☆	Impermeabilidad	★★★★☆
Agarre	★★★★★	Comodidad	★★★★☆
Estabilidad	★★★★☆	Precio	★★★☆☆

durante horas cómodamente. Los cordones son sencillos, bajan bien hasta la puntera para lograr buena precisión en el ajuste.

El upper está hecho con tejido sintético sin costuras, un material que resulta ligero, transpirable y muy resistente a la abrasión. La confección es de calidad y, al no llevar costuras, se evitan puntos débiles y el desgaste prematuro.

En definitiva, son unas zapatillas a las que podemos poner a prueba en aproximaciones por montaña, en caminatas por terreno técnico, para hacer vías ferratas, o incluso para crestas y trepadas por roca. En ninguno de estos casos nos van a decepcionar. Su buena confección y sus materiales de calidad auguran una duración amplia. Además, la suela se puede cambiar, para prolongar aún más su vida.

Estas zapatillas también están disponibles con horma masculina (en distintas tallas), así como una versión de caña alta (Eldo Mid GV). E igualmente con el upper de piel (Eldo LTH GV), tanto en zapatilla como en bota, con horma femenina y masculina, en colores variados. Para todos los gustos.

Puntos fuertes: resistentes, estables, cómodas y ligeras. Perfectas para llevarte a pie de vía.

INFO www.asolo.com

PRODUCTO PROBADO *Por MªÁngeles TRUJILLO*

SANDALIA INFINI HIKE TC DE HOKA

Una sandalia todoterreno con alma de zapatilla

RECONOZCO que cuando HOKA lanzó sus primeras sandalias técnicas, me entró la curiosidad. ¿Serían realmente capaces de ofrecer la misma comodidad y amortiguación que sus zapatillas? ¿Aguantarían un uso real en terreno de montaña? Para salir de dudas, me calcé las Infini Hike TC y me fui con ellas de ruta por senderos pedregosos, tramos de roca suelta y alguna que otra pista polvorienta. Después de varios días de uso, puedo decir que han superado mis expectativas.

Lo primero que notas al ponértelas es la sensación de amortiguación. Es como llevar unas zapatillas acolchadas… pero con el pie al aire. La combinación de la mediasuela de doble densidad con la capa de Ariaprene® es un gustazo: el pie se asienta suave, sin puntos de presión, y la talonera profunda aporta una estabilidad que no esperaba en una sandalia abierta.

En cuanto al ajuste, los tres puntos de sujeción funcionan muy bien. Las tiras de secado rápido se regulan fácil y rápido, y la hebilla hace que ponerlas o quitarlas sea cuestión de segundos. No tuve que hacer reajustes sobre la marcha, ni siquiera al atravesar zonas húmedas: las tiras no cedieron ni provocaron rozaduras, algo que valoro mucho en salidas largas con calor.

VALORACIÓN GENERAL ★★★★☆

Ligereza	★★★★☆	Transpirabilidad	★★★★☆
Amortiguación	★★★★☆	Agarre	★★★★☆
Estabilidad	★★★★☆	Precio	★★☆☆☆

La suela Vibram® Megagrip, con tacos de 3,5 mm, me dio una tracción excelente incluso en zonas con piedra suelta o terrenos mixtos. Y lo mejor: son resolables. Este detalle me parece clave si pensamos en durabilidad y sostenibilidad. Saber que no tengo que jubilar unas sandalias tan cómodas cuando la suela diga basta, sino que podré darles una segunda vida, suma muchos puntos.

Con sus 261 g de peso y 5 mm de drop, las sandalias son ligeras y muy estables. El Meta-Rocker™ con surcos de flexión aporta fluidez en la pisada y se agradece al caminar durante horas. Además, incorporan un tratamiento antiolor con aceite de menta que, al menos por ahora, funciona muy bien incluso con el uso intensivo que les he dado. Su precio es un tanto elevado pero, si tienes claro que las vas a usar y exprimir, lo valen.

Puntos fuertes: sandalia técnica para aventuras veraniegas, cómoda, resistente y con conciencia ecológica.

Fabricante: HOKA (EE.UU.).
Distribuye: El Corte Inglés.
Actividad recomendada: senderismo, trekking, deportes acuáticos...
Materiales: Cincha 100% rPET teñida con bajo consumo de agua; Ariaprene® con espuma reciclada y 100% rPET; Entresuela con un 30% de CMEVA de caña de azúcar vulcanizada; suela Vibram® Megagrip.
Drop: 5 mm.
Peso: 261 g (mujer nº 40 eu) y 320 g (hombre nº 44 eu).
Tallas: 36 a 42 (mujer) y 40 – 49 (hombre) .
Colores: azul y rosa (mujer); azul y verde (hombre).
PVP aprox: 130 €.

INFO www.elcorteingles.es/hoka/deportes

PRODUCTO PROBADO · Por Ana DÍAZ DE ESPADA

SANDALIAS PAMPA DE HI-TEC
Sin miedo al agua

Fabricante: Hi-Tec (EE.UU).
Distribuidor: Hi-Tec.
Actividad recomendada: senderismo ligero, actividades acuáticas, uso urbano...
Materiales: Corte de nylon con refuerzos de PU Forro de neopreno. Plantilla EVA. Suela de caucho carbono M-D Traction.
Colores: versión femenina en azul/gris y naranja/gris. Versión masculina en amarillo/gris, rojo/gris, amarillo/marrón.
Tallas: 39 a 47 eu (hombre) y 35 a 42 (mujer).
PVP aprox: 60 €.

MODELO a medio camino entre unas sandalias y una zapatilla de senderismo, que protege el pie lo suficiente para caminar por senderos, pero con las cualidades de un calzado para deportes acuáticos. Entre estas últimas cualidades están el upper de malla con perforaciones, un forro interior de neopreno o la suela de caucho que proporciona un buen agarre tanto dentro como fuera del agua.

Las hemos utilizado para hacer senderismo en zonas con agua, como al lado de un pantano por la orilla del río, metiéndonos intencionadamente en el agua para comprobar sus propiedades, y no ha defraudado. En todo momento se ha sentido un calzado cómodo, bien amortiguado y con buena transpirabilidad, logrando que el pie vaya fresco cuando suben las temperaturas. El forro interior se siente suave, sin que hayan aparecido rozaduras.

Dispone de un sistema de atado con cordones elásticos y un cierre de tanca que permite ajustarlas o liberarlas de forma rápida y sencilla. En la parte trasera lleva una anilla para pasar el dedo y facilitar el calce.

Aunque no están pensadas para caminar por terrenos técnicos, tienen las suficiente estabilidad, sujeción y amortiguación para hacer senderismo por caminos de baja montaña. El taqueado pronunciado logra que se adapte bien a distintos terrenos. Dentro llevan una plantilla EVA perforada (se seca muy rápido cuando se

VALORACIÓN GENERAL	★★★★☆		
Comodidad	★★★★☆	Agarre	★★★☆☆
Ajuste	★★★★☆	Amortiguación	★★★★☆
Transpirabilidad	★★★★☆	Precio	★★★★☆

moja), que es extraíble y aporta comodidad. Tanto la puntera como casi todo el perímetro de la sandalia lleva unos refuerzos que protegen eficazmente el pie. La parte trasera está lo suficientemente elevada para que no entren piedrecitas por los orificios del tejido cuando caminamos por terreno suelto.

Su diseño y comodidad hace que sea un calzado que podemos usar tanto para deportes acuáticos como en entornos más urbanos, en el día a día estival.

Puntos fuertes: un calzado anfibio fresco y cómodo, que sujeta bien el pie, está amortiguado y resulta versátil para usar en verano tanto en el campo como en la ciudad.

 www.hi-tec.com

PRODUCTO PROBADO Por José YÁÑEZ

SANDALIAS AVENTRAIL DE TEVA

Buena amortiguación en senderos

CONFIESO que soy más de zapatilla clásica cuando salgo al monte, pero este año he probado algo diferente: las Teva Aventrail, unas sandalias pensadas para quienes no quieren renunciar al confort ni a la tracción. Desde la primera salida puedo decir que me han sorprendido más de lo que esperaba.

Lo primero que noté es lo bien que se ajustaban al pie. El sistema de correas tipo "W" te permite un ajuste muy fino, que no se afloja ni siquiera en bajadas pronunciadas. Da gusto no tener que estar ajustando las tiras cada dos por tres, como pasa con otras sandalias.

El upper es una tela bastante transpirable, algo que se agradece en los días de calor, pues sigues con la sensación de llevar unas sandalias puestas. Y aunque no parezca muy resistente a simple vista, tiene bastante cuerpo cuando tiras de ella para ajustarla al pie.

Lo que más me llamó la atención fue la amortiguación. La tecnología HYPER-COMF (que combina varias espumas) se nota especialmente. Con perfiles de 33,5mm detrás y 27,5mm delante, tenemos un aislamiento total del terreno y una buena plataforma para acolchar nuestra pisada. El tacto del compuesto es blando y la sensación al ponerlas es cómoda.

En la vista de planta, vemos que son realmente anchas; con esto tendremos mucho espacio para el pie, lo que proporciona estabilidad y comodidad. Aunque cuando bajas por zonas con distintas inclinaciones, su perfil alto hace que tengamos que estar más atentos a la pisada.

En subidas, la placa de nailon integrada en la suela ayuda al impulso que, si bien no es milagroso, da cierta sensación de que así es.

La suela tiene buena tracción gracias a unos tacos bien distribuidos y, pese a lo que aparenta

VALORACIÓN GENERAL ★★★★☆

Ligereza	★★★★☆	Estabilidad	★★★☆☆
Ajuste	★★★★☆	Sostenibilidad	★★★☆☆
Amortiguación	★★★★☆	Precio	★★★☆☆

su diseño, no pesa nada: 337 gramos en mi talla. También ayuda que tenga recortes que reducen el peso sin comprometer la durabilidad.

Un punto que valoro es el enfoque sostenible: las correas están hechas con plástico 100% reciclado, un pequeño gesto que suma cuando eliges equipamiento.

¿Lo negativo? El diseño no es para todos. Me tocó una combinación tan llamativa que parecía que iba de excursión patrocinado por un festival de neón. No soy enemigo de los colores, pero habría preferido algo más discreto. Y tanto acolchado y espuma pueden resultar inestables en algunos tramos.

Puntos fuertes: buena opción para senderismo ligero, ideal para quienes alternan monte y pueblo en una misma jornada. Cómodas, ligeras, con buena amortiguación y buena tracción. Si logras encontrar un color que no grite demasiado, puede que se conviertan en tus favoritas para el verano.

Fabricante:
Teva (EEUU).
Distribuidor:
El Corte Inglés.
Actividad recomendada:
senderismo estival.
Materiales:
Exterior e interior: 88% Textil, 12% Sintético.
Suela: caucho.
Correas hechas 100% de plástico reciclado (REPREVE® de Unifi®).
Tallas:
39,5 a 48,5 (hombre) y 36 a 42 (mujer).
Colores: versión masculina: verde/azul, gris/rojo y crema/verde. Versión femenina: azul/rojo, verde/fuxia, blanco/naranja.
PVP aprox: 130 €.

 www.elcorteingles.es/teva/deportes

JOSÉ YÁÑEZ

MONTAÑA

CALZADO

TIZIN – TIZIN W

Modelo de Trail running presentado en opción de hombre y mujer. Lo más destacable es su suela, por un lado, con el patín de goma VIBRAM que garantiza las mejores prestaciones de tracción y agarre, a la vez que proporciona una durabilidad respaldada por el líder de suelas de outdoor a nivel mundial, toda una garantía en sus prestaciones. Y, por otro lado, el midsole de diseño exclusivo de +8000 con una amortiguación excelente.

Por último, destaca la combinación de materiales, nylon cerrado con piezas termoselladas, adecuado para los momentos más desapacibles y complementando con la protección frente al agua SKINTEX, una primera gama de protección frente al agua.

Colores disponibles en tallas hombre 39-46: negro.
Colores disponibles en tallas mujer 36-42: rosa.
PVPR: 99,50 €

TOCLA – TOCLA W

Zapatilla de trail running propuesta tanto en hombre como en mujer, es la elección perfecta para quienes buscan explorar y desafiar la naturaleza con total confianza. Su nueva suela, presentada en exclusiva para el otoño/invierno del 2025, cuenta con tacos profundos, distribuidos estratégicamente, que aseguran una tracción excelente en todo tipo de superficies. Su midsole voluminoso, garantiza la absorción de los impactos y el confort requerido en la actividad. Cuenta con una horma que se adapta perfectamente al pie y que, junto con los materiales de corte sin costuras, dotan a la zapatilla de un calce idóneo para el Trail running.

Colores disponibles en tallas hombre 39-46: naranja y verde.
Colores disponibles en tallas mujer 36-42: negro/rojo.
PVPR: 92,50 €

TERKAN LOW / TERKAN

Presentamos un Trail running para aquellos que quieren una zapatilla de confort con un calce más ancho y una amortiguación optimizadas gracias a su suela de gran volumen. Además, contamos con un estabilizador trasero que nos aportará el equilibrio necesario entre amortiguación y estabilidad. El modelo se presenta tanto en opción "low cut" como "mid cut", dando así dos opciones diferentes del mismo modelo. Es un modelo WATERPROOF que nos protegerá del agua debido a su membrana con costuras termoselladas. Tu opción para un Trail running confortable e impermeable.

Colores disponibles en tallas hombre 39-46: kaki, marino y mostaza.
PVPR: 109,70 €

TIGOR 2

Zapatillas especialmente concebidas para uso trail/running. Destaca por su suela, que proporciona una gran amortiguación y que gracias a su diseño taqueado, aporta una tracción y un agarre óptimo. El corte es una combinación de nylon y lycra complementados con termosellados que evitan costuras innecesarias. Forro interior de mesh que aporta confort y mejora la transpiración. La construcción del talón y el empeine tipo «calcetín» ayuda al perfecto ajuste de la zapatilla.

Colores disponibles en tallas hombre 39-46: gris medio, crudo, gris claro, verde bosque y azul real.
Colores disponibles en tallas mujer 36-42: salmón y marino.
PVPR: 99,50 €

trekking & outdoor footwear

www.aku.it

MONTAÑA

VIAZ DFS

Diseñadas para la progresión en alta montaña, vía ferrata y rutas exigentes en terreno técnico. **Características:** El upper, de tejido transpirable Air8000® reforzado con paneles de PU inyectado, proporciona resistencia, estructura y protección frente a la abrasión. La suela Vibram® Croda Litebase destaca por su ligereza, estabilidad, adherencia y precisión, además de ser compatible con crampones clásicos. Están equipadas con la plataforma Elica Natural Stride System para optimizar el paso, junto con la tecnología Dual Fit System (DFS), que proporciona un ajuste personalizado para caminar y escalar gracias a un doble cordón protegido por una rejilla elástica. La construcción Dynamic Fit, desarrollada por Aku, se encarga de adaptar dinámicamente la presión en el talón, aumentando el confort y la sujección. Membrana: Gore-tex® Performance Comfort. **Peso (½ par):** 658 g. **PVPR:** 349,90 €

ALTERRA II GTX

Una todo-terreno, diseñada para terreno mixto de dificultad media y hikings de largo recorrido. **Características:** El sistema de cordones asimétrico, combinado con la construcción de la lengüeta en tejido Gore-Tex stretch, garantiza una gran precisión de ajuste y confort. Suela con tecnología Vibram Weave bi-material que combina la durabilidad del poliuretano con la amortiguación de la goma EVA reciclada para una excelente adherencia y comodidad por superficies irregulares. La horma y plataforma están diseñadas con la exclusiva tecnología Elica Natural Stride System que optimiza el movimiento natural del pie. Fabricadas en Europa. Upper: piel gamuza 1.6 mm + tejido stretch. Protecciones: Liba® Smart PU. Membrana: Gore-Tex® More Seasons. Suela: Vibram® Alterra II. Media-suela: Poliuretano + EVA. Plantilla interior: Custom Fit Soft. **Peso (½ par):** 655 g (H) / 540 g (M). **PVPR:** 279,90 €

REACTIVE GTX

Calzado outdoor con diseño deportivo para hikings de día por terreno mixto y con poca carga. **Características:** Sistema de cordones asimétrico y bandas en TPU en la base del collarín para conseguir un perfecto ajuste al tobillo. Talón con goma EVA de doble densidad y suela Tenuta Grip desarrollada por AKU para proporcionar un rendimiento efectivo en amortiguación y estabilidad en todo tipo de terreno. La horma y la plataforma están diseñadas con la exclusiva tecnología Elica Natural Stride System. Uppe: piel gamuza 1,6MM + tejido transpirable AIR8000®. Protecciones upper: Goma. Membrana: Gore-Tex® Most Breathable. Suela: Tenuta Grip Reactive. Plantilla interior: Ortholite® Hybrid – parcialmente reciclada. **Peso (½ par):** 515 g (H) / 450 g (M). **PVPR:** 189,90 €

ROCKET MID DFS GTX

Alta precisión y dinamismo para fast hiking por terreno exigente.
Características: equipadas con la suela Vibram® con tecnología Traction Lug que aumenta hasta un 25% la adherencia y hasta un 50% la tracción gracias al singular diseño de los tacos que incorpora. El upper está formado por bandas 3D sobreimpresas que abrazan el pie para aportar una mayor estabilidad. La exclusiva tecnología AKU Dual Fit System (DFS), adaptada para esta versión de speed hiking, permite ajustar la regulación (de más confort a más precisión) mediante un sistema de cordones dobles. Además cuenta con la exclusiva tecnología AKU Elica Natural Stride System que optimiza la biomecánica natural del pie en cada pisada.
Peso (½ par): 367 g. **PVPR:** 199,90 €

TREKKER PRO II GTX

Las TREKKER PRO II son perfectas para media-alta montaña y terreno exigente, donde se requiere la máxima estabilidad. **Características:** Su alto nivel de comodidad se debe a la exclusiva tecnología AKU Elica Natural Stride System, que incorpora el conjunto de la plantilla, entre-suela y suela. Horma, corte, disposición de las costuras, selección de los materiales y el sistema de lazada, que permite un ajuste rápido de la bota para conseguir una envoltura precisa del pie y del tobillo, contribuyen también al factor comodidad de las nueva TREKKER PRO GTX. Upper: piel gamuza 1.6 mm + tejido transpirable AIR8000® + paneles PU. Protecciones: banda goma. Membrana: Gore-Tex® More Seasons. Suela: Vibram® Curcuma. Media-suela: PU light. Plantilla montada: 6-4 mm nylon (rigidez), EVA microporosa (amortiguación). Plantilla interior: Custom Fit. **Peso (½ par):** 660 g (H) / 560 g (M). **PVPR:** 259,90 €

TREKKER LITE III GTX

Las TREKKER LITE III GTX representan la evolución del modelo Trekker Lite II y mejoran inspirándose en la horma y diseño de las versiones de botas más técnicas de AKU. **Características:** Resistentes y de gran estabilidad, destinadas a media montaña y terrenos mixtos. La elección de los materiales y el diseño apuestan por el confort y la transpiración. El sistema de atado aporta un ajuste rápido para conseguir una envoltura precisa del pie y customizar eficazmente la regulación según los cambios de terreno. Empeine: Piel gamuzada + rejilla transpirable AIR8000. Protección del empeine: Goma. Membrana: Gore-Tex® Performance Comfort. Suela: Vibran® Curcuma. Entresuela: EVA de doble densidad. Plataforma con material bi-materia: 6-4 mm polipropileno (rigidez) + EVA microporosa (rigidez media). Plantilla interior ergonómica y transpirable: Custom Fit Soft. **Peso (½ par):** 570 g (hombre). 445 g (mujer). **PVPR:** 219,90 €

ROCK DFS GTX

Diseñadas con la tecnicidad en mente para contextos de aproximación, escalada ligera, vía ferrata y progresión por senderos de montaña.
Características: Incorpora la nueva tecnología DUAL FIT SYSTEM (DFS) que cuenta con cordones dobles que nos permiten personalizar con mayor efectividad el ajuste, ya sea si buscamos más comodidad o precisión en las diferentes fases de aproximación. Upper: Piel suede 1,6 mm + microfibra + tejido transpirable Air 8000®. Protección empeine: banda de goma. Membrana: Gore-Tex® Extended Comfort. Suela: Vibram® Approcciosa Megagrip. Media-suela: EVA doble densidad + poliuretano. Plantilla: Ortholite® hybrid parcialmente reciclada. Disponible en versión bota y zapatilla. **Peso (½ par):** 400 g (hombre), 320 g (mujer).
PVPR: 209 € (bota), 199 € (zapatilla).

FLYROCK GTX

Zapatillas para fast hiking diseñadas para actividades en las que nos gusta avanzar con rapidez y confort. Ligereza, amortiguación, tracción, protección y durabilidad se reúnen en esta propuesta para afrontar con fiabilidad todo tipo de terreno.
Características: Equipadas con suela Vibram® con tecnología Traction Lug que aumenta hasta un 25% la adherencia y hasta un 50% la tracción gracias al singular diseño de los tacos. La media suela High Rebound EVA aporta una excelente amortiguación. Para sumarles más tecnicidad, cuentan con la exclusiva tecnología AKU Dynamic Fit que, mediante un sistema de cintas interiores, permite que la zona del talón se adapte dinámicamente a los diferentes grados de inclinación de nuestra pisada. Todo para aportar mayor confort y estabilidad. Plataforma con construcción Elica Natural Stride System que optimiza la biomecánica natural del pie para aportar una menor fatiga.
Peso (½ par): 367 g. **PVPR:** 179,90 €

★ MONTAÑA

CALZADO

www.asolo.com

FRENEY EVO MID GV

Diseñadas para caminatas alpinas exigentes, vías ferratas y caminatas con carga. Versión de corte medio de la familia Freney Evo: la parte superior de cuero Perwanger y tejido de alta tenacidad y la lengüeta, el cuello y el tobillo termoformados en 3D aseguran el ajuste, la sujeción y la libertad de movimiento correctos. El forro del calzado Gore-Tex Performance Comfort garantiza impermeabilidad y transpirabilidad. La entresuela de poliuretano de monodensidad cubierta por una película de PU y el amortiguador antichoque EVA coinyectado en la zona del talón aseguran estabilidad, comodidad y amortiguación. El inserto de TPU hace que el modelo sea adaptable para crampones semiautomáticos. La suela Vibram 1229 Mulaz proporciona agarre y precisión. Caucho y PU rand para protección adicional. Sistema de cordones con ajuste preciso. **Parte superior:** Piel Perwanger resistente al agua 2,2-2,4 + tejido de alta tenacidad. **Forro:** Gore-Tex Performance Comfort Calzado. **Plantilla:** Asoflex Rock Mid en polipropileno. **Suela:** Vibram 1229 Mulaz. **Peso:** 671 g (1/2 par talla 8 UK). **Tallas:** 6-13,5 UK. **PVPR:** 299,95 €

SPACE GV MM

Caminatas de un día y caminatas rápidas en terrenos moderadamente técnicos. Senderismo rápido en terrenos mixtos, multideporte y viajes. Cuenta con una parte superior de ante repelente al agua que ofrece ligereza, protección, comodidad y rendimiento, mientras que el forro Gore-Tex Extended Comfort Footwear garantiza impermeabilidad y transpirabilidad. La entresuela está hecha de EVA de alta densidad que ofrece soporte, comodidad y amortiguación. La suela Asolo/Vibram A-Sport utiliza el compuesto MegaGrip y garantiza el mejor rendimiento, agarre en todo tipo de terreno, durabilidad y autolimpieza. El modelo se completa con la puntera de goma para mayor protección frontal y el sistema de cordones con orificios. **Parte superior:** Gamuza repelente al agua de 1,4-1,6 mm. **Forro:** Gore-Tex Extended Comfort Footwear. **Plantilla anatómica:** A-Sport. **Suela:** Asolo/Vibram A-Sport con compuesto MegaGrip (goma-eva). **Peso:** 329 g (1/2 par talla 8 UK). **Tallas:** 6-13,5 UK. **PVPR:** 169,95 €

ELDO GV MM (HOMBRE)

Zapatilla ligera y ágil diseñada para aproximaciones técnicas y caminatas de un día. El modelo de caña baja de la familia Eldo presenta una parte superior de poliéster técnico sin costuras y un forro Gore-Tex Extended Comfort Footwear que garantiza impermeabilidad y transpirabilidad. La entresuela de EVA termoformada de densidad única garantiza la mejor sujeción, estabilidad y amortiguación. La suela Asolo/Vibram AG cuenta con un diseño autolimpiable y una excelente zona de escalada. Además, utiliza el compuesto MegaGrip, que ofrece un agarre excepcional tanto en terreno seco como húmedo. Para completar el modelo, un borde perimetral de poliuretano garantiza una protección extrema. El sistema de cordones y la lengüeta termoformada ofrecen un ajuste rápido y preciso.

Parte superior: Poliéster técnico sin costuras. **Forro:** Gore-Tex Extended Comfort Footwear. **Plantilla anatómica:** Asolo/Ortholite. **Suela:** Asolo/Vibram AG con compuesto MegaGrip (goma-Eva). **Peso:** 291 g (1/2 par talla 8 UK). **Tallas:** 7-12.5 UK. **PVPR:** 189,95 €

ELDO GV ML (MUJER)

Zapatilla ligera y ágil diseñada para aproximaciones técnicas y caminatas de un día. El modelo de caña baja de la familia Eldo presenta una parte superior de poliéster técnico sin costuras y un forro Gore-Tex Extended Comfort Footwear que garantiza impermeabilidad y transpirabilidad. La entresuela de EVA termoformada de densidad única garantiza la mejor sujeción, estabilidad y amortiguación. La suela Asolo/Vibram AG cuenta con un diseño autolimpiable y una excelente zona de escalada. Además, utiliza el compuesto MegaGrip, que ofrece un agarre excepcional tanto en terreno seco como húmedo. Para completar el modelo, un borde perimetral de poliuretano garantiza una protección extrema. El sistema de cordones y la lengüeta termoformada ofrecen un ajuste rápido y preciso.

Parte superior: Poliéster técnico sin costuras. **Forro:** Gore-Tex Extended Comfort Footwear. **Plantilla anatómica:** Asolo/Ortholite. **Suela:** Asolo/Vibram AG con compuesto MegaGrip (goma-Eva). **Peso:** 248 g (1/2 par talla 5 UK). **Tallas:** 4-8 UK. **PVPR:** 189,95 €

ACADIA MID GTX MM

Zapatilla versátil diseñada para actividades al aire libre como largas caminatas en la montaña y en la naturaleza, adaptable también al uso urbano y viajes. La parte superior de ante y Cordura ofrece protección y comodidad, y el forro Gore-Tex Extended Comfort Footwear garantiza impermeabilidad y transpirabilidad. La entresuela está hecha de EVA monodensidad de dos colores que ofrece soporte, estabilidad, comodidad y amortiguación, y se ha coinyectado EVA más suave en la parte trasera para absorber los impactos. La suela Asolo Acadia con compuesto Sigma Grip tiene un diseño autolimpiable que garantiza la mejor tracción, agarre y durabilidad. Para completar el modelo, la puntera delantera de goma y el sistema de lazado con gancho permiten un atado rápido y preciso. **Parte superior:** Piel de ante repelente al agua de 1,6-1,8 mm + nailon de alta tenacidad. **Forro:** Gore-Tex Extended Comfort Footwear Plantilla. **Horma:** Asoflex 00 SR Fast. **Plantilla anatómica:** Acadia. **Suela:** Asolo Acadia con Sigma Grip (monodensidad de goma EVA). **Peso:** 507 g (1/2 par talla 8 UK). **Tallas:** 7-13,5 UK. **PVPR:** 189,95 €

ACADIA LTH GTX ML

Zapatilla versátil diseñada para actividades al aire libre como largas caminatas en la montaña y en la naturaleza, adaptable también al uso urbano y viajes. La parte superior de ante ofrece protección y comodidad, y el forro Gore-Tex Extended Comfort Footwear garantiza impermeabilidad y transpirabilidad. La entresuela está hecha de EVA monodensidad de dos colores que ofrece soporte, estabilidad, comodidad y amortiguación, y se ha coinyectado EVA más suave en la parte trasera para absorber los impactos. La suela Asolo Acadia con compuesto Sigma Grip cuenta con un diseño autolimpiable que garantiza la mejor tracción, agarre y durabilidad. Para completar el modelo, la puntera delantera de goma y el sistema de lazado con gancho permiten un atado rápido y preciso. **Parte superior:** Gamuza repelente al agua de 1,6-1,8 mm. **Forro:** Gore-Tex Extended Comfort Footwear Plantilla. **Horma:** Asoflex 00 SR Fast. **Plantilla anatómica:** Acadia. **Suela:** Asolo Acadia con Sigma Grip (monodensidad de goma-Eva). **Peso:** 373 g (1/2 par talla 5 UK). **Tallas:** 4-9 UK. **PVPR:** 179,95 €

BESTARD
MOUNTAIN BOOTS
SINCE 1940

MONTAÑA ✴

AT QUANTIC

Uso: Trekking avanzado de altura, travesías glaciares y alpinismo de nivel técnico moderado. **Descripción:** Bota semirrígida con tecnología Bestard Quantic. Fabricada en piel Perwanger® y Kevlar® para ofrecer resistencia, ligereza y transpirabilidad. Zona de flexión en el tobillo que permite libertad de movimiento de 360º. Fuelle y lengüeta elásticos para un ajuste cómodo y adaptable al pie. Suela Quantic Tech con Vibram® Curcuma que aporta estabilidad, absorción de impactos y confort general. Compatible con crampones semiautomáticos y de correas. Viene con un par de cordones extra de color distinto. **Materiales:** Piel Perwanger®, Kevlar®, puntera de caucho, elementos reflectantes. **Forro:** Gore-Tex® More Season. **Suela:** Vibram® Curcuma + Quantic Tech + TPU. **Plantilla:** Bestflex 6 (semirrígida). **Peso:** 1440 g/par (8 UK). **Tallas:** 4-13 UK, incl. ½ tallas. **PVPR:** 269,90 €

ARIZONA EVO

Uso: Cómoda, ligera y muy versátil bota de nuestra familia Hiking Avanzado, perfecta para trekking ligero, senderismo, viajes y uso cotidiano. **Descripción:** Bota inspirada en uno de nuestros modelos más emblemáticos de los años 80 y 90, actualizada con materiales y tecnologías modernas. Ligera, cómoda y con excelente estabilidad y agarre, es ideal para quienes buscan un equilibrio entre estética vintage y rendimiento técnico. Incorpora suela Vibram® Tubava con compuesto Megagrip para una pisada segura, buen agarre y confort en terrenos variados. Disponible en versiones para hombre, mujer y unisex. **Materiales:** Piel Perwanger®, Cordura®. **Forro:** Gore-Tex® More Seasons. **Suela:** Vibram® Tubava + Megagrip + EVA. **Plantilla:** Bestflex 2 (flexible). **Peso:** 1154 g/par (UK 8), 970 g/par (UK 5). **Tallas:** Unisex: UK 4-13. Hombre: 6½-13 UK. Mujer: 3½-8 UK, incl. ½ tallas. **PVPR:** 178,90 €

COOLWAVE

Uso: Zapatilla abierta, muy ligera y confortable para senderismo, viajes y uso diario en climas cálidos y secos. **Descripción:** Pensada para quienes buscan máxima ventilación sin renunciar a la protección y el confort de una zapatilla multiactividad. Incorpora aberturas laterales con rejilla que favorecen la circulación del aire y evitan el sobrecalentamiento, a la vez que impiden la entrada de piedrecillas y suciedad. La puntera de caucho reforzada mejora la durabilidad y protege en terrenos irregulares. Suela Vibram® Fuga con compuesto Megagrip para un agarre excelente en todo tipo de superficies, y mediasuela de EVA ultraligera para una pisada natural y bien amortiguada. Disponible en dos versiones para mujer y dos para hombre. **Materiales:** Air-Mesh muy transpirable, puntera de caucho. **Suela:** Vibram® Fuga + Megagrip + EVA. **Plantilla:** Bestflex 1 (superflexible). **Peso:** 620 g/par (42 EU). 400 g/par (38 EU). **Tallas:** Hombre: 39-47 EU. Mujer: 36-42 EU. **PVPR:** 109 €

CROSS

Uso: Novedosa y confortable sandalia para realizar actividades como montaña, senderismo, Camino de Santiago, viajes y actividades outdoor en climas cálidos. **Descripción:** Sandalia técnica diseñada para ofrecer rendimiento, confort y sujeción en terrenos exigentes sin renunciar a la ventilación y libertad de movimiento. Incorpora una suave malla elástica envolvente con cordón de cierre rápido que se adapta al pie como un guante, proporcionando estabilidad y ajuste preciso incluso en montaña. La mediasuela de PU aporta una amortiguación eficaz para largas jornadas, mientras que la suela Vibram® Boulder garantiza un excelente agarre y tracción. Planta de microfibra suave, antibacteriana y de secado rápido para una mayor sensación de frescura y confort. Disponible en tres colores. **Materiales:** Malla elástica, cintas de poliéster de alta tenacidad. **Suela:** Vibram® Boulder + PU + planta de microfibra. **Peso:** 590 g/par (42 EU). **Tallas:** 36-47 EU. **PVPR:** 97 €

CROSSWAVE

Uso: Propuesta moderna y deportiva de una bota mid con prestaciones técnicas avanzadas, de nuestra gama de Hiking Avanzado. Está diseñada para actividades de senderismo en baja y media montaña, incluyendo tramos por zonas escarpadas y sin sendero definido. **Descripción:** Equipada con la robusta y estable suela Vibram Bruce con tecnología Vibram Megagrip, ofrece un alto nivel de seguridad y agarre en terrenos difíciles, así como comodidad y amortiguación en senderos menos exigentes. Fabricada en resistente tech mesh hidrófugo que garantiza excelente durabilidad, ventilación y confort, incorpora una protección TPU 360º que proporciona tanto protección como agarre adicional. Disponible en dos versiones unisex, incluye dos pares de cordones de diferentes colores para mayor personalización. **Material:** Tech mesh hidrófugo y bandoleta de TPU. **Forro:** Gore-Tex® Most Breathable. **Suela:** Vibram® Bruce con Megagrip + EVA. **Plantilla:** Bestflex 3: Trekking. **Peso:** 995 g/par (42 EU). **Tallas:** 36-47 EU. **PVPR:** 189,90 €

GUEPARD

Uso: Zapatilla deportiva de montaña, diseñada para un amplio abanico de actividades atléticas de montaña como trail running, mountain running, speed hiking y fastpacking. También es una excelente opción para Nordic Walking, senderismo y excursiones, así como para viajes o uso diario. **Descripción:** Combina materiales duraderos y resistentes que además ofrecen ligereza, transpirabilidad, absorción de impactos y confort. A ello se suman prestaciones técnicas que garantizan estabilidad, agarre, tracción y protección. Como todas las botas Bestard, es resolable. Disponible en versiones con Gore-Tex® para hombre y mujer, y en versión unisex sin Gore-Tex®. **Material:** Mesh + TPU. **Forro:** Air-Mesh (unisex) / Gore-Tex® Most Breathable. **Suela:** Vibram® Sphike con Megagrip + EVA Ultralight. **Plantilla:** Bestflex 2: Flexible. **Peso:** Unisex: 656 g/par (42 EU). Hombre GTX: 814 g/par (42 EU). Mujer: 694 g/par (38 EU). **Tallas:** Unisex: 36-47 EU. Hombre: 39-47 EU. Mujer: 36-42 EU. **PVPR:** Unisex: 155 €. GTX hombre y GTX mujer: 185 €

HIDRO TRAIL

Uso: Zapatilla abierta, muy ligera y de estilo anfibio para senderismo en verano, travesías con cruces de agua, kayak, rafting y actividades anfibias similares. **Descripción:** Diseñada para combinar tramos de senderismo con pasos por arroyos u otras actividades en contacto con el agua. Fabricada con materiales sintéticos de secado rápido, muy transpirables y con excelente evacuación del agua. Sistema de ajuste rápido con cordón elástico y tirador. Suela Vibram® Pepe con compuesto Megagrip para máximo agarre y tracción en superficies mojadas o irregulares. Mediasuela de PU Lite Cell, un material de célula abierta muy ligero, que ofrece una amortiguación excelente y buena absorción de impactos. No apta para actividades técnicas como barranquismo o espeleología **Materiales:** Tejido sintético de secado rápido, refuerzos de caucho sintético. **Forro:** No impermeable, altamente drenante. **Suela:** Vibram® Pepe + Megagrip + PU Shelter Lite cell. **Plantilla:** Bestflex 1. **Peso:** 640 g/par (42 EU). **Tallas:** 36-47 EU. **PVPR:** 119,80 €.

TRAIL

Uso: Sandalia de cintas para senderismo, Camino de Santiago, viajes y uso diario durante los meses más calurosos. **Descripción:** Sandalia técnica diseñada para quienes buscan resistencia, funcionalidad y máximo confort en todo tipo de actividades outdoor. Su estructura está reforzada con cintas de poliéster de alta tenacidad que dan toda la vuelta a la sandalia, lo cual garantiza durabilidad y una sujeción firme del pie sobre la planta. La mediasuela de PU proporciona una excelente amortiguación y confort, ideal para largas jornadas. Equipada con suela de caucho Vibram® Quadrifoglio, ofrece gran tracción, estabilidad y agarre en terrenos variados. La planta de microfibra suave, antibacteriana y de secado rápido aporta frescura y confort incluso en las actividades más intensas. Disponible en tres colores. **Materiales:** Cintas de poliéster de alta resistencia. **Suela:** Vibram® Quadrifoglio + PU + planta de microfibra. **Peso:** 545 g/par (42 EU). **Tallas:** 36-47 EU. **PVPR:** 83 €

CALZADO

ESCAPE THRIVE™ TITANIUM™ MID OUTDRY™

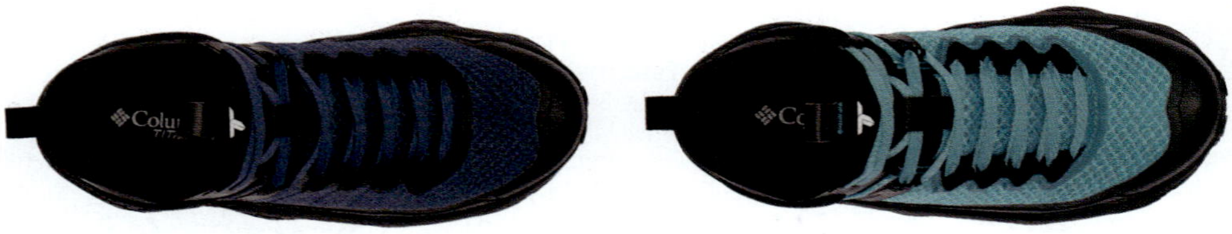

Muévete rápido con estas botas de senderismo modernas y ligeras con empeine flexible e impermeable y sujeción natural del mediopié. La mediasuela está diseñada para optimizar el equilibrio y la estabilidad y permitirte una pisada más eficiente para que puedas moverte mejor. La excepcional amortiguación para la planta del pie proporciona comodidad durante todo el día. Por su parte, la resistente suela proporciona mayor tracción en condiciones húmedas y secas. La colección Titanium, creada con nuestros mejores tejidos, características y tecnologías, está diseñada para hacer todo tipo de actividades de alto rendimiento al aire libre y afrontar cualquier desafío que se te presente.

Características: Puntera y talón sin costuras para mayor estabilidad. Sistema OmniMax™ Plus: la mediasuela Techlite+™ sujeta el talón para un equilibrio óptimo. Por su parte, las almohadillas de desviación en el antepié y el talón absorben el impacto para reducir el estrés en el pie. Las hendiduras flexibles profundas en el antepié permiten mejores movimientos y pasos más grandes. Plantilla Techlite™ Eco moldeada que utiliza un 20 % de material reciclado para conseguir un soporte, una amortiguación y un rendimiento de mayor duración. Suela Adapt Trax™ para proporcionar una tracción excepcional tanto en superficies secas como mojadas.

Materiales: Empeine: 100 % poliéster. Mediasuela: 70 % POE (elastómeros de poliolefina) + 30 % TPE (elastómeros termoplásticos). Suela: 100 % caucho. Plantilla: 80 % espuma EVA + 20 % polietileno. Forro: 100 % poliéster.
Peso: 292 g (talla 38, ½ par). **PVPR:** 150 €

KONOS GLOBETROT™

Estas sandalias de senderismo combinan flexibilidad y sujeción y son perfectas para pasar cómodamente de la ciudad a la naturaleza a diario. El empeine ligero con cinchas y cierre de velcro permite personalizar el ajuste. Por su parte, el tratamiento antimicrobiano de la plantilla aporta frescor cuando hace calor. La mediasuela, inspirada en las piñas de los pinos, está diseñada para sostener el talón y aportar comodidad y estabilidad. Por su parte, las almohadillas de desviación en el talón y el antepié absorben los impactos para mayor comodidad durante todo el día.

Características: Sistema OmniMax™: con una mediasuela Techlite™, el talón y el mediopié están especialmente diseñados para ayudar a crear una plataforma estable. Las almohadillas de desviación en el antepié y el talón reducen el impacto del peso para mayor comodidad y recuperación. Las hendiduras flexibles en el antepié proporcionan una mayor flexibilidad y un mejor empuje. Caucho antimarcas de alta tracción OmniGrip™.

Materiales:
Empeine: 100 % poliéster.
Mediasuela: 100 % POE (elastómeros de poliolefina).
Suela: 100 % caucho.
Plantilla: 100 % espuma EVA.
Forro: 60 % nailon + 30 % poliéster + 10 % PU.
Peso: 226 g (talla 42, ½ par).
PVPR: 60 €

www.garmont.com

CIMA WP MAN / CIMA WP WOMAN

Bota técnica de montaña diseñada para alpinismo clásico, rutas de alta montaña y trekking exigente. Combina robustez, impermeabilidad y precisión en terrenos técnicos. Su membrana impermeable y transpirable mantiene los pies secos en condiciones adversas, mientras que la suela Vibram® ofrece un agarre excepcional en superficies mixtas. Compatible con crampones semiautomáticos, es una opción ideal para montañeros que buscan fiabilidad y rendimiento en sus ascensos.

Características:
Parte superior de ante de 1,6 mm resistente a la abrasión.
Membrana G-Dry, impermeable y transpirable.
Suela Garmont GTF Diamante con diseño de tacos profundos para tracción en terrenos blandos y rocosos.
Sistema de lazado extendido hasta la puntera para un ajuste preciso.
Plantilla anatómica que proporciona soporte y comodidad.
Peso: 515 g (1/2 par, talla 42).
Tallas: Hombre: 39,5-48 - Mujer: 35-42,5.
PVPR: 160 €

VETTA EVO GTX MAN / VETTA EVO GTX WOMAN

Bota de caña media diseñada para actividades alpinas técnicas y aproximaciones exigentes. Combina ligereza, protección y precisión en terrenos mixtos. La membrana GORE-TEX® garantiza impermeabilidad y transpirabilidad, mientras que la suela Vibram® ofrece un agarre excepcional en superficies rocosas. Ideal para escaladores y montañeros que buscan rendimiento y versatilidad en sus aventuras.

Características:
Parte superior de ante de 1,8 mm reforzada para mayor durabilidad.
Membrana GORE-TEX® para impermeabilidad y transpirabilidad.
Sistema de lazado extendido hasta la puntera para un ajuste preciso.
Tecnología Heel Lock que asegura el talón y previene ampollas.
Plantilla Ortholite® Ultra™ que proporciona estabilidad y flexibilidad.
Suela VIBRAM® MATON + compuesto MEGAGRIP.
Peso: 580 g (1/2 par, talla 42).
Tallas: Hombre: 39,5-48 - Mujer: 35-42,5.
PVPR: 230 €

DRAGONTAIL MNT EVO GTX MAN / DRAGONTAIL MNT EVO GTX WOMAN

Zapatilla de aproximación robusta y técnica, diseñada para terrenos exigentes y condiciones climáticas adversas. Su construcción resistente y la membrana GORE-TEX® la hacen ideal para actividades alpinas, vías ferratas y aproximaciones técnicas. Ofrece un ajuste preciso y una excelente protección en terrenos rocosos.

Características:
Parte superior ante de 1,8 mm con refuerzos de goma para mayor protección con tratamiento resistente al agua, libre de PFC.
Membrana GORE-TEX® EXTENDED COMFORT con contenido reciclado.
Sistema de lazado extendido hasta la puntera para un ajuste preciso.
Tecnología Heel Lock que asegura el talón y previene ampollas.
Plantilla Ortholite® Ultra™ - 5% espuma PU reciclada.
Suela VIBRAM® MATON + compuesto MEGAGRIP.
Peso: 540 g (1/2 par, talla 42).
Tallas: Hombre: 39,5-48 - Mujer: 35-42,5.
PVPR: 165 €

MONTAÑA

www.hi-tec.com

MILLARES

Las Hi-Tec Millares son unas sandalias de outdoor diseñadas para la acción. Su estructura envolvente y su sistema de ajuste rápido las convierten en una excelente elección para caminatas en climas cálidos, actividades acuáticas o paseos por terrenos mixtos. Cómodas, resistentes y funcionales, combinan protección y ventilación en cada paso.

Características: Corte de PU.Forro de neopreno. Sistema de lazado Ghillie con cordón elástico y cierre de tanka. Collar antifricción. Tirador trasero para fácil calce. Estabilizador trasero. Plantilla recambiable. Cambrillón termoplástico. Planta de montado de EVA. Piso de caucho carbono.
Tallas: EU 39-47; US 7-14.
PVPR: 59,99 €

PAMPA WOMEN

Ideales para actividades al aire libre en verano, las Hi-Tec Pampa Women combinan una estructura ligera con un diseño ergonómico adaptado a la anatomía femenina. Perfectas para paseos en la naturaleza o aventuras junto al agua, brindan una sujeción precisa y máxima comodidad gracias a su diseño abierto y forro suave.
Características: Corte de nylon con refuerzos de PU. Forro de neopreno. Sistema de lazado Ghillie con cordón elástico y cierre de tanka. Collar antifricción. Tirador trasero para fácil calce. Estabilizador trasero. Plantilla recambiable. Cambrillón termoplástico. Planta de montado de EVA. Piso de caucho carbono. Fabricada con horma especial de señora.
Tallas: EUR 35-42; US 5-10.
PVPR: 59,99 €

ULA RAFT

Las Hi-Tec Ula Raft son sandalias técnicas con un diseño cerrado que proporciona sujeción y protección. Sus cierres de velcro permiten un ajuste personalizado, mientras que su suela sólida asegura tracción sobre superficies variadas.
Características: Corte de nylon. Forro de neopreno. Ajuste con triple velcro. Entresuela de EVA moldeada. Piso de caucho carbono.
Tallas:
EU 39-47; US 7-14.
PVPR: 39,99 €

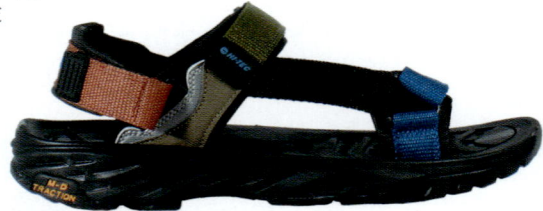

ULA RAFT WOMEN'S

Las Hi-Tec Ula Raft Women's están pensadas para quienes buscan rendimiento y frescura en terrenos cálidos o actividades con agua. Su diseño, combinado con el confort del neopreno y los cierres de velcro, garantizan una experiencia segura y cómoda.
Características: Corte de nylon. Forro de neopreno. Ajuste con triple velcro. Entresuela de EVA moldeada. Piso de caucho carbono. Fabricada con horma especial de señora.
Tallas:
EUR 35-42; US 5-10.
PVPR: 39,99 €

RODERA LOW WP

Las Rodera Low WP combinan resistencia, protección y diseño versátil para senderismo en condiciones variables. Su corte bajo ofrece libertad de movimiento, mientras que su membrana Dri-Tec® mantiene tus pies secos en todo momento.
Características: Corte de serraje sintético y malla hidrófuga. Membrana impermeable y transpirable Dri-Tec®. Sistema de lazado con anillas metálicas antióxido. Lengüeta acolchada forrada para protección del empeine. Collar antifricción. Tirador trasero para fácil calce. Estabilizador trasero. Plantilla termoconformada recambiable de espuma de EVA con forro antihumedad. Cambrillón termoplástico. Planta de montado de nylon. Entresuela de EVA moldeada. Piso de caucho.
Tallas: EU 39-47; US 7-14.
PVPR: 69,99 €

PACE WP WOMEN

Perfectas para senderismo ligero las Hi-Tec Pace WP Women ofrecen comodidad y un diseño moderno adaptado a la horma femenina. Su entresuela de EVA amortigua cada paso, mientras su suela de caucho proporciona buena adherencia.
Características: Corte de nylon hidrófugo con refuerzos de PU. Membrana impermeable y transpirable Dri-Tec®. Cierre de cordones sin ojales metálicos. Lengüeta acolchada forrada para protección del empeine. Collar antifricción. Tirador trasero para fácil calce. Estabilizador trasero. Plantilla termoconformada recambiable de espuma de EVA con forro antihumedad. Cambrillón termoplástico. Planta de montado de nylon. Entresuela de EVA moldeada. Piso de caucho. Fabricada con horma especial de señora.
Tallas: EUR 35-42; US 5-10.
PVPR: 59,99 €

FIGARO LOW WP

Zapatillas de trekking barefoot, diseñadas para quienes buscan un calzado respetuoso con la forma natural del pie. Su construcción minimalista favorece un movimiento más libre, estable y consciente, sin renunciar a la protección y resistencia necesarias para terrenos exigentes. Su sistema de lazado reforzado y materiales técnicos ofrecen un rendimiento fiable incluso en condiciones húmedas. **Características:** Corte de nobuk sintético y nylon hidrófugos. Membrana impermeable y transpirable Dri-Tec®. Sistema de lazado Ghillie con doble ojal en el tobillo para mejor ajuste. Lengüeta acolchada forrada para protección del empeine. Collar antifricción. Tirador trasero para fácil calce. Estabilizador trasero. Plantilla termoconformada recambiable de espuma de EVA con forro antihumedad. Piso de caucho.
Tallas: EU 39-47.
PVPR: 59,99 €

FIGARO LOW WP WOMEN

Las Figaro Low WP Women combinan el concepto de calzado barefoot con una horma femenina para ofrecer una experiencia de uso cómoda, estable y respetuosa con la anatomía del pie. Su diseño minimalista permite una pisada más natural y consciente, ideal para quienes buscan reconectar con el suelo en cualquier sendero.
Características: Corte de nobuk sintético y nylon hidrófugos. Membrana impermeable y transpirable Dri-Tec®. Sistema de lazado Ghillie con doble ojal en el tobillo. Lengüeta acolchada forrada para protección del empeine. Collar antifricción. Tirador trasero para fácil calce. Plantilla termoconformada recambiable de espuma de EVA con forro antihumedad. Piso de caucho. Horma especial de señora.
Tallas: EUR 35-42.
PVPR: 59,99 €

✴ MONTAÑA

simply more...

CALZADO

www.lowaboots.com

CEVEDALE PRO GTX MID

El modelo Cevedale, un clásico de Lowa, se relanza como Cevedale Pro GTX Mid para la temporada primavera/verano de 2025. Conserva su ADN de multitalento alpino: tiene un cuello similar al neopreno, una montura de crampones de TPU y una suela Scalatore Evo de Vibram altamente funcional para garantizar el mejor rendimiento posible en la montaña. Su ajuste y sensación también han demostrado su eficacia a lo largo de los años. El modelo destaca por su bajo peso y su ajuste progresivo y deportivo. Con un aspecto mucho más joven y moderno, la bota Cevedale sigue siendo un todoterreno alpino ideal para aproximaciones, vías ferratas y complejas excursiones de montaña y alpinas.

PVPR: 300 €

MANGART GTX MID

La Mangart GTX Mid es una bota alpina polivalente y ligera. Aunque no pesa casi nada, la parte superior sintética y textil deportiva es al mismo tiempo robusta y resistente, por lo que es capaz de soportar todos los rigores del terreno alpino. El sistema de cordones de dos zonas garantiza un ajuste óptimo hasta la zona de los dedos y demuestra el alto valor funcional de la Mangart GTX Mid. Lo mismo puede decirse de la suela Vibram ALP TRAC® NUMEN de gran agarre con su Climbing Zone especial para facilitar la escalada en roca.

PVPR: 320 €

RENEGADE EVO GTX LO

La versión Lo del modelo Renegade Evo GTX mantiene la fiabilidad de la Mid en un formato más ágil y ligero. También incorpora GORETEX®, suela Vibram, mediasuela DuraPU®/DynaPU® y MONOWRAP®, pero en un diseño de caña baja que ahorra peso sin renunciar a protección ni confort. La horma femenina sigue garantizando un ajuste preciso, pero su perfil más bajo la hace perfecta para rutas de un día, trekking ligero o uso diario por senderos bien definidos. Es el modelo ideal para quienes buscan libertad de tobillo y peso ligero con impermeabilidad completa.

PVPR: 200 €

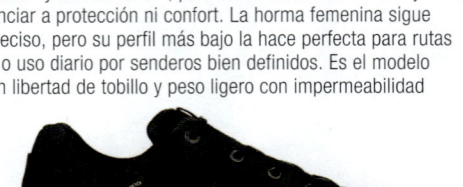

MADDOX PRO GTX LO SL

Esta versión de caña baja del modelo Maddox Pro GTX conserva todas las ventajas técnicas del modelo Mid, pero con un perfil más ligero y ágil. También lleva GoreTex e incluye el marco MONOWRAP® y la suela FAST HIKING, ofreciendo un excelente equilibrio entre ligereza y protección. Ideal para quien busca versatilidad en salidas rápidas, rutas de día o uso urbano al aire libre sin renunciar a impermeabilidad y agarre técnico.

PVPR: 180 €

RENEGADE EVO GTX MID

Este renovado modelo está dotado de un confort adicional en la parte superior gracias a una pieza de material para el interior de la zona del antepié, que elimina la necesidad de costuras superfluas. Así, el cuero nobuk se ajusta con flexibilidad a la forma del pie, evitando fricción y aliviando la presión. El sistema de cordones de doble zona también contribuye a este efecto gracias a los ganchos de cierre rediseñados. La membrana GORE-TEX impermeable y transpirable es otra garantía de mayor comodidad. La entresuela inyectada consta de dos capas que absorben los impactos: la primera es de LOWA® DYNAPU® y la segunda de un elemento más firme que trabaja en tándem con el CROSS OVER FRAME. La suela VIBRAM-RENE-TRAC® proporciona un agarre fiable.

PVPR: 230 €

MADDOX PRO GTX MID

Para los amantes de la aventura y los adictos a la adrenalina, las Maddox Pro GTX Mid son el modelo ideal para el mejor rendimiento y agilidad. Ya sea en pendientes pronunciadas, bosques densos o paisajes rocosos, estas botas de senderismo dinámicas y ligeras siguen el ritmo de cada movimiento. Su ajuste es como una segunda piel, mientras que la suela LOWA® FAST HIKING de perfil afilado proporciona un agarre excepcional. El sistema de entresuela LOWA® DYNAPU®, de eficacia probada, y el empeine ripstop ligero y transpirable garantizan un nivel deportivo de flexibilidad y estabilidad, de modo que es un calzado que domina con facilidad tanto los ritmos más dignos como los pasajes dinámicos de senderismo rápido. Gracias a su membrana GORE-TEX, también es completamente impermeable. **PVPR: 200 €**

MADDOX PRO LO

El modelo Maddox Pro Lo mantiene el diseño atlético y el soporte estructural de las versiones GTX, utilizando ripstop y malla en lugar de membrana impermeable. Esto reduce el peso a aproximadamente 390 g y mejora la ventilación, convirtiéndola en una opción perfecta para climas secos, verano o zonas con poco riesgo de humedad. Conserva el sistema MONOWRAP®, la entresuela DynaPU® y suela FAST HIKING, ofreciendo confort, flexibilidad y tracción en terreno técnico.

PVPR: 160 €

AMPLUX 2 GTX

El modelo Amplux 2 GTX ha sido mejorado en colaboración con los atletas del equipo Lowa Trail Racers, llevándola a un nuevo nivel. La mediasuela optimizada LOWA® DYNAEVA®, con doble densidad de EVA, la caña reforzada con carbono y la zona del talón han sido perfeccionadas para mejorar la amortiguación y la dinámica de pisada de la zapatilla. Gracias a la combinación ideal de amortiguación y retorno de energía, confort y rendimiento, la Amplux 2 GTX destaca por su pisada equilibrada y su gran versatilidad. Sus cualidades multifuncionales y la membrana GORETEX® totalmente impermeable hacen de la Amplux 2 GTX la compañera perfecta para los días de lluvia, ya sea para entrenar en montaña o simplemente disfrutar en el valle.

PVPR: 170 €

MERRELL

www.merrell.com

MOAB 3

Preparada para cualquier terreno. Lista para todo.
Para crear la bota de senderismo líder del mundo, no basta con resistir el terreno: hay que entenderlo. Te presentamos la Moab 3, la evolución de una leyenda y tu nueva compañera de confianza para cualquier aventura. Diseñada para rendir en todos los terrenos, bajo cualquier clima, y pensada hasta el último detalle para ofrecerte durabilidad, comodidad y protección en cada paso.
Robustez y estilo que dejan huella. Fabricada con piel Wolverine de categoría Gold, la Moab 3 combina una estética resistente con una calidad superior que se siente desde el primer uso.
Características: Diseñada con piel de categoría Gold de Wolverine que le confiere durabilidad y estilo. Alta calidad. Plantilla moldeada Kinetic Fit™ Advanced para una pisada más cómoda. Ajuste perfecto. La suela Vibram TC5+ proporciona el mejor agarre y rendimiento sobre cualquier terreno, haga el tiempo que haga. Alto rendimiento. La tecnología Merrell Air Cushion absorbe los impactos. Mayor sujeción en el tobillo para favorecer la estabilidad en terrenos irregulares. Puntera y talón de goma protectora para moverse sin problemas. Protección ante lesiones.
Elaboración con cordones, refuerzos y forro de malla 100% reciclados para garantizar nuestro modelo Moab más respetable con el medioambiente. Diseño respetable con el medioambiente.
PVPR: 130 €

MOAB SPEED 2 GTX

Innovación y rendimiento para el senderismo más exigente. Las Moab Speed 2 GTX representan la última evolución en calzado de senderismo de Merrell, combinando la experiencia y calidad de las icónicas Moab con las tecnologías más avanzadas y los aprendizajes de senderistas y corredores de trail de todo el mundo. Diseñadas para quienes buscan comodidad, durabilidad y protección en cada paso, estas zapatillas incorporan un 30% más de espuma en la pisada para una amortiguación superior. Además, cuentan con una membrana GORE-TEX® que garantiza impermeabilidad y una transpirabilidad excepcional, manteniendo tus pies secos y cómodos bajo cualquier condición climática.
Características: Cuello acolchado. Lengüeta de fuelle para que no entre tierra. Puntera y talón de material sintético protector resistente a la abrasión. Doble trabilla en el talón y la lengüeta para facilitar el calce y apta para usar con mosquetones. Tratamiento Cleansport NXT™ para un control natural de los olores. La tecnología FlexPlate™ ligera proporciona rigidez en la torsión con estabilidad en el antepié. Entresuela de espuma FloatPro™ para una comodidad ligera y duradera. La suela Vibram TC5+, diseñada exclusivamente para Merrell, proporciona un agarre excepcional para diferentes actividades deportivas al aire libre. Tacos de tracción Vibram diseñados específicamente para aumentar el agarre y deshacerse de la tierra en cada paso.
Peso: 300 g (1 zapatilla).
Drop: 10 mm.
Tacos: 4 mm.
Altura: 34-24 mm.
PVPR: 170 €

SPEEDARC MATIS

Revoluciona tu forma de hacer senderismo. La SpeedARC Matis marca un antes y un después en el calzado de senderismo gracias a su innovadora tecnología SpeedARC™, que redefine la comodidad, la propulsión y el rendimiento en cada zancada. Diseñada para los senderistas que exigen más, esta zapatilla fusiona amortiguación avanzada, retorno de energía superior y tracción todoterreno en un diseño robusto, ágil y sorprendentemente cómodo.
Características: Plantilla de espuma EVA extraíble. Tecnología FlexPlate™ ligera que proporciona rigidez en la torsión con estabilidad lateral y flexibilidad en el antepié. Entresuela en dos partes de espuma FloatPro™, cómoda, ligera y duradera. Suela de goma de alto rendimiento Vibram MegaGrip con un agarre excelente tanto en superficies secas como mojadas. Empeine de malla transpirable y TPU. Cordones 60% reciclados. Cuello acolchado. Contrafuerte de TPU moldeado para mayor seguridad. Forro de malla transpirable 100% reciclada. Revestimiento de plantilla en malla 100% reciclada. Tratamiento Cleansport NXT que neutraliza los olores de manera natural.
Peso: 349.8 g.
Drop: 8 mm.
Tacos: 3 mm.
Altura: 34-26 mm.
PVPR: 180 €

TRAIL GLOVE 7

Manteniendo su compromiso con el diseño minimalista y la conexión auténtica con la naturaleza, estas zapatillas ofrecen una experiencia única que combina confort, resistencia y protección.
Características: Empeine/forro de malla transpirable, cordones y refuerzos 100% reciclados. Lengüeta de fuelle para que no entre tierra. Cierre externo trasero en el talón. Tratamiento NXT para evitar malos olores. Palmilla de espuma EVA integrada 30% reciclada. Diseño Merrell Barefoot 2 para mantener el pie en su posición natural. Suela Vibram EcoStep Recycle diseñada con un 30% de goma reciclada, que proporciona una mayor resistencia y una mejor adherencia en superficies mojadas y secas. Entresuela de espuma FloatPro™ para una comodidad ligera y duradera.
Peso: 240 g (1 zapatilla).
Drop: 0 mm.
Tacos: 2.5 mm.
Altura: 14 mm.
PVPR: 135 €

MONTAÑA

www.salewa.com

WILDFIRE NXT MID GTX M

Las Wildfire NXT Mid Gore-tex® son unas zapatillas de aproximación de alto rendimiento con una parte superior en Matryx® reforzada con Kevlar® y sin costuras. Combina comodidad y durabilidad para caminar con la maxima precisión para las actividades de escalada, además de tener un talón de gran tamaño para un alto rendimiento en comfort y amortiguación. Diseñada con la última evolución de nuestro característico sistema 3F, envuelve el tobillo y la parte exterior del pie para garantizar un buen ajuste, sujeción y agilidad. La exclusiva suela multizona Salewa® con compuesto Vibram® Megagrip proporciona un agarre y una tracción seguros en todas las condiciones y en cualquier terreno. La tecnología de ajuste invisible GORE-TEX sin PFAS ofrece protección duradera contra la intemperie con un bajo impacto ambiental. Viene con una plantilla C.F.F. (Custom Fit Footbed) Pro para un mejor soporte del arco. **Peso:** 380 g (8 UK). **PVPR:** 220 €

WILDFIRE NXT M

Las Wildfire NXT son nuestras zapatillas de aproximación más avanzadas con una excelente relación peso-durabilidad. Cuentan con una parte superior de tejido Matryx® reforzado con Kevlar® sin costuras que combina la comodidad y durabilidad para el senderismo con el rendimiento para la escalada; además, el talón de gran tamaño ofrece una mayor amortiguación y un aterrizaje más suave. Gracias al actualizado sistema 3F, estas zapatillas envuelven el tobillo y la parte exterior del pie para favorecer la agilidad, mientras que la banda Gravity te protege de rocas y pedregales. Debajo del pie, la suela Vibram® All-Terrain™ Megagrip® de rápido movimiento con un diseño exclusivo de Salewa® proporciona precisión y un agarre y tracción seguros en cualquier terreno, tanto en seco como en mojado. Vienen con una plantilla C.F.F. (Custom Fit Footbed) Pro para un mejor soporte del arco. **Peso:** 345 g (8 UK). **PVPR:** 180 €

ALP TRAINER 2 MID GTX BOOT W

La Alp Trainer 2 es una bota de senderismo de media caña, diseñada para ofrecer protección, comodidad y rendimiento en terrenos irregulares y exigentes. Su resistente parte superior está fabricada en ante de alta calidad e incorpora una lengüeta con tejido elástico, además de un forro GORE-TEX® Extended Comfort que garantiza impermeabilidad y transpirabilidad. Un refuerzo de caucho en la puntera añade protección extra frente a piedras y rocas. Diseñada con una horma específica para mujer, proporciona un ajuste anatómico preciso. El sistema 3F mejora la sujeción del tobillo y la estabilidad lateral, mientras que el Flex Collar aumenta la libertad de movimiento y comodidad en los descensos. La plantilla MFF+ es personalizable para adaptar el volumen interno del calzado, y el sistema Climbing Lacing permite un ajuste exacto hasta la puntera. La suela Vibram® Alpine Hiking, exclusiva de SALEWA®, ofrece un excelente agarre, tracción y control en terrenos variados, incluso en condiciones húmedas o embarradas. **Peso:** 482 g. **PVPR:** 220 €

WILDFIRE 2 SHOE W

Las Wildfire 2 son unas zapatillas técnicas de aproximación con un diseño sostenible y funcional para terrenos de montaña exigentes. Su parte superior sintética fabricada con materiales reciclados, es transpirable y resistente, e incorpora un forro sin PFC y una banda de TPU frontal que protege contra la abrasión y las rocas. La suela POMOCA® con compuesto de goma butílica ofrece un excelente agarre y precisión tanto en superficies secas como mojadas. El sistema Switchfit permite ajustar rápidamente el calzado del modo caminata al modo escalada, con un ojal adicional en la parte superior, para un mejor rendimiento en apoyos pequeños. Incorporan una entresuela de EVA que aporta amortiguación y confort en largas caminatas. El cordón de escalada y el sistema patentado 3F aseguran un ajuste preciso en la puntera, mientras que el sistema de red lateral con cables de Kevlar® mejora la sensibilidad y el rendimiento global. **Peso:** 305 g (5 UK). **PVPR:** 170 €

PUEZ 2 KNIT PTX W

Zapatillas diseñadas para proporcionar una pisada suave y una comodidad duradera para un uso versátil en la ciudad o en la montaña por senderos escarpados y terrenos variados. El upper es de nailon resistente a la abrasión y está reforzado con una puntera y una banda protectora de goma, además de incluir membrana de Powertex. La horma, la entresuela doble de EVA con rigidez graduada y amortiguación más suave en el talón y la plantilla CFF reciclada y personalizable se combinan para ofrecer una mayor comodidad y un ajuste personalizado. Su suela Pomoca™ Alpine Trekker brinda agarre y tracción en terreno técnico. En el corazón de su estructura, integrado en la plantilla, se encuentra el nuevo Salewa Edging Plate II, un marco termoplástico que ofrece una combinación de flexión y amortiguación optimizados para una comodidad duradera. El probado sistema Salewa 3F con cables de Kevlar® garantiza un ajuste firme en el tobillo y una estabilidad envolvente. Esto se ve reforzado por el sistema de cordones que llega hasta la puntera. Sello Salewa Comitted que certifica su estrategia circular de producción. La entresuela Alpine Hemp es de cáñamo reciclado; y los cordones de cáñamo con poliéster reciclado. **Peso:** 470 g. **PVPR:** 220 €

MTN TRAINER 2 GTX M

Zapatilla de aproximación resistente y técnica. El upper es de ante de 1,6 mm y tiene un refuerzo de goma protector completo para ofrecer una resistencia de 360º frente a la abrasión en terrenos rocosos, además de un forro GORE-TEX® Extended Comfort impermeable y transpirable. Incluye una polaina elástica protectora debajo de los cordones para que no entre la lluvia ni el agua de los charcos. La nueva versión es un 15% más ligera y más flexible y garantiza un ajuste cómodo. La entresuela de PU ampliada ofrece una gran amortiguación. La suela Vibram multifuncional aporta agilidad y estabilidad en terrenos difíciles. Los profundos surcos autolimpiables y los agresivos tacos garantizan una buena adherencia sobre roca y pedregal, y una tracción óptima sobre hierba y barro. Debajo de la parte media, una zona específica para las vías ferratas presenta tacos diseñados hacia la derecha que sacan todo el provecho de la fuerza aplicada en el pie para lograr un mejor agarre en las barras de hierro. El sistema 3F conecta la zona del empeine con la suela y el talón para garantizar flexibilidad, un ajuste correcto y un apoyo óptimo. Una planta de amortiguación OrthoLite elimina la humedad. El sistema de ajuste Climbing Lacing aporta precisión. **Peso:** 458 g. **PVPR:** 220 €

www.elcorteingles.es/teva/deportes

MONTAÑA ✴

HURRICANE XLT2

Sandalia deportiva diseñada tanto para el uso diario como para aventuras fuera de ruta. Con tracción fiable, ajuste sencillo y construcción duradera, es una compañera perfecta para todo el día, en cualquier lugar. Su diseño icónico y funcionalidad la han convertido en una de las favoritas entre los entusiastas del outdoor.
Características: Correas de secado rápido fabricadas con plástico reciclado REPREVE® (100%). Cierre de velcro fácil de poner y quitar, con puntas moldeadas para mejor agarre y ajuste. Plantilla de EVA robusta, pensada para la comodidad prolongada. Suela Durabrasion Rubber™ para una tracción resistente. Tratamiento antiolor Life Natural a base de menta. Iniciativas de sostenibilidad: vegana y con cintas recicladas REPREVE® con trazabilidad. Ideal para: excursiones de un día, caminatas suaves.
Peso: 290 g (1/2 par, talla M9).
PVPR: 80 €

HYDRATREK

Diseñada para conquistar entornos acuáticos. Inspirada en el agarre de las ranas arborícolas, esta sandalia ofrece tracción y estabilidad en superficies mojadas. La suela dispersa eficazmente el agua bajo el pie, mientras que el diseño acolchado y su suela texturizada garantizan confort y seguridad.
Características: Dibujo técnico de suela que evacua el agua. Suela Spider Rubber® adherente. Plantilla texturizada para mayor estabilidad en mojado. Mediasuela de EVA ligera y de perfil bajo. Correas de secado rápido 100% REPREVE® reciclado. Sistema Universal Strapping™ con tres puntos de ajuste. Correas acolchadas para confort duradero. Iniciativas de sostenibilidad: mediasuela y suela recicladas, cintas REPREVE®, vegana. **Peso:** 300 g (1/2 par, talla M9). **PVPR:** 90 €

TERRA FI 5 UNIVERSAL

Estabilidad y resistencia para las rutas más exigentes. Una sandalia robusta, estable y cómoda, lista para cargar peso en excursiones de varios días. Las correas mantienen el pie fresco y seguro, mientras que la suela Spider Rubber® ofrece tracción implacable paso a paso.
Características: Correas de secado rápido con REPREVE® reciclado. Forro de malla transpirable (60% reciclado). Cierre de velcro fácil de ajustar. Mediasuela de PU moldeada para soporte con carga pesada. Vástago de nylon para estabilidad en terrenos irregulares. Suela Spider Rubber® duradera y adherente. Iniciativas de sostenibilidad: vegana, cintas REPREVE® recicladas. Ideal para: rutas de varios días.
Peso: 404 g (1/2 par, talla M9).
PVPR: 110 €

AVENTRAIL R2T

De la puerta de casa al sendero. Sandalia ligera pensada para correr por montaña, fusiona la libertad de una sandalia con el rendimiento de una zapatilla de trail. Su mediasuela LITE-COMF® y suela con tacos proporcionan amortiguación reactiva y tracción mixta.
Características: Malla de neopreno transpirable bajo las correas. Sistema de sujeción W con aros de nylon y puntas reforzadas. Mediasuela LITE-COMF® para amortiguación reactiva. Suela Spider Rubber® con tacos de 3,5 mm para uso mixto. Iniciativas de sostenibilidad: 52% REPREVE® reciclado en correas, upper con 27% nylon y 33% poliéster reciclados. Ideal para: running diario, trail suave.
Peso: 231 g (1/2 par, talla M9).
Drop: 8,5 mm.
PVPR: 110 €

GRANDVIEW MAX SANDAL

Diseñada para llegar donde otros no llegan. Sandalia abierta para rutas de varios días. Su sistema de ajuste envolvente, el acolchado de talón y el guardabarros lateral proporcionan comodidad, estabilidad y protección incluso en los terrenos más exigentes.
Características: Sistema de ajuste W patentado: soporte, precisión y confort personalizado. Materiales que absorben la humedad para mantener el pie seco. Guardabarros lateral y almohadilla de Aquiles para mayor protección. Mediasuela LITE-COMF® para confort durante todo el día. Suela Vibram® MegaGrip: tracción y durabilidad superiores. Iniciativas de sostenibilidad: cintas de poliéster 100% REPREVE®, upper de malla reciclada 100%. Ideal para: trekking, rutas de varios días.
PVPR: 125 €

Una bota para alta montaña precisa tener la rigidez suficiente para progresar con los crampones automáticos, como hace el suizo Nicolas Hojac en esta imagen, en Alpes.

Botas técnicas para alta montaña

PROTECCIÓN Y TECNOLOGÍA AL SERVICIO DE TUS PIES

Frío, nieve, humedad... Esas condiciones tan habituales

en alta montaña precisan una protección fiable para los pies,

sin olvidar que la mayoría de las actividades de alpinismo

y escalada comporta pasajes técnicos para los que resulta

decisivo contar con buena movilidad, gran comodidad

y una dosis extra de sensibilidad. Te contamos las últimas

tendencias y los básicos para una correcta elección.

EL concepto "BOTAS PARA ALTA MONTAÑA" puede parecer un poco impreciso si se atiende a que las cimas más elevadas de la Tierra superan los ochomil metros. Con esa idea en mente las cumbres de los Pirineos o de los Alpes… ¿dejarían de ser alta montaña?

Acotaremos, pues, esta denominación y la emplearemos para referirnos los productos destinados al uso especialmente invernal o en condiciones invernales en nuestras latitudes, sin centrarnos en el calzado específico de alta protección que se emplea para expediciones al Himalaya, otras grandes cordilleras o los polos, y que está diseñado para servir de barrera fiable en ambientes extremadamente fríos.

Cómo son

Aunque la corriente del "ligero y minimalista" es una tendencia que ha calado hondo en los fabricantes de todo tipo de equipamiento para montaña, las botas de las que hablamos deben cumplir unos mínimos fundamentales. Generalmente rígidas o semirrígidas y con cierto volumen alrededor del pie para ofrecer una buena cámara de almacenamiento de aire caliente, además de membranas o materias impermeables exteriores, las botas actuales diseñadas para alta montaña no difieren demasiado de las de hace una década.

Movilidad de tobillo, soporte, precisión, aislamiento y buena tracción, además de un peso que facilite la elevación del tren inferior sin la sensación de llevar piezas de plomo para conectar el cuerpo con el suelo, son detalles que se tienen muy en cuenta a pesar de que la influencia de los deportes de velocidad ha hecho que, también el calzado, adelgace y baje de peso para evitar lastrar a sus usuarios.

Punto de partida

No se puede hablar de calzado sin tener en cuenta que, más que sus detalles, la adaptación a los pies de su propietario marca la pauta convirtiendo la experiencia en una delicia o en la mayor de las torturas. La bota mejor diseñada, la más bonita, la que tiene todo… tal vez no sea la que alguien deba usar simplemente porque su horma (el patrón sobre el que se ha construido) resulta completamente incompatible con su anatomía.

Más presión de la cuenta en los dedos, en el empeine, en el talón, o en el tendón de Aquiles (aunque la longitud sea correcta) deberían hacer descartar esa marca o modelo. Unas botas de horma estrecha para un pie ancho, por ejemplo, son un auténtico martirio. Todo ello sin tener en cuenta que, si no existe una cámara de aire suficiente alrededor de la extremidad, el riesgo de congelación, o al menos de enfriamiento, es notable.

Exigencias de la alta montaña

Hay características básicas que una buena bota para alta montaña debería ofrecer. Impermeabilidad y aislamiento térmico

THOMAS SENF / RED BULL CONTENT POOL

Nicolas Hojac pone a prueba el material en la región de Jungfrau, Suiza. A la izquierda, ajustando los crampones a las botas Tower 3.0 de Garmont, destinadas al terreno más exigente de montaña.

son dos atributos elementales, pero no los únicos. Existen otros parámetros que apuntan a la seguridad del usuario y entre ellos está la cramponabilidad y rigidez de la suela además de, por supuesto, la protección del pie ante impactos y longevidad, proporcionadas sobre todo por su construcción exterior.

Características de las botas actuales

Las botas para alta montaña de hoy día acostumbran a poseer y aportar:
• Construcción exterior en piel (generalmente serraje, aunque también nobuk) o

COL. GARMONT

–lo cada vez más habitual– poliamida de alta tenacidad. Atrás quedó el clásico "plástico", aunque se sigue utilizando para apliques pero no en la totalidad de los cascos exteriores.

• Pueden ser simples o dobles. Las primeras más precisas, sensibles y ligeras y las segundas más aislantes aunque más pesadas y voluminosas.

• Suelen tener membranas impermeables-transpirables insertadas para conseguir estanqueidad.

• Llevan acolchados térmicos a base de fibras como el Primaloft, el Thinsulate… o, como mínimo, insertos de membranas laminadas a forros calientes (tipo Gore-Tex® Duratherm) menos aislantes pero suficientes en algunas altitudes, latitudes o actividades.

• Las cañas van más elevadas que las de una bota de trekking clásica.

• Tienen punteras relativamente afiladas para facilitar la precisión en escaladas téc-

MAMMUT Kento Mountain High GTX

LOWA Mountain Expert GTX Evo

SIMPLES O DOBLES

Las botas simples son más precisas, sensibles y ligeras. Por el contrario, las dobles, más pesadas y voluminosas, proponen un aislamiento superior y la posibilidad de ser desmontadas para facilitar su secado. En actividades de varios días serán preferibles las de dos componentes, sobre todo para ascensiones en cotas medias y altas que no exijan una alta sensibilidad o comporten pasajes de escalada de alta dificultad. // **JIG**

nicas y recorridos de aristas, y con una suela de menor espesor que las que presentaban los modelos hasta hace poco; o punta más redondeada y suela algo más voluminosa si su destino son las ascensiones sencillas y se persigue la máxima protección, ante todo térmica.

• Ofrecen buena movilidad, lograda con escaso acolchado de la caña, en ciertos casos sorprendente articulación de tobillo con collarines (partes superiores, esas zonas que envuelven tibia y peroné) blandos y, en ocasiones, muy bajos por la parte posterior, aunque cuenten con aislamiento térmico en todo el área inferior.

• Sus palmillas son rígidas o semirígidas a base de náilon, PU o fibras de vidrio o carbono. Las primeras dirigidas a escaladas técnicas y las segundas al calzado para ascensiones o montañismo menos comprometido. Se trata de primar la precisión y contundencia a la hora de tallar peldaños o abrir huella y menor cansancio de las pantorrillas en terreno vertical frente a comodidad sobre largos recorridos.

• Las entresuelas son de poliuretano suave y capas amortiguadoras de EVA que, junto a las suelas de caucho, ofrecen, al contrario que en épocas pasadas, un perfil reducido para rebajar peso y aportar mayor sensibilidad en escalada.

• El área delantera y la posterior se montan sobre TPU para alojar, sin deformaciones ni riesgo, las punteras y taloneras de crampones automáticos. Las hay (pensadas para actividades más sencillas) que sólo incorporan parte posterior reforzada, para crampones semiautomáticos. Estas tampoco suelen tener una gran rigidez, facilitando así la comodidad en largas caminatas.

• Es frecuente que ofrezcan bandas de goma y punteras reforzadas que evocan un pie de gato, con altura diferenciada en función de los puntos de mayor abrasión.

• Sus cordoneras tienen ganchos de bloqueo o cintas en "V" en tobillo para conseguir una mejor inmovilización del talón acompañando los movimientos especialmente en pasajes de escalada. Mayor solidaridad que se traduce en superior precisión y menor riesgo de producir rozaduras.

• Las más avanzadas han perdido las clásicas lengüetas o presentan un sistema de pieza regulable en altura con bandas elásticas –neoprenos y similares– que garantizan menor compresión de los cordones y evitan pliegues y arrugas que se claven en flexiones extremas.

• Pueden incorporar un interesante anillo de cinta en la lengüeta, que hace más fácil

**AKU
Hayatsuki
GTX**

**BESTARD
Advance K
PRO**

La ligereza es un factor importante en las botas de alta montaña, que permite hacer actividades rápidas como la realizada por Nicolas Hojac y Philipp Brugger (foto izda) con la trilogía del Eiger, Mönch y Jungfrau en 15h30'. Los materiales sintéticos han ido desplazando al cuero (foto abajo, en un treking por el Himalaya, con el Everest al fondo).

ADOBESTOCK

calzarlas. Otras llevan dos –uno también en la parte posterior del collarín– que, además de servir para lo mismo que el frontal, es útil igualmente para colgarlas durante el secado, transportarlas suspendidas del arnés…

• Algunas presentan una pequeña polaina en la parte superior para evitar que penetre la nieve. Varias, sobre todo las dirigidas al alpinismo técnico en condiciones de frío o ascensiones a picos de seis o siete mil metros, cuentan con un cubrebotas integral que se cierra con cremalleras impermeabilizadas o estancas.

MAMMUT
Taiss
PRO HIGH
GTX

Tipos e idoneidad

Ascender cumbres nevadas, acometer escaladas alpinas, recorrer crestas mixtas o afrontar largos descensos forman parte del día a día del alpinismo invernal y el calzado se debe adaptar a todos los decorados.

Ya sabemos que las cálidas y voluminosas botas de plástico fueron reemplazadas por calzado de cuero y/o materiales sintéticos, y en algunos casos se ha rescatado del pasado una fórmula que el conjunto carcasa + botín en material artificial había extinguido.

Tras los años dorados del plástico, las botas simples de cuero tratado pasaron a ser toda una revolución en el alpinismo invernal, siendo adoptadas rápidamente por los escaladores de hielo que precisaban rigidez, movilidad de tobillo, estanqueidad y protección térmica, además de un volumen y peso que no lastrase sus gestos.

Aunque todavía tiene muchos adeptos, el cuero está siendo sustituido por hilaturas de poliamida de alta tenacidad y piezas de goma o plástico que ofrecen un volumen y peso más contenidos, un secado más rápido, no endurecen tanto con el frío.

Con las premisas anteriores en mente, las botas diseñadas para alpinismo y montañismo invernal, perfectamente identificadas por los fabricantes en sus colecciones, son el calzado idóneo para acometer ascensiones en alta montaña sobre terreno nevado, surcar aristas, realizar escaladas mixtas o de hielo, realizar marcha por glaciar en presencia de nieves húmedas y profundas… Personalmente optaría por botas simples en piel; con membrana y relleno térmico, además de puntera redondeada con buena bóveda y rigidez media si la actividad es montañismo clásico o ascensiones o/y escaladas alpinas sencillas, y cramponables con elementos semiautomáticos.

Para escalada en hielo y mixto aconsejaría unas botas sintéticas, también con membrana y relleno pero puntera más afinada y alta rigidez, y cramponables con automáticos o semiautomáticos.

El alpinismo en condiciones frías o en alta cota requerirá unas botas similares a las últimas pero con mayor protección térmica y estanqueidad, proporcionados por, por ejemplo, un cubrebotas integral.

José Isidro GORDITO

PRODUCTO PROBADO *Por Jesús VELASCO*

MOCHILA LIGHTNING 45 DE EXPED

Adaptable, cómoda y ligera

Fabricante:
Exped (Suiza).
Distribuidor:
Snow Factory.
Actividad recomendada:
trekking.
Materiales:
tejido principal: 210 D HMPE Ripstop Nylon con cobertura de PU. Tejido secundario: poliéster 600 D Oxford Cordura reciclado (columna de agua: 1500 mm).
Sostenibilidad:
Bluesign®, Oeko-Tex® y libre de PFAS.
Peso: 1180 g.
Capacidad: 45 litros.
PVP aprox: 230 €.

IDEADA para el trekking, es una mochila que destaca por lo cómoda que resulta una vez que te la pones, gracias al potente y acolchado sistema de carga que incluye en la zona de la cintura y caderas. Tiene una capacidad amplia y a la vez es realmente ligera, gracias al material con el que está fabricada. Llama la atención el sistema que tiene de correas tipo "estrella" en la parte frontal, que está muy bien pensado: son tres cintas entrelazadas, de fácil regulación, que sirven tanto para comprimir la mochila como para transportar material adicional necesario (incluso se pueden sacar por abajo para transportar la colchoneta). Gracias a estas correas, cuando llevas la mochila poco cargada para salidas de un día, se puede comprimir mucho.

Aunque es una mochila para trekking, con una forma más ancha por abajo (lo que le da más estabilidad a la carga), también se puede usar para escalada o alpinismo. Incluye un portapiolet, en la cinta superior se puede transportar una cuerda y dispone de bucles para colocar correas adicionales en caso necesario.

Otra de sus características distintivas es que no tiene tapa o "seta", sino que lleva un cierre superior que se enrolla. Con esto podemos cargar más o menos la mochila en función de nuestras necesidades. Todo el tejido de la mochila es impermeable y bastante resistente (en su composición incluye Ripstop y Cordura).

Me ha gustado mucho la capacidad que ofrecen sus bolsillos, especialmente los dos elásticos que lleva en los laterales, perfectos para

VALORACIÓN GENERAL	★★★★☆		
Ligereza	★★★★★	Ajuste	★★★★☆
Comodidad	★★★★★	Polivalencia	★★★★☆
Resistencia	★★★★☆	Precio	★★★☆☆

transportar una botella, ropa o lo que necesites llevar a mano. También tiene dos bolsillos grandes en el cinturón ventral de tejido elástico y con cremallera (cabe incluso el móvil), y en el interior lleva un bolsillo con cremallera termosellada, para objetos pequeños (que incluye un clip para la llave). Mención especial merece el compartimento para la bolsa de hidratación, con un sistema con dos enganches que permite adaptarlo a bolsas de distinta capacidad, algo que me ha parecido muy práctico. No le falta la salida para el tubo de hidratación.

Este modelo está disponible en varios tamaños y capacidades, y además ofrece un sistema de regulación de la longitud de la espalda y hombreras, que se ajusta fácilmente mediante velcros, que permite que la adaptación al cuerpo sea aún más precisa.

No le faltan detalles como un silbato en la correa pectoral (la cual también se puede regular en altura) o su práctico sistema de velcro para enrollar el sobrante de las cintas.

Puntos fuertes: su ligereza, gran compactabilidad para adaptar a la distinta carga, buena adaptación al cuerpo y comodidad.

 **INFO** www.exped.com

MOCHILA ASCENDOR 45 DE RAB

Técnica, para alpinismo

LA Ascendor 45 es una mochila de alpinismo diseñada para actividades técnicas y exigentes en montaña. Con una capacidad de 45 litros, ampliable a 50, y un peso de 1,34 kg, ofrece una combinación equilibrada entre ligereza y funcionalidad. Está construida con tejidos reciclados: 420D en zonas de mayor abrasión (base y laterales) y 210D en el resto del cuerpo, ambos con tratamientos repelentes al agua (Hydroshield y Trishield Dura), respetuosos con el medioambiente y libres de PFC.

Pude probar esta mochila durante varios días en Los Galayos; resultó cómoda en la aproximación y con capacidad para transportar todo el material necesario para una actividad de varios días, incluyendo cuerda, material de escalada, equipo de vivac, ropa de abrigo, cocina y comida. También la utilicé en escaladas en La Pedriza y la Sierra del Guadarrama, donde destacó su comodidad en movimiento, sin desequilibrar ni molestar en escalada.

Entre sus características más destacadas está el acceso lateral mediante cremallera, extremadamente útil en actividades técnicas para acceder rápidamente al interior sin vaciar toda la mochila. También sorprende su ligereza, su estética llamativa (aunque en este caso el color amarillo atrajo a los mosquitos) y su polivalencia para actividades de esquí, alpinismo o escalada. La seta superior es desmontable,

lo que permite aligerarla y convertirla en una mochila más compacta tipo petate, con un cierre rápido de cordón tipo saco y cinta de compresión superior para cargar cuerda u otros materiales. Porta piolets con enganches "HeadLockers" metálicos y bolsillo para esconder las hojas de estos mismos.

El sistema RECCO incorporado mejora la seguridad en rescates, aunque su utilidad en España aún es limitada. Incorpora además un cinturón acolchado extraíble con bolsillo lateral accesible para objetos pequeños, tiradores prácticos y múltiples correas de ajuste. La espalda sin estructura rígida permite libertad de movimiento y mirar hacia arriba con casco sin interferencias.

Como aspectos a mejorar, el tejido mostró cierta fragilidad frente a la abrasión, teniendo que prestar atención ante el roce con la roca. Las correas laterales no permiten sujetar una esterilla gruesa, aunque son eficaces para transportar los esquís. El broche de cierre principal es de plástico en lugar de metal, lo que podría reducir la durabilidad, aunque mejora la rapidez de uso y la ligereza.

Puntos fuertes: técnica, ligera y pensada para el alpinismo más exigente, destaca por su ajuste al cuerpo y su excelente equilibrio entre simplicidad estructural y detalles bien pensados que realmente facilitan la actividad en terrenos técnicos y comprometidos.

Fabricante:
Rab (Gran Bretaña).
Distribuidor:
Outdoor
Representaciones.
Actividad recomendada:
montañismo, alpinismo, trekking...
Materiales y tecnologías: Nylon 420D y 210D, tratamiento libre de PFC. RECCO®.
Peso: 1,34 kg.
Capacidad: 45 litros (también disponible de 28 a 50 l).
PVP aprox: 160 €.

VALORACIÓN GENERAL ★★★★☆

Ligereza	★★★★★	Sostenibilidad	★★★★★
Estabilidad	★★★★☆	Diseño	★★★★☆
Durabilidad	★★★☆☆	Precio	★★★☆☆

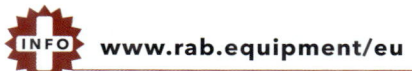

INFO www.rab.equipment/eu

TEST

PRODUCTO PROBADO *Por Javier GARCÍA ALONSO*

MOCHILA-CHALECO FAST 22L DE COLUMBUS

Cómoda y sujeción estable

Fabricante:
Columbus (España).
Distribuidor:
Columbus Outdoor.
Actividad recomendada:
senderismo, fast-hiking, trekking, trail running, rutas en bici...
Materiales:
Ripstop nailon 40D reciclado.
Peso: 500 g.
Volumen: 22 litros.
Dimensiones:
58 x 27 x 13 cm.
Colores:
verde/negro
PVP aprox: 89,90 €.

NOS encontramos con una mochila tipo chaleco con triple correa en el pecho y un refuerzo en cintura (que se puede quitar), con espalda de EVA perforada transpirable, construcción con tejido resistente al agua hasta 2.000 mm y cierre enrollable que permite regular su volumen, que son 22 litros, apropiado para salidas de día en las que se necesita ropa o material extra o rutas de varios días en las que se usan refugios y queremos ir ligeros. También óptima para rutas en bicicleta, así como para fast-hiking o incluso trail running por su estable sujeción y su ligereza.

En las hombreras del chaleco/mochila incluye múltiples bolsillos de malla para llevar botellas flexibles o bidones portalíquidos, móvil, receptor satelital, así como un bolsillo cerrado con cremallera para objetos que queramos llevar de forma más segura y un mosquetón portallaves. Un portabastones con gomas ajustables, un bolsillo amplio de malla en el frontal de la mochila para llevar chubasquero u otra prenda a mano y dos laterales de malla para cantimplora, termo, etc, completan el exterior de la mochila. El cierre se realiza con un práctico cierre en C. En el interior encontraremos, pegado a la espalda, un amplio bol-

VALORACIÓN GENERAL	★★★★☆		
Polivalencia	★★★★☆	Ajuste	★★★★★
Comodidad	★★★★★	Ligereza	★★★★☆
Impermeabilid.	★★★☆☆	Precio	★★★★☆

sillo para llevar separada la bolsa de hidratación y un bolsillo de malla para pequeños documentos que resulta útil aunque no tiene un sistema de cierre, por lo que puede engancharse al meter artículos en la mochila.

También incluye un portabastones desmontable en forma de tubo, muy útil cuando se necesita velocidad en su guardado.

La mochila ha sido probada en la Sierra de Gredos, Guadarrama y Parque Natural de la Serranía de Cuenca, demostrando su comodidad y maravillosa sujeción, de hecho el extra de sujeción de la cintura no lo he utilizado por no sentir la necesidad. La mochila es suficientemente ligera, y aunque podría reducírsele el peso con una espalda más fina, se agradece su comodidad cuando va cargada.

El tejido resistente al agua/barro y el cierre enrollable dan un aspecto de impermeabilidad a la mochila, pero las costuras no van selladas y hay que ceñirse a los 2.000 mm de resistencia. Los bolsillos de malla exteriores han resultado ser amplios, cómodos y prácticos, especialmente el frontal. Además la he utilizado como mochila de viaje de día y urbana para llevar portátil y demás artilugios (aprovechando el bolsillo destinado a la bolsa de hidratación) y me ha parecido cómoda y práctica también para este uso. Otro buen detalle es que está hecha con tejido reciclado (nailon fabricado a partir de materiales recuperados).

Puntos fuertes: una mochila funcional, con materiales, diseño y acabados de calidad.

COL. JAVIER GARCÍA

 www.columbus-outdoor.com

PRODUCTO PROBADO *Por Josito FERNÁNDEZ*

MOCHILA ATMOS AG 65L DE OSPREY

Confort para tu espalda con todo a mano

CON una elevada capacidad de carga, estamos ante una mochila ideal para actividades de trekking de varias jornadas, pudiendo transportar cómodamente todo el material que necesitamos en las actividades en las que vamos en autonomía.

La hemos estado probando durante los meses de abril, mayo y junio realizando actividades de senderismo de varias jornadas por la sierra de Gredos y Guadarrama.

Ante todo podríamos destacar la comodidad al llevarla con cargas importantes (14-16 kg) gracias al generoso acolchado de las hombreras y al ajuste perfecto del cinturón pélvico. Tu espalda agradecerá el sistema de suspensión AntiGravity que envuelve a la perfección la espalda y la cadera con una malla 3D suspendida. Esto es una estructura que nunca había visto en una mochila, que resulta ligera, ofrece máximo confort a la espalda y garantiza la ventilación, ya que es imposible que tu espalda toque el respaldo de la mochila. Las longitudes de hombreras y cinturón pélvico se pueden ajustar gracias al sistema Fit-on-the-Fly™ que, además de tener un velcro, fija la longitud gracias a que las cinchas reguladoras están pasadas en doble. El cinturón pélvico queda preformado y quizás sea demasiado rígido, lo que puede hacer que en ocasiones sea algo incómodo para la zona de las crestas iliacas.

Otra característica a destacar es la fácil accesibilidad para poder tener todo a mano y localizarlo rápidamente. Ojo la cantidad de accesorios: tiene 2 pequeños bolsillos en el cintu-

COL. JOSITO FERNÁNDEZ

VALORACIÓN GENERAL	★★★★☆		
Comodidad	★★★★☆	Sostenibilidad	★★★★☆
Polivalencia	★★☆☆☆	Ligereza	★★★☆☆
Ajuste	★★★★☆	Precio	★★★☆☆

rón pélvico para tener a mano crema, móvil etc; seta/capucha extraíble con 2 compartimentos; acceso exterior en compartimento independiente para el saco, cremalleras laterales para poder acceder al interior de la mochila sin abrir la capucha, dos bolsillos laterales con cremallera para objetos variados, además bolsillos laterales largos de doble acceso cómodo para botellas de agua y un gran bolsillo de acceso rápido frontal con tejido reforzado y elástico para poder guardar de forma rápida chaqueta e impermeable o lo que quieras.

Además, viene con el cubre mochilas incorporado y con un sistema de fijación en la hombrera (Stow-on-the Go) para tener a mano los bastones de trekking. Fabricada toda en materiales 100% reciclados, y con un tratamiento repelente al agua sin PFC/PFAS, un punto positivo para el cuidado del planeta.

Puntos fuertes: confort para cargas considerables, muy bien compartimentada y con todo a mano para trekking de largo recorrido.

 www.osprey.com

Fabricante: Osprey (EEUU).
Distribuidor: Viper.
Actividad recomendada: trekking de varias jornadas.
Materiales: principal Nailon 210D, abajo Nailon 500D. Todo reciclado y con DWR sin PFC/PFAS. bluesign®.
Peso: 2000 gramos.
Capacidad: 65 litros.
Tallas: S/M y L/X.
Colores: verde, negro y azul.
Versión femenina: Aura AG 65
PVP aprox: 330 €.

PRODUCTO PROBADO *Por Curro GONZÁLEZ*

MOCHILA TRAIL VISTA 28 DE BLACK DIAMOND

Buena capacidad de carga y adaptación a la espalda

Fabricante:
Black Diamond (EEUU).
Distribuidor:
Megasport.
Actividad recomendada:
senderismo.
Materiales:
tejidos 100% reciclados, panel dorsal de EVA ventilado.
Capacidad: 28 litros.
Peso: 969 g (S/M).
Tallas: S/M y M/L.
Colores:
verde oscuro/claro y negro/gris.
PVP aprox: 160 €.

MOCHILA técnica para jornadas de un día (o distancias donde prime la ligereza) que ofrece un equilibrio ideal entre funcionalidad y peso, por lo que resulta casi perfecta para aquellos senderistas o montañeros que busquen materiales eficientes.

Aunque a simple vista pudiera parecer que sus 28 litros ofrecen poca capacidad de carga, la combinación de bolsillos distribuidos por toda la mochila la hacen muy versátil, cómoda y práctica, además de añadir más espacio al volumen total.

Encontramos un práctico bolsillo en la correa del hombro para guardar nuestro sistema de hidratación soft flask o el móvil. También lleva dos bolsillos en el cinturón de cadera con cremallera, y un transporte tipo Z para tener siempre a mano nuestro bastón plegable. E incluye un bucle para transportar el piolet.

Lo que más me ha gustado en lo referente al transporte son sus bolsillo elásticos (dos laterales y uno central muy amplio) que la dan una capacidad extra y mucha comodidad al tener lo esencial a mano. Y todo esto sin que aumente su peso total; que es muy ligero.

Destaca su innovador sistema de ajuste (denominado Slide-Fit) que nos facilita enormemente el ajuste de talla simplemente con una combinación de velcros y tirando de las hombreras para que se adapte a nuestro tamaño de espalda. También está construida con un panel trasero ventilado de EVA que proporciona sujeción y flujo de aire, algo que se agradece en las

VALORACIÓN GENERAL	★★★★☆		
Ligereza	★★★★☆	Ajuste	★★★★☆
Comodidad	★★★★★	Polivalencia	★★★★☆
Resistencia	★★★★☆	Precio	★★★☆☆

largas jornadas o en actividades exigentes, en las que no acabaremos con la espalda empapada.

La sujeción a la cadera, con un cinturón ancho que abraza muy bien, permitiendo la descarga de peso, resulta muy cómoda. Aunque llevemos la mochila plenamente cargada, se siente muy equilibrada y fácil de transportar.

No le faltan detalles, como una práctica funda para la lluvia que va plegada en un bolsillo inferior y que se puede desplegar rápidamente en caso de tormenta.

También me parece un factor a destacar su sostenibilidad, puesto que está fabricada con materiales 100% reciclados y libre de contaminantes PFCs.

Puntos fuertes: una mochila versátil y cómoda para jornadas de un día o actividades rápidas en las que prime la ligereza y en las que necesitemos una capacidad de carga notable.

FOTOS: CURRO GONZÁLEZ

 www.blackdiamondequipment.com

PRODUCTO PROBADO *Por Miguel ESCRIG*

MOCHILA SPEEDPACK ALPINE 20L DE OS2O

Para alpinismo rápido y ligero

DESDE el primer momento la mochila transmite esa sensación de ligereza y resistencia. Como indica la marca, se trata de un modelo diseñado para alpinismo en estilo *FAST&LIGHT*, es decir, rápido, ligero y sin renunciar a llevar lo imprescindible para una actividad completa.

Lo primero que llama la atención es su gran ligereza, una cualidad muy valiosa cuando cada gramo cuenta. El tejido principal ofrece una gran resistencia a los roces, enganches y condiciones exigentes de alta montaña. Después de varias salidas por terrenos técnicos, puedo decir que aguanta sin problema el uso intenso y se mantiene como nueva.

El diseño híbrido chaleco/mochila es uno de sus puntos fuertes. La espalda semirrígida ofrece un soporte firme que protege la espalda, pero sin perder flexibilidad ni comodidad. Además, evita que el material se clave y pueda incomodar durante la marcha. La estabilidad que ofrece este ajuste tan ceñido es una gran ventaja en pendientes cuando necesitas mantener un buen centro de gravedad sin que la mochila te baile o desestabilice.

Está equipada con múltiples opciones para adaptar la carga a la actividad. Dispone de dos portapiolets, bien situados y accesibles, para sacar y guardar rápidamente. Las correas laterales son desmontables y permiten llevar esquís, raquetas u otros elementos voluminosos, ya sea por los laterales o centrados, según prefieras. Esto le da una gran versatilidad a la mochila, que puede transformarse según la actividad o el tipo de material que lleves.

Un detalle que me ha gustado mucho es el portacasco de malla extraíble. En días en los que no llevo casco, simplemente lo quito para ahorrar peso, y cuando toca actividad más técnica o con riesgo de caída de piedras, lo vuelvo a colocar sin complicaciones.

El cierre superior, tipo Fold-Up con doble hebilla ajustable, cumple doble función. No solo mantiene la carga bien comprimida y estable, sino que ayuda a proteger del agua, creando un cierre bastante eficiente contra la lluvia ligera o la humedad ambiental. Esto, unido al tejido hidrorrepelente, me da bastante confianza para actividades en climas variables.

Las cremalleras laterales de acceso son otro acierto. Permiten abrir la mochila y coger lo que necesitas sin tener que desmontar todo ni abrir la tapa superior. Esto, cuando vas en marcha y con frío o viento, es una ventaja que se agradece. Además, cuenta con varios bolsillos y compartimentos en las hombreras y el cinturón lumbar, perfectos para llevar geles, móvil o lo que quieras al alcance de la mano.

Las hombreras están confeccionadas con un tejido que favorece la transpiración, funda-

VALORACIÓN GENERAL	★★★★☆		
Comodidad	★★★★★	Ligereza	★★★★★
Polivalencia	★★★★☆	Transpirabilidad	★★★★☆
Resistencia	★★★★★	Precio	★★★★☆

mental cuando te encuentras en una ascensión exigente. Y su diseño ayuda a distribuir la carga sin que las correas se claven o molesten.

Otro aspecto importante es la correa superior para portar cuerda, que facilita llevar todo lo necesario sin que moleste ni desequilibre la mochila. También el cinturón lumbar es desmontable y compatible con arnés, por lo que puedes adaptarlo para diferentes tipos de actividad sin perder funcionalidad ni comodidad.

Puntos fuertes: ligera, resistente y muy funcional. Se nota que está diseñada por y para montañeros que necesitan un equipo fiable y versátil para moverse rápido en terrenos técnicos sin perder la comodidad ni la seguridad.

Fabricante:
OS2O (España).
Distribuidor:
OS2O.
Actividad recomendada:
alpinismo, esquí de montaña.
Materiales: Nylon Ripstop con tratamiento hidrorrepelente.
Peso: 647g con todos los elementos (502g en configuración mínima).
Capacidad: 20 litros.
PVP aprox: 139,90 €.

FOTOS: MIGUEL ESCRIG

INFO www.os2o.com

MONTAÑA

Alpina △

ACTIVE 18

La ACTIVE 18 es un modelo básico y clásico ideal para senderismo, con un rediseño actualizado ahora con un tamaño más pequeño, fabricada en Nilón ripstop y poliéster. Tiene un compartimento principal generoso en el que almacenar todo el equipamiento necesario para ir a las montañas y disfrutar de la naturaleza las cuatro estaciones del año. **Características:** Equipada en la espalda con el sistema de aireación Alpina Air Cool System, funda para la lluvia, tensor de pecho, silbato de emergencia, cintas compresión lateral, bolsillos laterales, riñonera con bolsillos, acceso hydrobag y soporte para bastones. **Colores:** Rojo o Azul. **Capacidad:** 18 l. **Peso:** 950 g. **PVPR:** 64 €

LISARD 20

Un modelo de diseño sencillo, pero el más ligero y cómodo del catálogo. La Lizard 20 es una elección ideal si practicas excursiones de un día, rutas en bicicleta, escapadas a la naturaleza, y también para ir a trabajar y llevar lo imprescindible. **Características:** Fabricada en Nylon diamond ripstop / Poliéster, está equipada con Alpina Back Contact System Transpirable. Tensor de pecho, silbato de emergencia, gomas compresión lateral, un bolsillo de malla frontal y dos laterales para llevar materiales, soporte para bastones, acceso hydrobag, riñonera con bolsillos. **Capacidad:** 20 l. **Peso:** 550 g. **PVPR:** 73,8 €

FUSION 20

Muy versátil, está diseñada para adaptarse a cualquier situación. Una mochila muy agradable de usar, es práctica, resistente y ligera, con capacidad suficiente para llevar lo imprescindible para una jornada de senderismo. **Características:** Fabricada con tejido de alta resistencia Mini Nylon y Poliéster. Equipada con el Alpina Air Cool System en la espalda, un dorso diseñado para favorecer la ventilación entre la mochila y la espalda del usuario creando una bolsa de aire fresco entre esta y la mochila. Dispone de Funda para la lluvia. Tensor de pecho. Silbato de emergencia, Cintas compresión lateral. Bolsillas rejilla lateral. Riñonera con bolsillo. Porta bastones, o acceso hydrobag entre otras características. **Colores:** Verde lima. **Capacidad:** 20 l. **Peso:** 950 g. **PVPR:** 70,56 €

ACTIVE 25

Un modelo de mochila que dispone de un generoso compartimento principal donde almacenar todo el equipamiento necesario para ir a la montaña y disfrutar de la naturaleza las cuatro estaciones del año. Fabricada en Nylon ripstop / Poliéster. Equipada con el cómodo sistema Alpina Air Cool System, un dorso diseñado para favorecer la ventilación entre la mochila y la espalda del usuario creando una bolsa de aire fresco evitando así el molesto sudor que acostumbra a generarse tras unas horas de excursión o escalada. **Características:** Funda para la lluvia, tensor de pecho, silbato de emergencia, cintas compresión lateral, bolsillo rejillas laterales, riñonera con bolsillos, soporte para bastones, acceso hydrobag. **Capacidad:** 25 l. **Peso:** 950 g. **PVPR:** 67,5 €

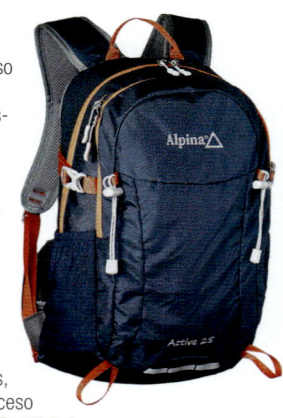

RIDGE 30

Una mochila clásica pensada tanto para un uso más urbano como para una actividad básica de trekking. Dispone de un espacio principal amplio con un compartimento adecuado para llevar una tablet o un ordenador, en la que también puedes almacenar todo el equipamiento necesario para tus actividades outdoor. Fabricada en 80% Nylon Diamond ripstop / 20% Poliéster, está equipada con el cómodo sistema Alpina Back Contact System, con doble acolchado en la espalda que impide que los objetos del interior de la mochila golpeen en el cuerpo y permite una óptima transpiración. **Características:** Funda para la lluvia, tensor de pecho, silbato de emergencia, bolsillos de rejillas laterales, riñonera con bolsillos de malla, soporte para bastones, acceso hydrobag. **Capacidad:** 30 l. **Peso:** 750 g. **PVPR:** 57 €

PEAK 30

Una mochila para grandes aventuras en tamaño reducido. La Peak 30 será una buena elección si haces caminatas largas y no quieres cargar demasiado peso. Con su capota y su compartimento principal, y su acceso directo inferior, la hacen una mochila excelente para cualquier actividad de más de un día. **Características:** Fabricada en Nylon / Poliéster, equipada con Alpina Air Cool System. Funda para lluvia, acceso inferior con cremallera y separador de carga interior, tensor de pecho, silbato de emergencia, cintas compresión lateral, acceso hydrobag, malla porta material frontal, bolsillos laterales con cremallera, cintas inferiores para transporte de sacos o colchones. **Capacidad:** 30 l. **Peso:** 1300 g. **PVPR:** 95 €

DUFOUR 30

Modelo perfecto para amantes de mundo outdoor que quieren disfrutar de la montaña sin tener que cargar mucho peso. Fabricada en Nilón ripstop y poliéster, con un gran compartimento principal y uno delantero para cosas imprescindibles cómo el móvil o un buen libro para leer entre montañas, se ajusta perfectamente a tu cuerpo. **Características:** Equipada en la espalda con el sistema de aireación Alpina Air Cool System, funda para la lluvia, tensor de pecho, silbato de emergencia, cintas compresión lateral, bolsillos con rejillas laterales, riñonera con bolsillos, acceso hydrobag y soporte para bastones. **Colores:** Turquesa, Rojo o Azul. **Capacidad:** 30 l. **Peso:** 1005 g. **PVPR:** 83 €

YOSEMITE 50

Mochila de alta capacidad que se adapta a cualquier persona. Dispone de un compartimento independiente delantero para llevar equipamiento de montaña. Perfecta para travesías o para transportar el material de escalada hasta pie de vía. **Características:** Fabricada en Nylon ripstop y equipada en la espalda con el sistema Alpina Multisize System que, mediante el desplazamiento de una estructura flexible, se adapta a la espina dorsal, permitiendo al usuario, de forma rápida y precisa, regular la altura a la que quiere ajustarse la mochila. Funda para la lluvia, tensor de pecho, silbato, cintas compresión, bolsillo rejillas laterales, riñonera con bolsillos, soporte para bastones, acceso hydrobag. **Colores:** Negro, Rojo o Azul. **Capacidad:** 50 l. **Peso:** 1550 g. **PVPR:** 125 €

80 | 2025 / 2026 > ESPECIAL MATERIAL

Columbus®
DISCOVER NATURE
www.columbus-outdoor.com

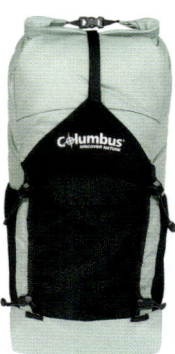

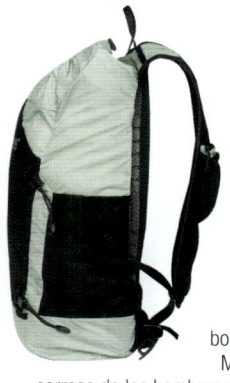

MOCHILA UL FAST 22 + FUNDA PARA BASTONES

Mochila ultraligera tipo chaleco de tan solo 0,5 kg, perfecta para aventuras de trail running o ciclismo. Compacta y con un ajuste anatómico que garantiza estabilidad y libertad de movimiento, ofrece un equilibrio ideal entre ligereza y rendimiento técnico. Además, cuenta con una funda adicional (modelo A09351, vendido por separado) para transportar bastones de forma práctica e integrada en la FAST 22.

Características: Materiales ligeros, suaves, de secado rápido y transpirables. Departamento principal con compartimento para bolsa de agua (no incluida) y un pequeño bolsillo para documentos. Múltiples bolsillos en las correas de los hombros para soft flask, teléfono móvil, llaves, geles, etc. (accesorios no incluidos).

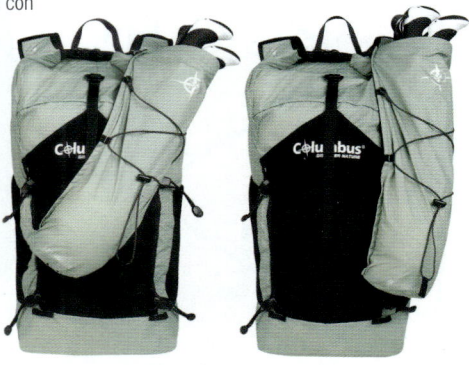

Cintas laterales ajustables. Gran bolsillo exterior de malla con cierre metálico de gancho G. Bolsillos laterales de malla. Fijaciones para bastones. Fijaciones para bolsa porta bastones adicionales (A09352, se vende por separado). Cinta trasera para la luz de posición. Cinturón desmontable. Llavero. Cintas pectorales ajustables y regulables en altura con hebillas Duraflex. Cierre superior enrollable. Tejido principal: Recycled Nylon 40D ripstop one side Silicone one side PU2000mm. **Colores:** Verde y negro. **Dimensiones:** 58 x 27 x 13 cm abierta y 44 x 27 x 13 cm cerrada. **Capacidad:** 22 l. **Peso:** 500 g. **PVPR:** 89,90 €

RIÑONERA FAST 3UL

Riñonera técnica ultraligera de solo 0,140 kg, compacta y con ajuste ergonómico que garantiza máxima estabilidad y libertad de movimiento. Diseñada para mantener lo esencial siempre accesible, ofrece excelente transpirabilidad y comodidad. Perfecta para trail running, senderismo, ciclismo y otras actividades deportivas.

Características: Materiales ligeros, de secado rápido y transpirables. Compartimento lumbar con llavero y bolsillo de malla. 3 bolsillos laterales de malla con solapas. Correa abdominal de auto-agarre. Bolsillo de malla con cierre superior con elástico. Tejido principal: Recycled Nylon 40D ripstop one side Silicone one side PU2000mm. **Colores:** Verde y negro. **Capacidad:** 3 l. **Peso:** 140 g. **Tallas:** S/M, M/L, L/XL. **PVPR:** 34,90 €

18L

25L

32L

MOCHILA MALADETA 18L/25L/32L RPET

Mochila polivalente de 18L/ 25L/ 32L para montaña, perfecta para alpinismo, trekking, escalada o actividades invernales. Diseño limpio y compacto, fabricada en tejido reciclado rPET (plástico PET reciclado de botellas, tapas y etiquetas).

Características: Tejidos reciclados RPET. Compartimento para la bolsa de hidratación. Sistema de transferencia de carga. Tirantes acolchados ajustables. Bolsillo lateral de red y otro en el tirante izquierdo. Bolsillo lateral con cremallera. Porta piolets. Porta bastones. Cremallera YKK. Cinta de pecho ajustable. Cinturón desmontable acolchada con porta mosquetones y bolsillo con cremallera. Elementos reflectantes. Funda de lluvia incorporada. **Tejido principal:** RPET 420D STRIPE FABRIC/PU- RPET 210D/PU. **Colores:** Azul. **Dimensiones:** 47 x 20 x 18 cm (18 l), 51 x 21 x 20 cm (28 l) y 55 x 26 x 21 cm (32 l). **Peso:** 590 g (18 l), 640 g (28 l) y 970 g (32 l). **PVPR:** 79,90 € (18 l), 84,90 € (28 l) y 109,90 € (32 l).

MONTAÑA

www.grivel.com

MOUNTAIN RUNNER EVO 10

La Mountain Runner Evo es una mochila ligera diseñada para que se adapte perfectamente a nuestra espalda y conseguir un perfecto confort al correr.
Aporta 10 litros de capacidad muy bien aprovechada gracias al amplio compartimento principal, a los compartimentos interiores y a los bolsillos distribuidos estratégicamente para repartir mejor la carga.
La zona frontal incorpora también cintas elásticas para ganar espacio adicional y tener acceso rápido al material.
Los tirantes envolventes muy transpirables aseguran una excelente estabilidad mientras corremos y el acceso fácil a los bidones.
Para una mejor adaptación, está disponible en 2 tallas regulables.
Peso: 215 g.
Tallas: S-M y L-XL.
Capacidad: 10 l
PVPR: 89 €

RAPIDO 18

Mochila diseñada para los que valoran avanzar rápido. Fabricada en tejido Nylon 210D ligero y resistente, es perfecta para fast-hiking y alpinismo ligero. Diseño funcional y depurado que incorpora sistema de tirantes tipo chaleco y cintas pectorales dobles para aportar una óptima estabilidad y libertad de movimientos. Acceso desde la tapa mediante cuello con doble cordón tensor y clip rápido. Cremallera lateral vertical para acceder fácilmente al interior. Amplio panel frontal en rejilla stretch para llevar el material a mano. Bolsillo interior con cremallera. Cintas tensoras laterales elásticas que aportan más estabilidad y permiten transportar material adicional. Cintas porta-material frontales. Interior con forma regular para aprovechar al máximo el espacio de carga de la mochila. Respaldo transpirable en tejido acolchado con micro-malla. 2 porta-piolets/bastones rápidos.
Peso: 480 g. **Capacidad:** 18 l. **PVPR:** 108,90 €

ALPINE PRO 40+10

Descripción: Construcción con forma tubular que se adapta a todos nuestros movimientos. Refuerzos frontales para mantener su forma y facilitar el acceso al interior. Cinturón ergonómico amovible. Fabricada en tejido poliéster reciclado. Base reforzada para transportar los crampones. Rejilla amovible porta-casco. Porta-piolets. Cintas porta-esquís laterales. Daisy-chain. Tapa amovible con bolsillo con cremallera. Acceso adicional al compartimento principal desde cremallera lateral. Compartimento interior para bolsa de hidratación. Respaldo transpirable pre-formado con nervio de aluminio amovible. Tirantes acolchados con cinta pectoral y silbato de emergencia.
Capacidad: 40 litros ampliables a 50.
Peso: 1550 g.
PVPR: 178,30 €

ROCKER 45

La ROCKER es la completísima y resistente mochila que nos propone Grivel para el público escalador y de bloque. Fabricada en resistente Nylon y Tarpaulin, sus 45 l de capacidad perfectamente optimizados entre sus diferentes compartimento y organizadores, nos permiten transportar ordenadamente en una sola bolsa todo el material para un día de escalada: cuerda, arnés, magnesio, ropa, comida, hidratación, material digital… Incluye una alfombrilla independiente para organizar fuera de la mochila el material y evitar que se ensucie. Apertura integral en 'U' para un práctico acceso. Cinturón envolvente con pequeños bolsillos laterales para material adicional. Cinta de pecho ajustable en altura. Tirantes acolchados. Asas de transporte superior y lateral. Anillos en nylon en la zona superior. **Capacidad:** 45 l. **Peso:** 2130 g. **PVPR:** 143,80 €

SPARTAN 30

La mochila Spartan de Grivel hace honor a su nombre con sus 30 litros de capacidad bajo un diseño altamente minimalista y resistente para alpinismo rápido. Equipada con tapa enrollable con cierre con clip metálico y cuello extensible para aumentar su volumen, está fabricada con materiales duraderos y resistentes a las inclemencias. El interior es totalmente limpio y con diseño tubular para aprovechar al máximo sus 30 litros de capacidad. En el exterior, contamos con dos portapiolets, un panel trasero ergonómico termo-formado para sumar confort y un cinturón y tirantes ajustables con cinta pectoral estabilizadora. **Material:** Nylon de alta tenacidad. **Peso:** 650 g. **Capacidad:** 30 l.
PVPR: 179,90 €

www.osprey.com/es/

ATMOS AG 65

ATMOS AG 65 /AURA AG 65

Para viajes de fin de semana con mucho peso que transportar o viajes de una semana en los que la comodidad y la ventilación son primordiales, la gente sabe que hay que recurrir a la Atmos AG 65. Te olvidarás de cuánto peso llevas en la mochila gracias al sistema de suspensión AntiGravity, que ofrece un ajuste increíble que envuelve a la perfección a la espalda y la cadera con una malla 3D suspendida. Una de las mochilas de excursionismo líderes en el sector gracias a los bolsillos laterales de malla elástica muy fáciles de usar para las botellas de agua, el sistema de hidratación interno para una bolsa de hidratación extra, la fijación de los bastones de trekking Stow-on-the-Go, la funda para lluvia integrada y el sistema FlapJacket para usar sin la tapa. Fabricada con materiales 100% reciclados. También disponible en 50 L.
Dimensiones (L/XL):
88H x 39W x 36D cm.
Peso: 2180 g.
PVPR: 330 €

AURA AG 65

TALON 33

TALON 33 /TEMPEST 33

Las renovadas Talon/Tempest 33 son mochilas con acceso por la parte superior y un diseño sencillo para escapadas rápidas de más de un día o viajes de una jornada. El panel posterior AirScape™ moldeado por inyección y las hombreras y el cinturón lumbar continuos se adaptan al cuerpo para acompañar tus movimientos. Además de sus ya famosos bolsillos en las hombreras y el cinturón lumbar, esta mochila ligera y todoterreno también dispone de enganches para los bastones de trekking y el piolet. Disponible también en 11, 22, 26 y 44 l.
Características: Acceso superior al compartimento principal. Tapa superior fija con bolsillo externo con cremallera y bolsillo de malla con cremallera con clip para llaves debajo de la tapa. Amplio bolsillo de malla elástica en el panel frontal. Dos enganches desmontables para el piolet con fijación elástica. Portabastones Stow-On-The-Go para los bastones de trekking. Dos cintas de compresión en los laterales, arriba y abajo. Bolsillos laterales de malla elástica. Bolsillo interno para el sistema de hidratación. Bolsillo de malla elástica extensible y de fácil acceso en las hombreras. Bolsillos de tela en el cinturón lumbar con cremallera.
Dimensiones:
68H x 30W x 31D cm.
Peso: 1260 g.
PVPR: 170 €

TEMPEST 33

TRANSPORTER WHEELED DUFFEL 120

Transporta tu equipo con seguridad y protegido de las inclemencias meteorológicas. Diseñada para los viajes de gran envergadura, las cargas más pesadas y los destinos más exóticos, la robusta Transporter Wheeled Duffel 120 se ha fabricado con tejidos exteriores NanoTough™ con una elevada resistencia al agua y una robustez excepcional. El chasis HighRoad de gran altura cuenta con un bastidor de aluminio robusto, un mango patentado sin botón y ruedas extragrandes para que puedas deslizarla sin ningún problema por destinos costeros o en remotos parajes de alta montaña.
Características: Acceso al espacio principal amplio y cómodo. Amplio bolsillo exterior en la parte superior para acceder fácilmente a los objetos pequeños. El amplio bolsillo interno de malla con cremallera ayuda a organizar el contenido. Cremalleras YKK n.º 10 EYL con carros para candado y solapa de protección para lluvia. Sus cuatro asas de tela acolchadas redondeadas y su soporte moldeado en la base permiten levantar la bolsa desde cualquier ángulo. Los seis puntos de sujeción adicionales garantizan un transporte seguro en bacas o portaequipajes. Dos cintas de compresión internas para sujetar el equipaje. Ventana de identificación en el panel superior. Chasis de 41 cm de ancho con ruedas extragrandes.
Dimensiones: 94H x 47W x 39D cm.
Peso: 3500 g.
PVPR: 300 €

POCO SOFT CARRIER

El Poco Soft Child Carrier es el primer portabebés específicamente concebido para actividades outdoor sin estructuras metálicas ni componentes plásticos rígidos, lo que reduce el peso total y mejora la ergonomía en movimiento. Ofrece tres posiciones de transporte que se ajustan al crecimiento del bebé, manteniendo siempre una postura natural y segura. El cinturón lumbar ancho, acolchado y ventilado distribuye eficazmente la carga, mientras que las

hombreras transpirables y el asiento de malla garantizan confort térmico tanto para el adulto como para el niño durante largas jornadas de actividad. Ideal para quienes buscan un sistema de porteo funcional, ligero y compatible con una vida activa al aire libre. Certificado bluesign®.
Dimensiones: 65H x 45W x 9D cm.
Peso: 760 g.
PVPR: 145 €

www.ferrino.it

MOCHILAS

AGILE 45

Mochila técnica ultraligera de 45L para trekking, con respaldo "Hollow back system" altamente transpirable, tejido poliéster reciclado ripstop 210D, bolsillos (capucha, frontal, laterales, cinturón), acceso inferior, portabastones/piolets, correas de compresión laterales, portamaterial desmontable, compatible con H2 Bag y "Helmet Holder".
Peso: 880 g (min). 960 g (max).
PVPR: 159,99 €

ESTELLA 30

Mochila ligera y ventilada para senderismo, 30L, con sistema DNS en la espalda (malla tensada con barra de acero flexible), tejido ripstop poliéster reciclado 210D, bolsillos múltiples (capucha, frontal, laterales, interior), 2 portabastones/piolets, anillas portamaterial, cubremochila incluido, compatible con hidratación H2 Bag.
Peso: 1 340 g. **PVPR:** 109,99 €

Haglöfs

www.haglofs.com

MOCHILAS

L.I.M 25

La mochila L.I.M de 25 litros es increíblemente ligera, pero no dejes que eso te engañe. No se ha sacrificado ni una pizca de comodidad de transporte para mantener su peso bajo. Un sistema de suspensión Airback con un panel posterior especialmente diseñado proporciona la ventilación esencial para cuando aceleras el ritmo y te esfuerzas un poco más. Todos los elementos esenciales están en su lugar, sólo que empaquetados de una manera ultra-ligera y ultra-útil. A veces, menos es más. **PVPR:** 160 €

L.I.M AIRAK 14

Si quieres llegar más lejos y más rápido, opta por el minimalismo. El modelo L.I.M Airak de 14 litros te permite mantener el ritmo mientras te mantienes seguro, seco y cómodo. Está fabricada con materiales ligeros y duraderos, y un chaleco ceñido al cuerpo para mantener la carga uniformemente distribuida. Para evitar el sobrecalentamiento en el camino, encontrarás un panel trasero bien ventilado y un termo blando Hydroflask™ con válvula de mordida para hidratarte sobre la marcha. **PVPR:** 140 €

L.I.M MOUNTAIN TRAIL 25

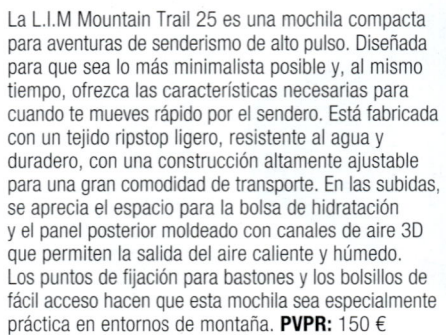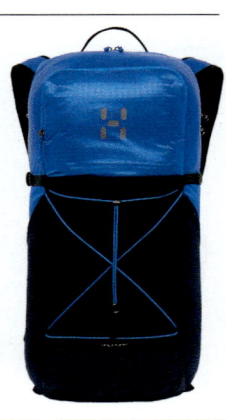

La L.I.M Mountain Trail 25 es una mochila compacta para aventuras de senderismo de alto pulso. Diseñada para que sea lo más minimalista posible y, al mismo tiempo, ofrezca las características necesarias para cuando te mueves rápido por el sendero. Está fabricada con un tejido ripstop ligero, resistente al agua y duradero, con una construcción altamente ajustable para una gran comodidad de transporte. En las subidas, se aprecia el espacio para la bolsa de hidratación y el panel posterior moldeado con canales de aire 3D que permiten la salida del aire caliente y húmedo. Los puntos de fijación para bastones y los bolsillos de fácil acceso hacen que esta mochila sea especialmente práctica en entornos de montaña. **PVPR:** 150 €

www.salewa.com

PUEZ 40+5L BP

Mochila de trekking para hombre de 40 litros con fácil acceso y sistema de transporte Dry Back ajustable para rutas de senderismo más largas. Presenta un diseño característico, moderno y versátil. La apertura superior enrollable y la cremallera Infinity con doble tirador te ofrecen acceso frontal, lateral e inferior, de forma rápida y fácil, a todas las secciones del compartimento principal, incluso para alcanzar los objetos escurridizos que suelen acabar en el fondo de la mochila. La parte superior enrollable también te brinda cinco litros de espacio de almacenamiento adicional para viajes más largos. Contando con el sistema de transporte Dry Back Custom de fácil regulación con ventilación mejorada por canal 3D presenta correas divididas, acolchadas y forma ergonómica que permiten regular la longitud de la espalda y obtener un ajuste personalizado. Además, las correas de control de carga y el cinturón lumbar dividido garantizan una buena estabilidad general y transferencia de carga a las caderas. La fijación modular y los espacios de almacenamiento intuitivos te brindan mayor versatilidad, entre ellos: bolsillos laterales, salida para el sistema de hidratación, enganche para cinta probadora tipo "daisy chain", bolsillo de seguridad para objetos de valor con un llavero y un bolsillo lateral con cremallera para tu botella. Si el tiempo se descompone, la mochila Puez cuenta con cremalleras impermeables y viene con su propio protector de lluvia. La Puez es un producto Salewa Committed con un tratamiento DWR (repelente al agua duradero) sin PFC para tener un impacto ambiental menor. **Peso:** 1335 g. **PVPR:** 190 €

ORTLES NXT 25L

Mochila 25L roll-top diseñada para entornos de montaña extremos, la NXT es la mochila de Salewa más resistente. Fabricada con dos tejidos muy resistentes: el ultraligero Challenge ULTRA™ 100X para una excepcional resistencia a la abrasión y al desgarro y durabilidad con un soporte laminado de poliéster reciclado impermeable y nailon 330D Robic® de alta tenacidad probado en expediciones a lo largo de los años en las mochilas de montaña de la marca. El sistema de transporte Dry Back Contact con tirantes divididos, que permite el contacto cercano al cuerpo y el uso del arnés, proporciona estabilidad, libertad de movimientos y una buena ventilación. Cuenta con unas características para el alpinismo técnico muy completas: dos enganches para herramientas, portacascos y compatibilidad con correas de esquí, amplio acceso lateral bidireccional y fijación para cuerda. **Peso:** 715 g. **PVPR:** 220 €

VAUDE
The Spirit of Mountain Sports

www.vaude.es

BRENTA 30

Mochila de senderismo deportiva con extraordinaria ventilación posterior, ajuste individual de la longitud, práctica compartimentación, material principal 100% reciclado. Tiene de todo, cabe de todo: La Brenta 30 es una mochila deportiva para excursiones exigentes de un día. La malla posterior Aeroflex 3D mantiene la mochila separada de la espalda, garantizando una extraordinaria circulación del aire. También aumentan la comodidad los tirantes anatómicos y acolchados, así como el ajuste gradual de la longitud de la espalda. Las aletas lumbares, de gran calidad (en un lateral con bolsillo con cremallera compatible con el móvil) permiten una buena transferencia de la carga y una firme sujeción incluso en pasajes más expuestos, el bolsillo para objetos de valor en la tapa, un bolsillo elástico en el frontal, soporte para bastones de trekking, correa pectoral con soporte para tubo de hidratación o funda impermeable integrada. Además, el material exterior de la Brenta 30 está equipado con Eco Finish, sin PFC, que repele el agua y la suciedad. El distintivo VAUDE Green Shape indica que el producto es funcional, respetuoso con el medioambiente y que está fabricado con materiales sostenibles. **Peso:** 1290 g. **Volumen:** 30 l. **Dimensiones:** 58 x 30 x 36 cm. **Longitud espalda:** 43-59 cm. **Rango carga:** 3-8 Kg. **PVPR:** 150 €

JURA 24

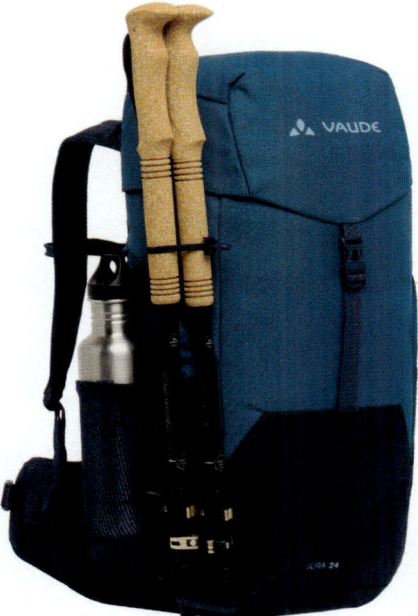

Mochila compacta para senderismo para salidas de un día, confortable espalda de malla ventilada, funda para lluvia integrada, climáticamente neutra; material principal 100% reciclado. tirantes ErgoShape para óptima libertad de movimientos, ligero cinturón lumbar, compartimento de cremallera en la tapa, 2 bolsillos exteriores con cremallera, 2 bolsillos laterales elásticos, un soporte para bastón, tirante con fijación para gafas, salida para sistema de hidratación, correa pectoral con soporte para tubo de bebida, ganchos para llaves, cubremochila extraíble integrado en compartimento adicional. El distintivo VAUDE Green Shape indica que el producto es funcional, respetuoso con el medioambiente y que está fabricado con materiales sostenibles. **Peso:** 1070 g. **Volumen:** 24 l. **Dimensiones:** 53 x 33 x 23 cm. **Longitud espalda:** 45-55 cm. **Rango carga:** 3-8 Kg. **PVPR:** 120 €

LA MÁXIMA EXPRESIÓN DEL REFUGIO PORTÁTIL

Tiendas de campaña ligeras

Protegerse de los elementos impone contar con una

vestimenta y un calzado adecuados aunque, también, con un lugar

donde resguardarse al caer la noche. Las actividades rápidas

y comprometidas han llevado las tiendas de campaña a su máxima

expresión en materia de protección, resistencia

al viento pero, igualmente, volumen y peso reducidos.

Para el cicloturismo, en el que tenemos que llevar la "casa" en las alforjas, la ligereza y el minimalismo son valores fundamentales. En la imagen, en un viaje sobre ruedas por el bosque de Whirinaki, en Nueva Zelanda.

EL clásico refugio portátil nocturno ha pasado por muchos diseños hasta los actuales con el objetivo de resistir el viento, aportar espacio interior, aislar del frío incluyendo el que llega desde el suelo, o evitar la condensación. Tiendas de una sola capa sin estructura interior adicional; modelos con doble techo independiente o solidario con el suelo y con un habitáculo interior transpirable (aquel viejo concepto de la tienda isotérmica); escudos exteriores impermeabilizados o tejidos impermeables-transpirables para mantener el microclima interno; apariencia piramidal, poligonal, redonda (cúpula o forma geodésica), tipo túnel, a modo de sarcófago… Los fabricantes se esfuerzan en crear productos ligeros pero a la vez resistentes a las condiciones más exigentes. Encontrar ese equilibrio no es tarea fácil.

Las actividades rápidas y ligeras son su destino principal. Sin embargo, impulsadas primero por las expediciones en altitud y después por los viajes en bicicleta, ahora también se adaptan a otras actividades practicadas en montaña como el vuelo-vivac en parapente.

ADOBESTOCK

Dos, tres, cuatro estaciones...

Para dar una idea acerca de su uso los fabricantes presentan sus colecciones con una variedad de elementos que permiten afrontar diversas condiciones meteorológicas. Cuando las tiendas son solo un pequeño refugio que pretende resguardar de temperaturas relativamente altas y lluvias ligeras, aparece el concepto dos estaciones. Si suponen una barrera más eficaz, especialmente contra la lluvia y la nieve, se habla de tres estaciones. Y en el momento en que una tienda es un auténtico búnker contra el viento, el agua y la nieve de las condiciones invernales, aparece la denominación cuatro estaciones.

El refugio portátil será más ligero cuanto más pequeño sea, y en eso tiene mucho

que ver el número de personas que pueda albergar. Pero también es cierto que cuanto más compleja resulte la elección de materiales en función de la tecnología disponible, más liviana puede ser una tienda grande que vaya dirigida incluso a proteger en condiciones extremas.

Aunque las tiendas dos estaciones tienen menos "de todo", existen fabulosas cuatro estaciones que cuando se ponen sobre la báscula dejan boquiabierto. Eso sí, hay que prepararse hacer una buena inversión si se quiere tener una de esas.

¿Qué se considera tienda ligera?

Habitualmente las tiendas se componen, además de las piquetas o elementos con los que se anclen al suelo, de un habitácu-

lo interior, un doble techo exterior y un sistema portante a base de varillas, generalmente de aluminio.

La calidad de los materiales es lo que define sus prestaciones entendidas estas por su resistencia a los elementos, su capacidad para compactarse y el peso final de todo el conjunto.

Tejidos de calidad, robustos e impermeables o incluso en ocasiones transpirables; varillas resistentes a las torsiones y las cargas dinámicas que pueda proponer la acumulación de nieve o la incidencia de vientos fuertes; costuras termoselladas para evitar la penetración de agua; sistemas de anclaje sólidos y estructura de fácil montaje… La combinación inteligente de todos estos puntos permitirá obtener un producto fiable y duradero que, cuando es de alto nivel, resulta igualmente liviano.

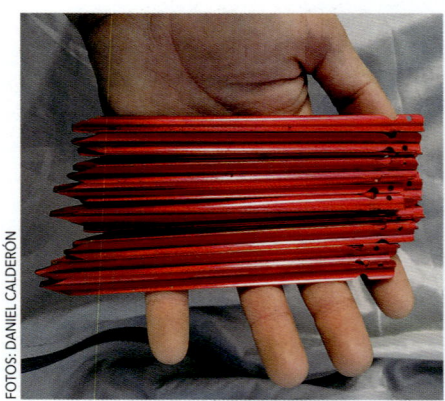

FOTOS: DANIEL CALDERÓN

MIGUEL ESCRIG

Izquierda, espectaculares vistas a Dolomitas a la puerta de la tienda. Los modelos ligeros pueden ser de muchas formas: arriba tipo túnel, y abajo, de izda a dcha: tienda Tipi UL 2p de Columbus; la Salewa Puez Trek 2p con forma de iglú; y la Ultra 1 de Columbus, esta última para una sola persona. Las piquetas de plástico resistente (en vez de metal) ayudan a aligerar el conjunto.

Para una tienda de dos plazas, una medida bastante frecuente en montaña, estableceremos que "ligero" es un peso de unos 2 kg, entendiendo que "ultraligero" puede ser un refugio de 1 kg.

¿Cómo se rebaja peso?

El procedimiento fundamental es la elección de materias primas. Pero resulta evidente que cuantos menos elementos y accesorios tenga una tienda, más ligera será. Si en lugar de tener dos puertas presenta solo una (aunque eso pueda penalizar la ventilación cruzada) incorporará una cantidad inferior de cremalleras o dobles estructuras a base, por ejemplo, de capas de rejilla mosquitera sumadas a una tela verdaderamente aislante. A menor cantidad y superior simplicidad en la confección de bolsillos interiores, bucles con anillas o conectores plásticos de los que colgar farolillos interiores o linternas, que bien pueden suspenderse perfectamente de una ligera cintita o cordinito… ¡tienda más liviana!

Las hay con espacios adicionales donde alojar el equipo a base de ábsides en la entrada de las mismas. La eliminación de doble puerta también supone la imposibilidad de contar con dos ábsides que, cuando incorporan varillaje para su conformación, incrementan el peso. La simplificación lleva como consecuencia el resultado de un peso bajo cuando el conjunto se pone sobre una báscula.

Ligereza extrema

Aunque pueda parece nuevo, ya antes del año 1900 Albert F. Mummery utilizaba una tienda de 1,6 kg para dos personas que utilizaba como mástiles dos piolets de la época.

Las tiendas actuales más ligeras rondan el kilogramo de peso y es muy abundante la oferta de elementos "biplaza" que no van más allá del kilo trescientos gramos.

Suelos de materiales resistentes, sin costuras o pocas de ellas, tremendamente impermeables a base de náilon con triple revestimiento de PU; varillas de aleación ligera muy flexibles y robustas de diámetros que rondan los 8 mm y con anodizados en distintos colores para agilizar el montaje; dobletechos que soportan grandes columnas de agua…

Es cierto, y eso no se puede perder de vista, que el bajo peso se logra generalmente a base de construir un habitáculo interior en rejilla que funciona perfectamente como mosquitera, ventila de maravilla, pero fomenta la pérdida de calor exigiendo que, si el uso se realiza en condiciones frescas o frías, sea necesario utilizar un saco de dormir de alta capacidad térmica.

¿Construcción simple o doble?

Las tiendas con una sola pared, que es a la vez interior y exterior, tienen la gran ventaja del bajo peso al reducir material en su construcción. Pero presentan importantes

ADOBESTOCK

No obstante las tiendas monocapa -una categoría aparte difícil de encajar en el esquema dos, tres y cuatro estaciones- son perfectas en altitud y la mejor elección cuando se pretenden realizar ataques rápidos alpinos, periplos en bicicleta donde cada gramo cuenta, vuelos-vivac en parapente surcando cordilleras u otras misiones de paralpinismo.

¿Menos de 1 kg?

Pues sí, también las hay. Especialmente modelos monoplaza que llevan el minimalismo hasta su máxima expresión y con ello el peso hasta los 900 e incluso 700 gramos.

Sin embargo su capacidad de protección y resistencia al viento es reducida y algunas tienen ese peso porque los fabricantes indican únicamente el peso de la tela: para montarse debe ser el usuario quien aporte las varillas en forma de los bastones telescópicos que utiliza para caminar, un peso y volumen global con el que también hay que contar.

Tipos y usos

Las citadas tiendas con interior en malla de rejilla, que podrían enmarcarse en las

problemas especialmente en lo tocante a la condensación que se produce dentro, ya que no existe una capa de aire que rebaje el gradiente de temperatura entre las caras de dentro y fuera actuando de medio gaseoso donde se disperse la humedad. Es frecuente que los usuarios acaben empapados al soportar una lluvia interna que moja todo, desde los sacos de dormir hasta sus propias caras, o abofeteados por trozos de hielo de la citada condensación congelada por las bajas temperaturas.

Se une, además, la falta de robustez que proporciona contar con una barrera en lugar de dos, la inferior capacidad térmica de nuevo por ese gradiente al que hacíamos referencia, y la menor longevidad.

TIENDAS QUE NO SON TIENDAS

Aunque no se pueden considerar tiendas sino más bien "abrigos de emergencia", las telas específicas o los ponchos transformables que se montan sobre un bastón telescópico tipo esquí son una opción muy extendida entre cicloturistas y practicantes de vuelo-vivac en montaña. Si bien sus prestaciones no son muy elevadas, ayudan a resguardarse de una lluvia nocturna o/y evitan que el equipo se moje por acción del rocío. En el caso de los ponchos su uso es múltiple, como lo es de los bastones cuya utilidad principal es asistir durante la fase a pie. Se trata, salvando las distancias, de una evolución del sistema empleado por Mummery en 1890.. // **JIG**

FOTOS: CURRO GONZÁLEZ

categorías dos y tres estaciones, son ideales para uso estival, primaveral y otoñal en cotas medias, sea cual sea la actividad (escalada, senderismo, camping…).

Las formas de sarcófago o túnel, tan valoradas por aquellos que van en solitario bicicleta, etc… es frecuente que tengan la construcción citada en el primer párrafo o incorporen un habitáculo interior en tejido sin perforar o tal vez solo una puerta o unas rejillas que faciliten la aireación.

Con este tipo de construcción los fabricantes también ofrecen una gran variedad de artículos: doble techos con costuras termosoldadas, formas poligonales o/y redondas… Productos en los que resguardarse de las duras condiciones invernales especialmente cuando el objetivo es instalar un campo base desde el que atacar las cumbres siguiendo rutas de montañismo y alpinismo.

Las expediciones a montañas elevadas, expediciones árticas o antárticas… no precisan de una enorme ligereza sino más bien resistencia a vientos, buena habitabilidad y gran aislamiento además de detalles como faldones antinieve, etc… excepto que el objetivo sean ataques rápidos de cordadas en estilo alpino, para lo que

los modelos monocapa en tejidos impermeables-transpirables son los que se pueden llevar la palma. Por tanto, salvo para este último uso, podemos concluir que el espectro de las tiendas ultraligeras se restringe a campos donde las condiciones no son, ni mucho menos, extremas.

José Isidro GORDITO

Arriba, descansando bajo las estrellas en el Sun Valley (Idaho, EEUU). Abajo, en la tienda ultraligera DEN 2 de Ferrino. Izquierda, arriba, buscando el mínimo peso al prescindir del dobletecho. Y debajo, con una solución poncho-saco-refugio, todo en uno, de Nordisk.

FOTOS: RAFAEL GÓMEZ

MONTAÑA

DISCOVER NATURE

www.columbus-outdoor.com

DORMIR

TIENDA MAGMA 2UL

Nuevo modelo de tienda espaciosa para dos personas, con un peso excepcionalmente ligero de 1,26 kg. Fabricada con materiales y tejidos de última generación, combina máxima ligereza con alto rendimiento técnico, perfecta para camping, trekking o rutas en bicicleta. Permite añadir un suelo adicional (vendido por separado) que aporta aislamiento y protección extra para mayor confort. **Materiales:** Tienda exterior: 10D Nylon ripstop, double-side silicon. Impermeabilidad 2000 mm. Tienda interior: 15D Nylon ripstop,breathable + 20D nylon mesh. Suelo en 20D Nylon ripstop, single side silicon, PU 3000 mm.
Características: Accesorios de montaje: 1 set de varillas preformadas de aluminio 7001: 1 x ø 8,5 mm x 366 cm (11 secciones). 1 x ø 7,9 mm x 77 cm (3 secciones). 10 Piquetas de aluminio 150 mm (V shape). Bolsillos de almacenaje en el interior. 1 gancho para la luz. 2 ventilaciones. 2 puertas interiores con 20D Nylon mesh. Entrada de 2 lados para facilitar el acceso. Kit Sellador de costuras en silicone+cepillo incluido.
Colores: Azul. **Dimensiones:** 245 x (64+145+64) x 104(h) cm.
Dimensiones de la tienda interior: 225 x 125 x 96 cm.
Dimensiones plegada: 39 x ø 11 cm. **Dimensiones plegadas de las varillas:** 38 x 4 cm. **Dimensiones de las piquetas:** 15 x ø 3 cm. **Peso:** 1260 g. **PVPR:** 349,90 €

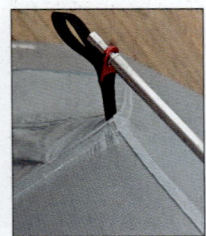

TIENDA BASALT 1UL

Tienda ultraligera para una persona, con solo 1,48 kg, diseñada para quienes exigen máxima ligereza y mínimo volumen. Cuenta con doble techo para una protección superior frente a la intemperie y la posibilidad de añadir un suelo extra (vendido por separado) que ofrece aislamiento y protección adicional.
Materiales: Tienda exterior: 20D Nylon Ripstop Single silicon. Impermeabilidad PU 3000 mm. Tienda interior: 20D Nylon Breathable + D33 mesh. Suelo en 40D Nylon Ripstop 3000 mm.
Características: Accesorios de montaje: 1 set de varillas conectadas y preformadas de aluminio 7001:
1 x ø 8,5 mm x 184 cm (7 secciones). 4 x ø 8,5 mm x 74 cm. (3 secciones). 1 varilla de aluminio 7001. ø 8,5 mm x 62 cm (2 secciones). 10 Piquetas de aluminio 150 mm (V shape). Costuras termo-selladas. Bolsillos de almacenaje en el interior. 1 gancho para la luz. 2 grandes ventilaciones.
Cremalleras YKK. 1 puerta interior con D33 mesh.
Hebillas,ganchos, bucles de aluminio. **Color:** verde.
Dimensiones: (90+50) x 220 x 92(h) cm. **Dimensiones de la tienda interior:** 210 x 80 x 89(h) cm. **Dimensiones plegada:** 35 x 13 x 13 cm. **Dimensiones plegadas de las varillas:** 35 x ø 6 cm. **Dimensiones de las piquetas:** 16 x ø 3 cm (peso piquetas: 80 g). **Peso:** 1480 g. **PVPR:** 239,9 €

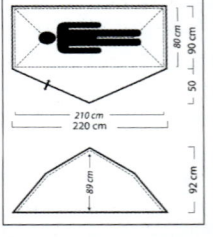

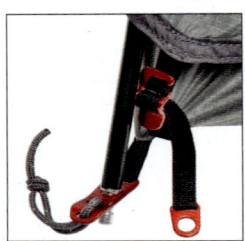

TIENDA GRANIT 2UL

Tienda ultraligera de doble techo para dos personas, con solo 1,72 kg, diseñada para quienes priorizan un peso mínimo y un volumen compacto. Su estructura avanzada ofrece protección eficaz. Puede complementarse con un suelo adicional (vendido por separado) que proporciona aislamiento y protección extra. **Materiales:** Tienda exterior: 20D Nylon Ripstop Single silicon. Impermeabilidad PU 3000 mm. Tienda interior: 20D Nylon Breathable + 20D nylon mesh. Suelo en 40D Nylon Ripstop 3000 mm. **Características:** Accesorios de montaje: 1 set de varillas conectadas y preformadas de aluminio 7001: 1 x ø 8,5 mm x 217 cm (7 secciones). 2 x ø 8,5 mm x 93 cm. (3 secciones). 1 x ø 8,5 x 43 cm. (3 secciones). 1 varilla de aluminio 7001. ø 7,9 mm x 70 cm (3 secciones). 10 piquetas de aluminio 150 mm (V shape). Costuras termo-selladas. Bolsillos de almacenaje en el interior (uno lateral y otros arriba). 1 gancho para la luz. 1 grande ventilacion lateral. 2 puertas interiores con 20D Nylon mesh. Accesorios de aluminio.
Colores: Verde. **Dimensiones:** (50+132+50) x 220 x 93(h) cm. **Dimensiones de la tienda interior:** 212 x 129 x 88 cm. **Dimensiones plegada:** 40 x ø 13 cm. **Dimensiones plegadas de las varillas:** 40 x ø 5 cm. **Dimensiones de las piquetas:** 15 x ø 3 cm. **Peso:** 1720 g. **PVPR:** 299,90 €

DISCOVER NATURE

www.columbus-outdoor.com

MONTAÑA ✸

SACO DE DORMIR RECICLADO PAMIR 200

Ligero, compacto y sostenible. Este saco de dormir (0,62 kg) para 3 estaciones está confeccionado con materiales reciclados certificados bajo el estándar GRS *(Global Recycled Standard)*, ideal para quienes priorizan el ahorro de peso y espacio sin renunciar al compromiso por el medio ambiente. **Materiales:** Exterior: Recycled 20D/380T Nylon fabric, waterproof, Cire, Down proof. Forro: Recycled 20D/380T Nylon fabric, Cire, Down proof. Relleno: 200 g de pluma reciclada, 700 CUIN. **Características:** Collarín térmico. Media cremallera SBS de 2 sentidos. Capucha con cordón. Solapa antifrío. Cierre con velcro. Solapa anti enganches. Cintas en la base para colgar. Bolsa de transporte de compresión. **Colores:** Azul. **Temperaturas:** T.ª confort: 12°C. T.ª límite: 8°C. T.ª extrema: -4°C. **Dimensiones:** 210 x 75 x 50 cm. **Dimensiones plegado:** ø 12 x 27 cm. **Peso:** 630 g. **PVPR:** 159,90 €

SACO DE DORMIR RECICLADO PAMIR 450

Saco de dormir ligero para 3 estaciones, confeccionado con materiales reciclados certificados por el estándar GRS *(Global Recycled Standard)*. Su diseño compacto lo hace ideal para quienes viajan con equipaje ligero, ocupando un espacio mínimo en mochilas o bolsas de bicicletas. **Materiales:** Exterior: Recycled 20D/380T Nylon fabric, waterproof, Cire, Down proof. Forro: Recycled 20D/380T Nylon fabric, Cire, Down proof. Relleno: 450 g de pluma reciclada. 700 CUIN. **Características:** Collarín térmico. Media cremallera SBS de 2 sentidos. Capucha con cordón. Solapa antifrío. Cierre con velcro. Solapa anti enganches. Cintas en la base para colgar. Bolsa de transporte de compresión.
Colores: Azul.
Temperaturas:
T.ª confort: 3°C.
T.ª límite: -3°C.
T.ª extrema: -19°C.
Dimensiones:
210 x 75 x 50 cm.
Dimensiones plegado:
ø 18 x 34 cm.
Peso: 880 g.
PVPR:
239,90 €

BLOW 2

Carpa iglú ultraligera para 2 personas, ideal para senderistas y ciclistas, con bolsa impermeable y compacta, fabricada en nylon ripstop 20D (2000 mm W/R), suelo 30D (3000 mm W/R), costuras termoselladas, varillas de aluminio 7001 T6 codificadas por color, piquetas Superlight, 2 vestíbulos, puertas mosquitera, ventilación frontal/trasera, bolsillos interiores, cierre con mosquitera, tensores Fast Adjustment, gancho lámpara, funda impermeable, kit de reparación y vídeo QR.
Peso: 1530 g (min), 1650 g (máx).
PVPR: 374,99 €

DEN 2

Tienda túnel ultraligera para excursionistas expertos, se monta con bastones de trekking (mín. 110 cm), doble techo nylon ripstop 10D (2000 mm), suelo 20D (3000 mm), costuras termoselladas, esquinas reforzadas, piquetas Superlight, vestíbulo, puerta mosquitera, ventilación frontal y trasera tipo "camera Air", bolsillos interiores, cierre con mosquitera, tensores Fast Adjustment, anillas portamaterial, funda impermeable, kit de reparación y vídeo QR.
Peso: 1100 g (min), 1200 g (máx).
PVPR: 319,99 €

LIGHTECH SM 1100

Saco ultracompacto con relleno HTF Compact (700 g), construcción tipo teja "shingle" para máxima termicidad, tejido exterior 100% nylon 20D, interior poliéster, capucha térmica, apertura "one touch", cremallera doble vía con cubre cremallera, incluye funda de compresión.
Temperatura °C:
+18 / ♀ +2 / ♂ -3 / -20.
Dimensiones (cm):
215 x 80 x 50 cm.
Peso: 1100 g.
PVPR: 164,99 €

DIABLE 900 DUVET RDS DOWN

Saco técnico de plumón 90/10 (400 g, 700 cuin), con distribución homogénea del calor gracias a costuras desplazadas, tejido exterior nylon reciclado 20D ripstop, interior poliéster reciclado 20D, apertura "one touch", capucha, cubre cremallera, incluye collarín térmico (solo en Diable 1100), bolsillo interior, funda de compresión y funda de algodón.
Temperatura °C:
+18 / ♀ +1 / ♂ -5 / -22.
Dimensiones: 215 x 80 x 55 cm.
Peso: 860 g + 87 g bolsa de almacenamiento.
PVPR: 349,99 €

www.marmot.com

MAD RIVER

La nueva serie MAD RIVER es la gama más polivalente de la colección de sacos de dormir de plumón Marmot con opciones que abarcan un amplio rango de temperaturas para dar respuesta a las diferentes exigencias térmicas de cada usuario. Su confort y funcionalidad también lo refuerzan: Plumón 650 Fill con certificación RDS. Tratamiento permanente ExpeDry con nano-partículas de oro aplicadas a las fibras del plumón para protegerlas de la humedad, aumentar el secado y la capacidad de hinchado del plumón. Construcción trapezoidal en la zona de los pies para mayor confort y aislamiento térmico y adaptarse a la postura natural de nuestros pies al dormir. Capucha envolvente que garantiza una mayor cobertura de nuestra cabeza, ergo mayor aislamiento. Collarín térmico, tabique de protección lateral y costuras desplazadas del suelo para evitar puntos fríos. 2 cremalleras laterales de abertura YKK anti-enganches y con deslizamiento fluido: una hasta la zona de los pies y y una segunda cremallera hasta la cintura. Diseño ergonómico y tabiques stretch para una mejor distribución y adaptación del plumón a nuestro cuerpo. Bolsillo interior de acceso rápido desde dentro del saco. Materiales libres de PFCs.
Tejido exterior:
100% Nylon Ripstop reciclado 20d.

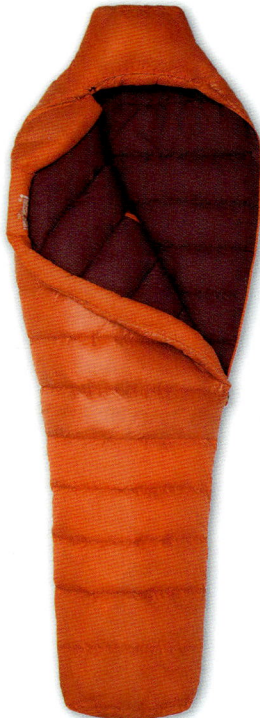  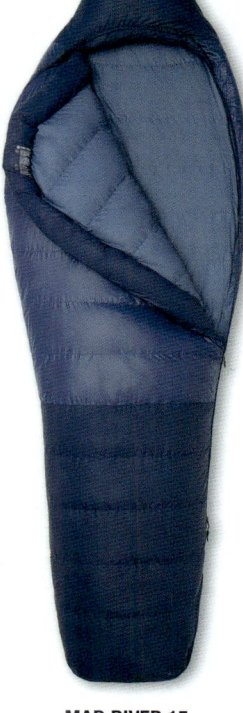 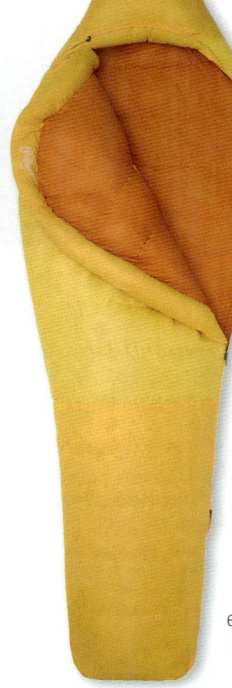

MAD RIVER 40	MAD RIVER 30	MAD RIVER 15	MAD RIVER 0
Peso total: 868 g.	**Peso:** 934 g.	**Peso total:** 1.260 g.	**Peso total:** 1.450 g.
Peso relleno: 365 g.	**Peso relleno:** 455 g.	**Peso relleno:** 750 g.	**Peso relleno:** 898 g.
Temp. extrema: -13°C.	**Temp. extrema:** -22°C.	**Temp. extrema:** -31°C.	**Temp. extrema:** -41°C.
Temp. confort: 7°C.	**Temp. confort:** 1°C.	**Temp. confort:** -5°C.	**Temp. confort:** -11°C.
PVPR: 230 €	**PVPR:** 280 €	**PVPR:** 320 €	**PVPR:** 400 €

SERIE ULTRALIGHT

Toneladas de confort térmico en una gama de sacos de dormir diseñados a partir de tejidos ultra-ligeros, de alta calidad y con un diseño muy funcional para aportar las mejores prestaciones con el mínimo peso y volumen. Amplia zona trapezoidal en los pies para mayor confort y aislamiento térmico. Trapezoidal para albergar la postura natural de nuestros pies al dormir. Tabiques pre-curvados para un mejor reparto del plumón y evitar que se generen puntos fríos. Capucha Nautilus 3D envolvente que garantiza una mayor obertura de nuestra cabeza, ergo mayor aislamiento. Collarín interior en la zona cervical para un mejor confort térmico. Cremallera lateral integral YKK anti-enganches y con deslizamiento fluido. Incorpora cremallera adicional hasta la cintura para ventilación extra por si la noche se presenta menos fría. Bolsillo interior de acceso rápido. Costuras en la zona del suelo elevadas para evitar puntos fríos. Materiales libres de PFCs.
Relleno: Plumón de oca 800 Fill con certificación RDS y con tratamiento ExpeDRY™ anti-humedad y de secado rápido. Se trata de un tratamiento permanente, libre de componentes químicos, que funciona con nano-partículas de oro aplicadas a las fibras del plumón. El oro en contacto con el agua genera una reacción (vibración) que acelera el secado de las fibras protegiéndolas de la humedad.
Tejido exterior: 100% Pertex Quantum Nylon Ripstop. Diseñado para aportar, con el mínimo peso y volumen, unas propiedades corta-viento excepcionales.

 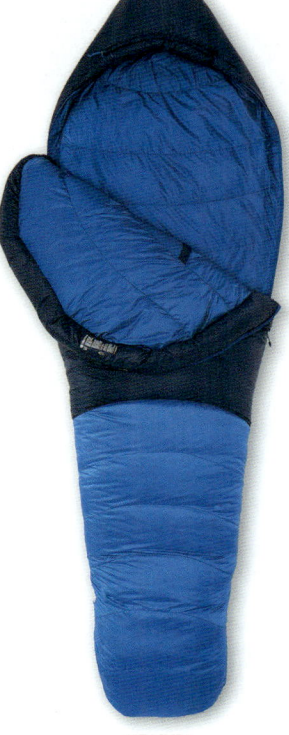 

HYDROGEN	HELIUM	LITHIUM
Peso total: 720 g.	**Peso total:** 985 g.	**Peso total:** 1.385 g.
Peso relleno: 320 g.	**Peso relleno:** 560 g.	**Peso relleno:** 960 g.
Temp. extrema: -19°C.	**Temp. extrema:** -28°C.	**Temp. extrema:** -41C°.
Temp. confort: 2°C.	**Temp. confort:** -3°C.	**Temp. confort:** -11°C.
PVPR: 400 €	**PVPR:** 500 €	**PVPR:** 680 €

✹ MONTAÑA

ROBENS®
OUTDOOR PASSION

www.robens.de

SAGE 3 PRO

La SAGE 3 PRO es una tienda muy estable y resistente gracias su diseño túnel. Muy indicada para los que buscan una tienda 3 plazas ligera, rápida de montar y desmontar y con un formato compacto en la bolsa de transporte. La amplia zona frontal para alojar el material es perfecta para travesías en auto-suficiencia de varios días o para permitirnos relajarnos cómodamente en la tienda interior cuando el tiempo no acompaña. Su peso controlado hace que también sea una buena opción para 2 personas que valoren una tienda de generosas dimensiones. Las aberturas situadas en la zona frontal y posterior ayudarán a crear una excelente ventilación interior. **Características:** fabricada en tejido HydroTex® Core. Tejido desarrollado por Robens que garantiza una excelente ligereza y durabilidad: 100% Poliéster 75 deniers 190T. Recubrimiento sin PFCS que garantiza una columna de agua de 4000 mm (doble-techo) y 6000 mm (suelo). Resistente a los rayos UV. Tratamiento Fire Retardant para mayor seguridad. Costuras termo-selladas. **Tienda interior:** 100% Poliéster 68D 190T transpirable. **Suelo:** 100% Poliéster Taffeta 75D 185T. 6000 mm. **Palería:** Aluminio anodizado 7001-T6, Ø 8,5 mm. **Resistencia al viento:** 145 km/h. **Capacidad:** 3 plazas. **Peso máx/mín:** 3200 g / 2700 g. **PVPR:** 239,95 €

CRESS PRO 1 / 2

La tienda CRESS PRO de Robens destaca por su ligereza y rapidez de montaje. **Características:** Cuenta con entrada lateral para crear una zona de descanso confortable y accesible sin añadir peso y volumen. Los canales-guía para las varillas están cosidos en un extremo para facilitar el montaje. La tienda interior está ligeramente desplazada respecto al doble-techo para conseguir un área adicional de almacenamiento. Y la palería pre-curvada permite ganar espacio interior. Aberturas cubiertas para a crear una óptima ventilación interior. La serie CRESS puede montarse sin necesidad de utlizar la tienda interior. Doble-techo HydroTex Core: 100% Poliéster 190T 75denier, con tratamiento Fire Retardant. Recubrimiento sin PFCS que garantiza una columna de agua de 4000 mm (doble-techo) y 6000 mm (suelo). Costuras termo-selladas. **Tienda interior:** 100% Poliéster 68D 190T transpirable. **Suelo:** 100% Poliéster Taffeta 75D 185T. Impermeabilidad 6000 mm. **Palería:** Aluminio anodizado 7001-T6, Ø 8,5 mm. **Resistencia al viento:** 165 km/h. **Capacidad:** 1 / 2 plazas. **Peso máx/mín:** 1800 g / 1300 g (Cress Pro 1) | 2300 g / 1800 g (Cress Pro 2). **PVPR:** 139,95 € (Cress Pro 1) | 159,95 € (Cress Pro 2).

GLACIER

El saco de dormir GLACIER es una propuesta todo-terreno que destaca por haber sido diseñado con el confort en mente. Combina el aislamiento AirThermo para aportar un excelente aislamiento térmico con tejido interior micro-perchado para un mayor control de la transpiración interior del saco. El diseño momia ergonómico y sus dimensiones interiores contribuyen también a sumar comodidad. La caja de los pies trapezoidal se adapta a la postura natural de los pies al dormir y optimiza la retención del calor corporal en esta zona crítica. **Características:** Construcción momia con perímetro trapezoidal para sacar el máximo partido al espacio interior sin sumar peso. Tabiques en la zona media frontal que optimizan la capacidad de hinchado de la fibra para que retenga mejor el calor de nuestro cuerpo. Base de los pies 3D para que puedan expandirse cómodamente. Cremallera lateral integral con banda anti-enganche y solapa con relleno interior para evitar puntos fríos. Cremallera YKK con doble cursor para una mayor customización de la ventilación del saco. Bolsillo interior guardar el material que necesitamos tener a mano. Puntos de fijación para ventilar y almacenar el saco. Funda de compresión. Materiales y fibra sin PFCs. **Tejido exterior:** 100% Nylon Ripstop 400T 20D. **Medidas:** 220 x 85 x 55 cm.

GLACIER I:
T.ª extrema: -13ºC. **T.ª confort:** 6ºC. **Peso:** 995 g. **PVPR:** 84,95 €
GLACIER II
T.ª extrema: -22ºC. **T.ª confort:** 1ºC. **Peso:** 1380 g. **PVPR:** 99,95 €
GLACIER III
T.ª extrema: -28ºC. **T.ª confort:** -3ºC. **Peso:** 1795 g. **PVPR:** 114,95 €

SNOWFALL

El modelo SNOWFALL es una propuesta 3 estaciones con un perfecto equilibrio en protección térmica, durabilidad y ligereza. Esto es posible gracias al tejido Nylon ripstop reciclado y al aislamiento en fibra MicroThermoo High Loft con una gran capacidad de aislamiento térmico y compresón. Su diseño ha sido también optimizado para retener nuestro calor corporal: capucha 3D envolvente, collarín térmico y diseño de los pies trapezoidal para mayor confort y retención del calor en esta zona crítica. La cremallera lateral integral de doble cursor cuenta también con tabique con relleno de fibra para evitar puntos fríos y la zona de la cintura dispone de tensor para ceñir el saco a nuestro cuerpo. **Características:** Construcción momia con perímetro trapezoidal para sacar el máximo partido al espacio interior sin sumar peso. Base de los pies 3D para que puedan expandirse cómodamente y con extra de relleno para mayor aislamiento térmico. Cremallera lateral integral con banda anti-enganche y solapa con relleno interior. Cremallera YKK con doble cursor para una mayor customización de la ventilación del saco. Puntos de fijación para ventilar y almacenar el saco. Materiales y fibra sin PFCs. Bolsa de almacenamiento en rejilla y funda de compresión incluidos. **Tejido exterior:** 100% Nylon Ripstop reciclado 400T 20D. **Medidas:** 220 x 85 x 51 cm.

SNOWFALL I
T.ª extrema: -12ºC. **T.ª confort:** 7ºC. **Peso:** 895 g. **PVPR:** 119,95 €
SNOWFALL II
T.ª extrema: -23ºC. **T.ª confort:** 1ºC. **Peso:** 1395 g. **PVPR:** 139,95 €
SNOWFALL III
T.ª extrema: -33ºC. **T.ª confort:** -6ºC. **Peso:** 1895 g. **PVPR:** 159,95 €

ROBENS
OUTDOOR PASSION

ASTER PRO 2 / 3

La nueva tienda ASTER PRO 2 de Robens destaca por su ligereza y rapidez de montaje y por un diseño que apuesta por la funcionalidad y el confort en rutas de varios días. La forma abovedada de la tienda ASTER PRO, sumada a la varilla superior, genera una gran habitabilidad interior y altura adecuada para que los 2 ocupantes puedan cocinar, almacenar ordenadamente material y permanecer sentados cómodamente. Las 2 puertas añaden más flexibilidad de acceso, así como una mejor regulación de la ventilación interior gracias a la doble-puerta interior con rejilla.

Características: Fabricada en tejido HydroTex® Core. Tejido desarrollado por Robens que garantiza una excelente ligereza y durabilidad: 100% Poliéster 75 deniers 190T. Recubrimiento sin PFCS que garantiza una columna de agua de 4000 mm (doble-techo) y 6000 mm (suelo). Resistente a los rayos UV. Tratamiento Fire Retardant para mayor seguridad. Costuras termo-selladas. **Tienda interior:** 100% Poliéster 68D 190T transpirable. **Suelo:** 100% Poliéster Taffeta 75D 185T. 6000 mm. **Palería:** Aluminio anodizado 7001-T6, Ø 8,5 mm. **Resistencia al viento:** 105 km/h. **Capacidad:** 2 / 3 plazas. **Peso máx/mín:** 2400 g / 2.000 g (Aster Pro 2) | 2.600 g / 2.900 g (Aster Pro 3). **PVPR:** 169,95 € (Aster Pro 2) | 189,95 € (Aster Pro 3).

MOUNTAIN BIVVY

Comodidad y protección contra el agua, viento y frío. Funda de vivac para dormir protegido de la humedad y el viento bajo las estrellas.
Características: Tejido superior resistente al agua y muy transpirable. Tejido impermeable en contacto con el suelo. Capucha con amplia visera de protección y cierre con velcro. Cremallera lateral en forma de 'L' hasta la base de los pies para poder generar una mayor ventilación y opciones de confort. Compartimento en la zona de la capucha para un acceso rápido a determinado material. Dimensiones interiores para albergar nuestro saco de dormir y esterilla.
Tejido superior: Nylon 20D 380T + Nylon Ripstop. Tejido suelo: PoliestereTaffeta 75D 185T.
Impermeabilidad suelo: 6000 mm.
Dimensiones: 230 x 90 x 60 cm.
Largo interior: 195 cm.
Peso: 495 g.
PVPR: 84,95 €

GULLY 300

Una excelente opción para los que buscan un saco ligero y compresible y no quieren renunciar a unas medidas interiores altamente confortables.
Características: Construcción momia con perímetro trapezoidal para sacar el máximo partido al espacio interior sin sumar peso. Base de los pies 3D para que puedan expandirse cómodamente. Cremallera lateral integral que abarca hasta debajo de los pies para una mayor customización de la ventilación del saco. O utilizarlo como un duvet. Cremallera YKK con doble cursor y banda anti-enganche con relleno interior. 2 amplios bolsillos interiores en rejilla. Puntos de fijación para ventilar y almacenar el saco. Funda de compresión. Materiales y fibra sin PFCs. **Tejido exterior:** 100% poliéster Tafeta 50D.
Aislamiento interior mixto: ThermoHybrid Down formado por 50% Plumón de pato + 50% micro-fibras sintéticas MicroThermo Ball 100% poliéster siliconado. Todo para asegurar el mejor ratio ligereza/compresibilidad/aislamiento térmico; además de una alta resistencia a la humedad y propiedades anti-microbianas.
Disposición de la fibra interior: Una sola capa de fibra distribuida en tabiques con costuras independientes entre el tejido exterior e interior para evitar puntos fríos y asegurar el máximo de compresión. **Medidas:** 220 x 80 x 60 cm.

GULLY 300
T.ª Extrema: -9ºC. **T.ª confort:** 9ºC. **Peso:** 875 g. **PVPR:** 139,95 €
GULLY 600
T.ª Extrema: -22ºC. **T.ª confort:** 1ºC. **Peso:** 1325 g. **PVPR:** 179,95 €
GULLY 900
T.ª Extrema: -29ºC. **T.ª confort:** -4ºC. **Peso:** 1635 g. **PVPR:** 219,95 €

MORAINE

Una excelente opción para los que disfrutan de rutas itinerantes por la notable ligereza y compresibilidad de este pequeño-gran saco. Todo, sin renunciar a unas medidas interiores altamente confortables.
Características: Aislamiento sintético MicroThermo formado por micro-fibras entretejidas de poliéster siliconado para asegurar el mejor ratio: ligereza/compresibilidad/aislamiento térmico. Además de una alta resistencia a la humedad y propiedades anti-microbianas. Una sola capa de fibra distribuida en tabiques con costuras independientes entre el tejido exterior e interior para evitar puntos fríos y asegurar el máximo de compresión. Construcción momia con perímetro trapezoidal para sacar el máximo partido al espacio interior sin sumar peso. Base de los pies 3D para que puedan expandirse cómodamente. Cremallera lateral integral, no siempre presente en sacos de gran ligereza de la competencia, que abarca hasta debajo de los pies para una mayor customización de la ventilación del saco. O utilizarlo como un duvet. Cremallera YKK con doble cursor y banda anti-enganche. Puntos de fijación para ventilar y almacenar el saco. Funda de compresión. Materiales y fibra sin PFCs.
Tejido exterior: Nylon Ripstop 290T 40 deniers. **Medidas:** 220 x 85 x 52 cm.

MORAINE I
T.ª Extrema: 0ºC. **T.ª confort:** 14ºC. **Peso:** 615 g. **PVPR:** 79,95 €
MORAINE II
T.ª Extrema: -8ºC. **T.ª confort:** 9ºC. **Peso:** 945 g. **PVPR:** 89,95 €
MORAINE III
T.ª Extrema: -18ºC. **T.ª confort:** 3ºC. **Peso:** 1260 g. **PVPR:** 99,95 €

MONTAÑA

PUEZ TREK 2P TENT

Tienda de campaña para 2 personas ligera, confiable y protectora para trekking alpino hasta alturas media. La Puez Trek es una tienda para senderismo de montaña de doble pared, para 2 personas, con una construcción semigeodésica autoportante fuerte y estable y un diseño progresivo. El sobretecho de nailon ripstop de 20 deniers duradero tiene un revestimiento adicional impermeable de silicona/PU que le brinda una columna de agua de 3000 mm, mientras que el resistente suelo es de nailon reciclado de 40 deniers. Las seis varillas son de aluminio air lite de alta calidad y las estacas también son de aluminio.

Peso: 2390 g.
PVPR: 650 €

LITETREK II TENT

La Litetrek II es una tienda de doble pared para 2 personas, diseñada para el trekking ligero en terreno alpino, donde las claves son la protección contra la intemperie climáticas, la estabilidad con el viento, la ligereza y el tamaño compacto. Su especificación para 3 estaciones está optimizada para usarla durante los meses templados del año. Testada en túnel de viento por la Technical University de Munich para tener estabilidad a 90 km/h.

Peso: 2100 g.
PVPR: 390 €

ROZES ULTRALIGHT SLEEPING BAG

Saco de dormir ultraligero, técnico e impermeable con relleno sintético reciclado excelente para viajes de montañismo, trekking y senderismo. Clasificación de temperatura de +9°C. El relleno Powerloft, el aislante reciclado propio, es resistente a la compresión repetida, ofrece una excelente relación calidez-peso y no pierde calor incluso cuando se moja. El tejido exterior ripstop es robusto y duradero, y garantiza una alta resistencia al viento y a la pérdida de calor. Acabado DWR respetuoso con el medio ambiente sin PFC. En su interior, el forro de poliéster transpirable y agradable al tacto proporciona una durabilidad excepcional y suave. Además, cuenta con la tecnología Responsive Smart, que recicla la energía infrarroja natural para estimular un mayor flujo sanguíneo, mejorar el rendimiento celular y la oxigenación, favoreciendo la recuperación y el descanso. Ajuste estrecho que reduce los puntos fríos y minimiza el peso. Tiene una cremallera principal YKK, que se puede acoplar con otro saco, y una cremallera separada en la base ergonómica para los pies. El collar térmico preformado ayuda a prevenir la pérdida de calor. Cordones de ajuste rápido y con una sola mano; práctico bolsillo interior y bolsa impermeable. **Peso:** 750 g. **PVPR:** 210 €

PUEZ RDS DOWN -12

El Puez RDS Down -12 Long cuenta con una clasificación de temperatura (temperatura de confort límite) de -12°C gracias al plumón de pato 90/10 (con un contenido mínimo de plumón del 90%) y a los 750 cuin de capacidad de expansión. Utilizamos plumón de pato certificado según el Responsible Down Standard (RDS). Esto es garantía de que proviene únicamente de aves criadas en todo momento de acuerdo con altos estándares de bienestar animal.El resistente tejido exterior de nailon ripstop de 15 deniers es impermeable, duradero, cómodo y tiene una construcción de trama densa con un acabado DWR (repelente al agua duradero) sin PFC. En el interior, utilizamos un forro de nailon que retiene el plumón de 20 deniers, suave, agradable y de fácil cuidado.
Peso: 1250 g.
PVPR: 490 €

PTX BIVIBAG II

El POWERTEX Bivybag II es un saco de dormir técnico de vivac para dos personas, impermeable, para vivacs planificados. Esta hecho de nylon Ripstop impermeable, con costuras termoselladas para proteger contra las inclemencias y tejido transpirable Powertex en la parte superior para reducir la condensación. La capucha incorpora una práctica cuerda para atarlo a las ramas o a la fachada rocosa. Viene con un silbato de emergencia."
Peso: 790 g.
PVPR: 170 €

DIADEM EXTREME MAT

La Diadem Extreme Mat es una colchoneta inflable térmica, diseñada para ofrecer confort y aislamiento durante todo el año, incluso en condiciones frías. Ligera (540 g) y compacta, mide 183 x 56 cm con 6 cm de grosor y un valor R (calificación de aislamiento) de 4, la hace ideal para montañismo, trekking alpino y expediciones invernales. Su estructura ripstop de 30D es resistente y duradera, mientras que la capa termorreflectante interna conserva el calor corporal. La base antideslizante evita movimientos nocturnos sobre superficies irregulares. Se infla fácilmente gracias a una válvula de 2 vías y su funda se convierte en inflador, lo que evita esfuerzos innecesarios. Ofrece una excelente relación calidez-peso y viene con un kit de reparación para emergencias. Es tan compacta que puede llevarse colgada del arnés de escalada.
Peso: 540 g.
PVPR: 180 €

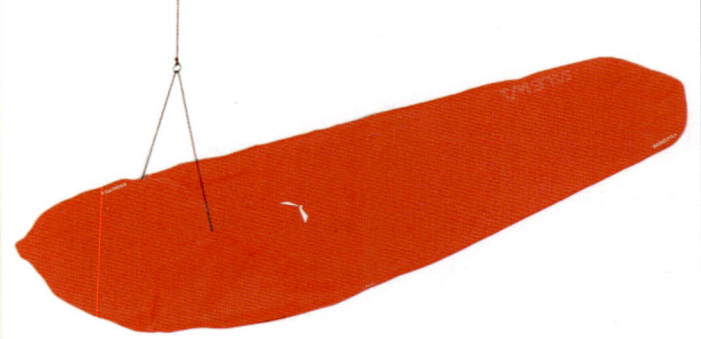

VAUDE
The Spirit of Mountain Sports

www.vaude.es

ALLROUND TAURUS 2P

Tienda para 2 personas, ligera y resistente a las inclemencias del tiempo para senderismo y ciclismo. Autoportante, montaje combinado (doublepitching), material de la tienda exterior y del suelo fabricado totalmente con botellas de PET recicladas. 1 entrada, 1 ábside espacioso, montaje muy rápido y sencillo, La tienda interior con anclajes al techo hace que se pueda montar incluso cuando llueve, canales planos, Paredes de la tienda interior con ventilación de malla a prueba de mosquitos para un óptimo clima interior, Puerta de tienda interior con ventilación de malla a prueba de mosquitos para una ventilación permanentemente buena, habitaciones extraíbles para más espacio de vivienda o almacenamiento, incluye piquetes y vientos, bobinado y apriete de vientos al mismo tiempo. El distintivo VAUDE Green Shape indica que el producto es funcional, respetuoso con el medioambiente y que está fabricado con materiales sostenibles. 3 estaciones.

Peso: 2530 / 2230 g. **Área habitable:** 2,5 m².
Dimensiones transporte: 55 x 20 cm
Tienda exterior: 100% poliéster (Reciclado).
Revestimiento: 100% Poliuretano,
75 D Polyurethane coated 3 000 mm.
Tienda interior: 100% poliéster (Reciclado),
68 D. **Piezas de malla:** 100% Poliamida
Suelo de la tienda:
100% poliéster (Reciclado).
Revestimiento:
100% Poliuretano, 75 D
Polyurethane coated 5 000 mm.
Palos: Pressfit
Al 7001 8,7 mm.
PVPR: 300 €

FENIX

ILUMINACIÓN

www.fenixdistribucion.com

HM23-V2.0

La nueva Fenix HM23 V2.0 es una linterna frontal ligera y polivalente muy fiable. Viene con una pila AA de fácil ensamblaje, que ofrece una potencia máxima de 300 lúmenes y una autonomía máxima de hasta 100 horas. La linterna también se puede utilizar con una pila recargable 14 500 de 1,5 V. La HM23 V2.0 cuenta con un clip para el cuerpo y una cola magnética para opciones de montaje flexibles, y se puede desmontar para utilizarla como linterna. Esta linterna frontal combina fuentes de luz blanca y roja para satisfacer diferentes necesidades de iluminación. **Medidas:** 6 x 36 x 30 mm. **Peso:** 86,3 g. **PVPR:** 36,90 €

HL18R-T-V2.0

Su excepcional salida máxima de 800 lúmenes, combinada con fuentes de luz blanca, blanca cálida y roja, la hace ideal para diversas necesidades de iluminación. Su innovador interruptor de bloqueo deslizante evita la activación accidental, garantizando un funcionamiento fiable. Incluye una batería reemplazable con una potencia de 1900 mAh que se puede recargar mediante el puerto USB Tipo C, y también se pueden usar tres pilas AAA. La diadema cuenta con un sistema SPORT bidireccional para un ajuste personalizado e incluye un silbato de emergencia para mayor seguridad. Con todas estas características en mente, esta linterna frontal no es solo un accesorio, es una compañera fiable que mejora cada experiencia de trail running, permitiéndote afrontar el aire libre con confianza, seguridad y tranquilidad. **Medidas:** 57,5 x 31 x 47 mm. **Peso:** 103 g. **PVPR:** 55,90 €

HL45R

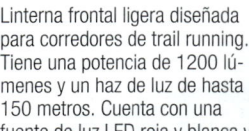

Linterna recargable de alto rendimiento y fácil de usar, con función de zoom. Con el anillo de enfoque, podrás cambiar rápidamente entre los modos de luz de inundación y luz puntual, ajustándolo para una luz suave para distancias cortas o para una iluminación de búsqueda de larga distancia. La luz roja de alta intensidad se puede utilizar para iluminación nocturna y fines de advertencia. Cuenta con un sensor de gestos, lo que permite encenderla y apagarla con solo un movimiento de la mano frente a él. El interruptor, combinado con una perilla giratoria y un botón, garantiza un funcionamiento cómodo, incluso con guantes. Su doble sistema de carga/alimentación permite usar el puerto USB tipo C, así como tres baterías AAA. **Medidas:** 78,2 × 50 × 44,5 mm. **Peso:** 133 g. **PVPR:** 79,90 €

HM62-T

Linterna frontal ligera diseñada para corredores de trail running. Tiene una potencia de 1200 lúmenes y un haz de luz de hasta 150 metros. Cuenta con una fuente de luz LED roja y blanca y un modo intermitente rojo para alertar. El funcionamiento ofrece una comodidad adicional con un único interruptor lateral que controla todas las funciones. Viene con una batería recargable de 3400mAh que se puede cargar a través de su puerto USB Tipo-C. La diadema está perforada y es ajustable en dos direcciones, lo que permite ajustarla con una sola mano. Con clasificación IP68 a prueba de salpicaduras y polvo y 2 metros de resistencia a impactos, es perfecta para la práctica del trekking, montañismo, trail running u otras actividades al aire libre. **Medidas:** 81,8 x 30,2 x 26 mm. **Peso:** 125 g. **PVPR:** 79,90 €

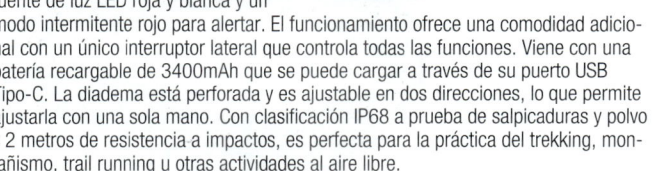

Black Diamond

www.blackdiamondequipment.com

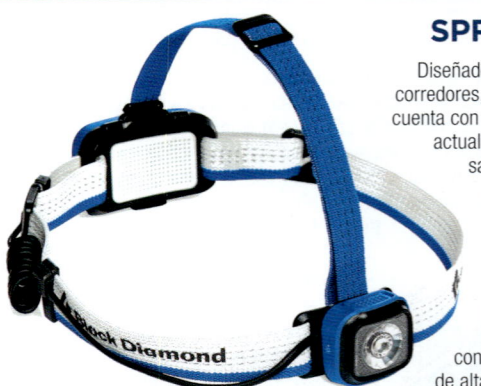

SPRINTER 500

Diseñado específicamente para corredores, el frontal Sprinter 500 cuenta con un paquete electrónico actualizado y casi el doble de salida de lúmenes que la versión anterior, lo que lo hace más potente y versátil que nunca. Con su compatibilidad Dual-Fuel, carga USB integrada, luz de salida suave y uniforme, y un conjunto de características de alta visibilidad que incluye logotipos reflectantes y una luz trasera intermitente, el Sprinter 500 está listo para cualquier carrera. **PVPR:** 80 €

DISTANCE 1500

Diseñado para carreras rápidas de resistencia nocturna y para moverse por terrenos técnicos de noche. La tecnología PowerTap™ integrada potencia la luz hasta el ajuste máximo de 1500 lúmenes. La programación de salida constante proporciona una iluminación continua, y la lente multifacética de la linterna da una luz suave y fiable. La batería magnética intercambiable tiene capacidad suficiente para durar toda la noche con un ajuste moderado y se cambia fácilmente con una sola mano cuando se necesita más potencia. Distance's Comfort Cradle™ se asienta en una posición baja y cuenta con una amortiguación integrada. **PVPR:** 200 €

DISTANCE LT 1100

Ligero y compacto, el frontal Distance LT 1100 está diseñado para brillar en los días de resistencia desde antes del amanecer hasta el anochecer, en los que cada gramo cuenta. El diseño sin rebotes cuenta con un conjunto de lentes delgado y pivotante, mientras que la carcasa principal de la batería recargable permanece fija y estable contra la diadema. La tecnología PowerTap™ integrada potencia temporalmente la luz hasta 1100 lúmenes con un simple toque para una visión de largo alcance, y se atenúa automáticamente después de 10 segundos para conservar la duración de la batería. El diseño de la lente del Distance mantiene una iluminación amplia y difusa y la percepción de la profundidad en toda la gama de niveles de brillo. **PVPR:** 110 €

DEPLOY RUN LIGHT

El Deploy es el frontal ideal para carreras a primera hora de la mañana o al final del día. Con una potencia de 325 lúmenes y un diseño funcional y estilizado, está listo para acompañarte cuando lo necesites. Su lente con ángulo variable se ajusta con solo pulsar un botón, proporcionando la iluminación perfecta tanto para subir pendientes pronunciadas como para correr por calles de la ciudad. Cuenta con una batería de carga rápida mediante cable USB-C, para estar siempre listo en cualquier momento. Su forma delgada se adapta cómodamente debajo del ala de una gorra, mientras que la espuma ligera y la banda flexible aseguran un ajuste estable y sin rebotes durante el movimiento. **PVPR:** 60 €

STORM 450

El modelo Storm 450 es una linterna frontal robusta y versátil, ideal para actividades al aire libre en condiciones exigentes. Con una potencia de 450 lúmenes y una carcasa totalmente impermeable y a prueba de polvo, está diseñada para rendir al máximo bajo cualquier clima. Gracias a su sistema Dual-Fuel, puede funcionar tanto con la batería recargable BD 1500 Li-ion como con pilas AAA. Además, incluye tres modos de visión nocturna en distintos colores (rojo, verde y azul) y luz blanca periférica, ideal para tareas de corto alcance en la oscuridad. Entre sus tecnologías destaca la PowerTap, que permite activar al instante el brillo máximo con solo tocar el lateral, y la memoria de brillo, que mantiene el nivel de luz seleccionado al encender y apagar la linterna. **PVPR:** 55 €

SPOT 400

Con un cuerpo compacto y 400 lúmenes de potencia, presenta un perfil bajo para un mejor equilibrio y es más ergonómico para una mayor comodidad. Cuenta con un segundo interruptor para facilitar la selección del modo de objetivo. Es compatible con Dual-Fuel, lo que permite alimentar la linterna con la batería recargable de iones de litio BD 1500 o con tres pilas AAA estándar. Además, la eficiencia óptica actualizada no sólo proporciona una luz más brillante con más picos de intensidad, sino que también ahorra batería, que ahora puede controlar fácilmente con un medidor de batería de seis ajustes y tres LED. Ofrece iluminación periférica para actividades a corta distancia, y cuenta con una carcasa impermeable IPX8. La tecnología PowerTap permite ajustar el brillo al instante. **PVPR:** 45 €

COSMO 350

El Cosmo 350 es un frontal sencillo y funcional, pensado para quienes buscan fiabilidad sin complicaciones. Con una potencia máxima de 350 lúmenes, ofrece luz blanca de uso general y modo de visión nocturna en rojo, ideal para preservar la visión en la oscuridad. Perfecto para camping, uso doméstico o aventuras al aire libre, combina versatilidad con facilidad de uso. Gracias a su compatibilidad Dual-Fuel, puede funcionar tanto con la batería recargable BD 1500 Li-ion como con pilas AAA, lo que lo convierte en una excelente opción para salidas prolongadas en las que no siempre se cuenta con una fuente de carga. **PVPR:** 35 €

ASTRO 300

El Astro 300 es el frontal más sencillo de la gama, pero preparado para cualquier aventura. Su diseño compacto y ergonómico lo hace cómodo y equilibrado, ideal para llevar siempre encima. Con 300 lúmenes de luz brillante, es perfecto para iluminar descensos inesperados o senderos oscuros. Con compatibilidad Dual-Fuel, funciona tanto con la batería recargable BD 1500 Li-ion como con pilas AAA estándar, brindando flexibilidad para salidas largas o imprevistas. Cuenta con modos de atenuación y estroboscópico para adaptar la luz a tus necesidades. Su carcasa es muy resistente a la intemperie, soportando lluvia y nieve desde cualquier ángulo, lo que garantiza su fiabilidad en exteriores. **PVPR:** 22 €

www.silva.se

DISCOVER

Linterna frontal compacta, fiable y muy polivalente en situaciones outdoor en las que valoramos la libertad de poder utilizar pilas o batería recargable. Es hermética al polvo y resistente al agua IP65. Está equipada con LED rojo y naranja para poder leer a corta distancia con poca luz. Dispone de indicador del estado de la batería con 4 niveles de carga. Caja porta-batería híbrida: compatible con batería 2.0 Ah Li-Ion recargable por USB-C o 3 pilas alcalinas AAA (ambas no incluidas). Foco con tecnología Intelligent Light®: campo de visión periférico y de largo alcance a la vez. Rotación del foco 100º. Luz roja: preserva tu visión nocturna. Luz naranja: permite una lectura óptima de mapas e instrucciones. Soporte para casco vendido por separado. Cinta amplia y confortable de fácil regulación. Hebillas suaves para un ajuste preciso de la cinta. Modo mínimo (15 lúmenes): ahorra batería y es perfecto para leer o estar en la tienda. COB-LED: menos sombras y haz de luz más homogéneo en distancias cortas. Cuatro niveles de indicación del estado de la batería. IP65: hermética al polvo/resistente al agua. Bloqueo de botones para evitar que la linterna se encienda accidentalmente. Refuerzo de goma para aumentar la resistencia a los golpes. Disponible en 3 colores: negro, amarillo, índigo. **Potencia:** 500 lúmenes. **Alcance:** 80 m. **Autonomía:** 15 h / 50 h con 3 pilas AAA. **Peso:** 93 g. **PVPR:** 50 €

EXPLORE 5

Propuesta de SILVA para actividades 100% outdoor en las que las condiciones meteorológicas nos harán apreciar su alto nivel de estanqueidad. 700 lúmenes de potencia para una iluminación potente en cualquier contexto outdoor. Es hermética al polvo y totalmente impermeable IP68. Está equipada con LED rojo y naranja para poder leer a corta distancia con poca luz. La Explore 5 cuenta con batería de iones de litio de 2,0 Ah integrada y es recargable mediante USB-C. Dispone de indicador del estado de la batería con 4 niveles de carga. Incluye base para fijar el foco de la linterna en el casco. Batería recargable USB-C integrada. Foco con tecnología Intelligent Light®: campo de visión periférico y de largo alcance a la vez. Rotación del foco 100º. Luz roja: preserva tu visión nocturna. Luz naranja: permite una lectura óptima de mapas e instrucciones. Soporte para casco incluido. Cinta amplia y confortable de fácil regulación. Hebillas suaves para un ajuste preciso de la cinta. Modo mínimo (15 lúmenes): ahorra batería y es perfecto para leer o estar en la tienda. Cuatro niveles de indicación del estado de la batería. IP68: hermética al polvo/impermeable. Bloqueo de botones para evitar que la linterna se encienda accidentalmente. Refuerzo de goma para aumentar la resistencia a los golpes. Disponible en tres colores: negro, amarillo, índigo. **Potencia:** 700 lúmenes. **Alcance:** 115 m. **Autonomía:** 3 h / 50 h. **Peso:** 116 g. **PVPR:** 80 €

FREE 1200XS

La nueve serie FREE de Silva permite combinar tres focos con diferentes potencias: foco de 1200 lumen, de 2000 lumen o de 3000 lumen y cuatro tipos de baterías: 14.4, 24, 36 y 72 Wh. Cada uno de estos elementos es intercambiable para una respuesta mejor adaptada a la potencia y autonomía que necesitamos según la actividad. El foco aporta una gran potencia de iluminación con el mínimo volumen y una óptima ventilación gracias a la construcción AirFlow. En el interior de la cinta de la cabeza integra el sistema de conexión por cable (tecnología FREE), que proporciona un gran confort y libertad de movimientos. La cinta también lleva sistema Click para fijar de forma rápida y simple los diferentes focos y baterías. 3 niveles de intensidad de iluminación. Foco con tecnología Intelligent Light®: campo de visión periférico y de largo alcance a la vez. Foco con tecnología Flow Light: regulación de la amplitud del haz de luz. AirFlow para mantener la correcta refrigeración de la linterna. 5 niveles de indicación de la carga de la batería. Luz roja integrada en la zona posterior de la cabeza. Incluye batería recargable: 2 Ah / 14,4 Wh USB-C. Estanqueidad: IPX5. **Potencia lm (max / med / min):** 1200 / 500 / 80. **Alcance:** 150 m / 100 m / 45 m. **Autonomía:** 2 h / 5 h / 15 h. **Peso:** 114 g (sin batería). **PVPR:** 170 €.

SMINI FLY

La Smini Fly es una linterna frontal súper ligera equipada con una cinta minimalista para la cabeza (solo 3 mm). Es perfecta como luz auxiliar compacta en actividades de trail-run o senderismo ligero. Con un peso de sólo 38,5 gramos y una potencia de 250 lúmenes aporta el equilibrio perfecto entre peso e iluminación. Está equipada con batería recargable USB-C para garantizar una óptima autonomía y luz roja para poder leer a corta distancia con poca luz. Ligera y confortable. Batería recargable USB-C integrada (Li-Po 700 mAh). Cable de carga incluido. Foco con tecnología Intelligent Light®: campo de visión periférico y de largo alcance a la vez. Luz roja: preserva tu visión nocturna. Modo mínimo (10 lúmenes): ahorra batería y es perfecto para leer. Cuatro niveles de indicación del estado de la batería. Resistente al agua: IPX5. Una sola hebilla para un ajuste preciso de la cinta. Cinta opcional (15 mm) disponible como accesorio para combinar 2 tipos de cintas en un mismo foco. Luz roja posterior disponible como accesorio. Material principal del foco: PC reciclado. Material de la cinta: 30% poliéster reciclado, 70% látex. Disponible en tres colores: negro, verde menta, rosado. **Potencia:** 250 lúmenes. **Alcance:** 80 m. **Autonomía:** 2 h / 20 h. **Peso:** 38,5 g. **PVPR:** 44,90 €

ISPO AWARD 2024 ❄ WINNER

SMINI

La Smini es una linterna frontal ligera con una cinta de 15 mm, perfecta para entrenos diarios. Con un peso de sólo 53,5 gramos y una potencia de 250 lúmenes, ofrece el equilibrio perfecto entre ligereza e iluminación. Está equipada con luz posterior roja y modo parpadeo para mantenerte visible por la noche. El foco principal y la luz posterior disponen de batería recargable USB-C para garantizar una óptima autonomía y tener tu frontal siempre a punto. Ligera y confortable. Batería recargable USB-C integrada (Li-Po 700 mAh). Cable de recarga incluido. Foco con tecnología Intelligent Light®: campo de visión periférico y de largo alcance a la vez. Luz roja: preserva tu visión nocturna. Modo mínimo (10 lúmenes): ahorra batería y es perfecto para leer. Cuatro niveles de indicación del estado de la batería. Resistente al agua: IPX5. Una sola hebilla para un ajuste preciso de la cinta. Cinta opcional (3 mm) disponible como accesorio para combinar 2 tipos de cintas en un mismo foco. Luz roja posterior amovible incluida. Material principal del foco: PC reciclado. Material de la cinta: 65% poliéster reciclado, 35% látex. Disponible en tres colores: negro, verde menta, rosado. **Potencia:** 250 lúmenes. **Peso:** 53,5 g. **Autonomía:** 2 h / 20 h. **Alcance:** 80 m. **PVPR:** 54,90 €

TRAIL RUNNER FREE 2

Diseñada para trail running, destaca por integrar, en el interior de la cinta de la cabeza, el sistema de conexión por cable. Este detalle, en combinación con la suavidad de la cinta, proporciona un gran confort y una óptima distribución del peso en la cabeza. El haz luminoso del foco está configurado para que la distribución de la luz sea la óptima para correr. La caja porta-baterías tiene integrada una luz de señalización roja. **Características:** Potencia máxima: 450 lm. (pilas AAA), 500 lm (batería 1,25 Ah), 550 lm (batería 4 Ah). 4 modos de iluminación: máximo, óptimo, mínimo, intermitente. Alcance máx: 80 m. Foco con tecnología Intelligent Light®: campo de visión 2-en-1, periférico y de largo alcance a la vez. IPX5: preparada para utilizar con altas dosis de lluvia. Cable alargador incluido. **Peso:** 60 g (sin baterías).
Disponible en 3 versiones:
TRAIL RUNNER FREE: Incluye caja porta-batería híbrida con 3 pilas AAA, a la que puede añadirse una batería recargable por USB 1.25 Ah. **PVPR:** 85 €
TRAIL RUNNER FREE H: Incluye caja porta-batería híbrida con batería recargable por USB 1.25 Ah, a la que puede añadirse por separado 3 pilas AAA. **PVPR:** 100 €
TRAIL RUNNER FREE ULTRA: Incluye caja porta-batería híbrida con batería recargable por USB 4.0 Ah, a la que puede añadirse por separado 3 pilas AAA o la batería recargable 1.25 Ah. **PVPR:** 125 €

PRODUCTO PROBADO *Por Eva MARTOS*

TIENDA 2 SECONDS FRESH&BLACK

No más madrugones

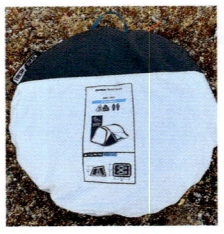

Fabricante:
Quechua (Francia).
Distribuidor: Decathlon.
**Actividad
recomendada:**
acampada, camping.
Materiales:
75% poliéster,
25% polietileno.
Peso: 4 kg.
Plazas: 2 personas
(también disponible en
3 y 4 plazas).
Dimensiones:
habitación:
180 x 210 cm.
Altura máx. útil: 102 cm.
Dimensiones de la
funda: ø86 x 10 cm
PVP aprox:
99,99 €.

Si eres de los que no pueden dormir por la luz en cuanto amanece, estás de enhorabuena. La oscuridad que se logra en el interior de esta tienda no tiene nada que ver con cualquier otro modelo del mercado.

La marca francesa denomina a su tecnología patentada "Fresh & Black", es decir, Fresco y Negro, y es que efectivamente la oscuridad que proporciona te hace estar a la sombra y su gran ventilación logra que circule el aire y el interior se mantenga fresco. Está construida con una tela opaca que no resulta calurosa.

Lo que más destaca son sus múltiples ventilaciones. Especialmente en los laterales dispone de unas aberturas que tienen en la parte exterior una especie de "alerones" que se pueden abrir y mantener fijos mediante un ingenioso sistema de cremallera y varilla, o bien se pueden cerrar cuando quieres un espacio más cerrado. El aire fluye eficazmente entre estos laterales. También en la parte trasera tiene una abertura para la ventilación en la zona baja, que igualmente se puede mantener abierta sin que el interior deje de estar protegido. A esto se suma su amplia puerta frontal. Todas estas aperturas se pueden abrir por completo o bien cerrar la mosquitera, permitiendo el paso del aire pero no de los mosquitos. El habitáculo interior es bastante espacioso para dos personas.

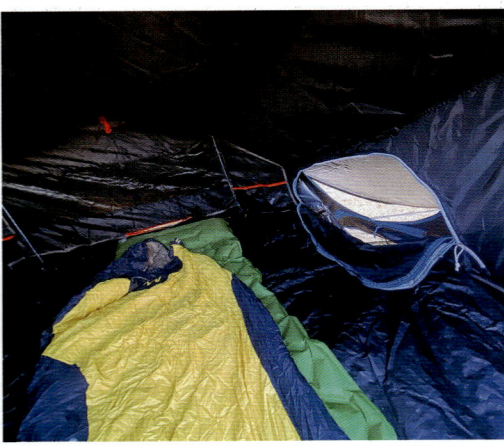

Incluye el veloz sistema de montado "2 seconds" característico de la marca, que va acompañado de dos hebillas (por parejas roja y azul, para su fácil identificación), que facilitan la tarea de plegado. En la bolsa se incluye una gran etiqueta con las instrucciones e incluso un QR que lleva a un vídeo explicativo.

Es una tienda especialmente destinada al verano o la primavera, con temperaturas cálidas en las que lo que más valoraremos es la oscuridad que proporciona. Su gran bolsa de transporte hace que no sea un modelo diseñado para su uso en montaña, sino solo para camping o puntos cercanos en los que no tengamos que hacer aproximaciones cargando con ella.

Un punto a favor por su sostenibilidad, puesto que por un lado la marca ofrece muchas piezas por separado que son reemplazables en caso de rotura, y por otro lado también han aplicado criterios respetuosos con el planeta en su fabricación, por ejemplo que está elaborado con hilo sin teñir (de ahí su color blanco), lo que reduce mucho las emisiones de CO_2, comparado con el tintado tradicional del tejido.

Puntos fuertes: buena opción para un cámping en verano que nos protegerá del sol y del calor. Ideal para quien disfrute remoloneando en el saco por la mañana.

VALORACIÓN GENERAL ★★★★☆

Polivalencia	★★★☆☆	Resistencia	★★★☆☆
Funcionalidad	★★★★☆	Sostenibilidad	★★★★☆
Ligereza	★★☆☆☆	Precio	★★★★☆

EVA MARTOS

www.decathlon.es

PRODUCTO PROBADO *Por Rafa GÓMEZ LLORENTE*

TIENDA DEN 2 DE DE FERRINO
Ultraligera, para una persona

TIENDA de campaña ultraligera tipo túnel, pensada para excursionistas expertos que buscan minimizar el peso sin renunciar a una protección eficaz en condiciones de montaña. Con un diseño minimalista pero muy funcional, se convierte en una opción excelente para travesías ligeras o vivacs prolongados en rutas de media y alta montaña.

Se monta con bastones de trekking (mínimo 110 cm), lo que inicialmente puede parecer una complicación, pero es una gran solución para aligerar el conjunto. Aunque el montaje requiere algo más de atención que una tienda con varillas, el sistema es efectivo y estable. Gracias a su geometría, es posible instalarla en espacios reducidos de vivac donde otras tiendas no cabrían. Uno de sus aspectos más destacados es que uno de los laterales largos se puede abrir completamente, lo que permite utilizarla como un toldo improvisado si se emplean dos bastones adicionales. Esta versatilidad es especialmente útil en días calurosos o sin coberturas naturales, donde la propia tienda puede ofrecer sombra y ventilación. Además, cuenta con entrada frontal para ambos lados, lo que permite un acceso cómodo y sin molestias si se comparte con otra persona.

Los materiales son técnicos y ultraligeros; tanto el dobletecho como el suelo tienen buena impermeabilidad y resistencia, con costuras termoselladas y esquinas reforzadas.

Cuenta con dos bolsillos interiores, anillas para colgar objetos, una pequeña extensión exterior para dejar mochilas y mosquiteras tanto en las puertas como en las ventanas de ventilación. El sistema de tensores "Fast Ad-

RAFA GÓMEZ

VALORACIÓN GENERAL	★★★★☆		
Ligereza	★★★★★	Ventilación	★★★★★
Montaje	★★★★☆	Diseño	★★★★☆
Resistencia	★★★☆☆	Precio	★★★☆☆

justment" y las piquetas Superlight permiten un tensado eficaz y fácil.

El conjunto se guarda fácilmente en su funda impermeable sin necesidad de enrollar con precisión, lo cual es muy práctico. Además, se incluye un kit de reparación y un vídeo explicativo en QR.

Aunque visualmente el tejido parece frágil, la realidad es que ha demostrado ser resistente en uso real. El diseño está bien resuelto, con detalles funcionales bien pensados para quienes se mueven con rapidez por la montaña.

Puntos fuertes: destaca por su sorprendente ligereza pese a ser de doble capa, su inteligente sistema de montaje con bastones y la posibilidad de abrir un lateral como toldo. Todo esto hace que sea versátil, compacta y funcional.

Fabricante:
Ferrino (Italia).
Distribuidor:
Snow Factory.
Actividad recomendada:
montañismo, excursionismo...
Materiales:
dobletecho de Nylon Ripstop 10D (2000 mm) y suelo de Nylon 20D (3000 mm).
Peso: 1100 g (min), 1200 g (máx).
Dimensiones:
14x38 cm (plegada).
PVP aprox:
319,99 €.

 **www.ferrino.it**

PRODUCTO PROBADO *Por Rafael GÓMEZ LLORENTE*

COLCHONETA ULTRA 1R MUMMY DE EXPED

Sueño reparador en una colchoneta compacta y ligera

Fabricante:
Exped (Suiza).
Distribuidor:
Snow Factory.
Activ. recomendada:
trekking, montañismo...
Materiales: poliéster
Ripstop 20 D reciclado
bluesign®, laminado de
película de TPU sin DWR,
bolsa de hinchado
Schnozzel Pumpbag.
Colores: verde lima.
Peso: 310 g (M).
Dimensiones:
en talla M: 183 cm largo,
52 cm ancho
(34 en la zona de los pies)
y 7 cm de grosor.
Tallas: S (Small),
M (Medium),
MW (Medium Wide),
LW (Long Wide),
LXW (Long Extra Wide).
Versiones: También
disponible en 3R y 5R.
PVP aprox: 150 €.

ESTERILLA hinchable ultraligera, ideal para actividades de montaña en estaciones cálidas, donde el peso y la compacidad son factores clave. Durante las pruebas realizadas, sobre terrenos con suelo irregular, ha ofrecido una sorprendente comodidad y estabilidad. Aunque no cuenta con superficies antideslizantes, no he notado deslizamientos durante la noche, algo que sí me ha ocurrido con otras esterillas. A pesar de su aspecto frágil, no mostró signos de debilidad ni pinchazos durante su uso: tras varias noches durmiendo al raso y en tienda de campaña, solo ha acumulado algo de suciedad del terreno, pero ningún desgaste apreciable.

Con forma de momia y un grosor de 7 cm, se adapta bien al cuerpo y distribuye el peso de manera eficaz gracias a sus cámaras longitudinales, que utilizan la tecnología AIRMAT. Este diseño mejora notablemente la estabilidad al dormir, manteniéndote centrado durante la

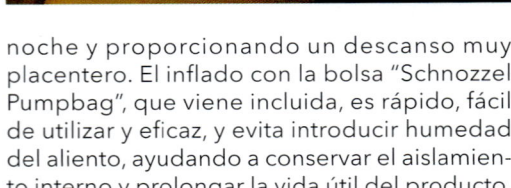

noche y proporcionando un descanso muy placentero. El inflado con la bolsa "Schnozzel Pumpbag", que viene incluida, es rápido, fácil de utilizar y eficaz, y evita introducir humedad del aliento, ayudando a conservar el aislamiento interno y prolongar la vida útil del producto.

Uno de los detalles que más he apreciado al utilizarla es lo silenciosa que resulta: no cruje ni hace ruidos molestos al moverse durante la noche, fundamental para un descanso reparador.

El almacenamiento es extremadamente sencillo: no requiere un plegado minucioso y entra con facilidad en su funda, incluso junto con la bolsa de inflado. Incluye también un kit de reparación, vital en una esterilla pensada para usos técnicos.

Con un valor R de 1.3, su uso está recomendado para temperaturas suaves, por encima de los 10 °C, lo que la convierte en una opción ideal para trekking, vivac ligero o alpinismo estival. Destaca por su ligereza, su buena compresibilidad y una concepción responsable con el medio ambiente: está fabricada con poliéster Ripstop reciclado 20D con certificación Bluesign®, libre de PFC. Está disponible en distintas longitudes y anchos, para adaptarse a los diferentes tamaños de cuerpos. También hay versión doble, para dos personas.

Puntos fuertes: colchoneta perfecta para quienes priorizan ligereza, sostenibilidad, facilidad de uso y comodidad. Recomendable para alpinistas y senderistas en salidas de tres estaciones.

VALORACIÓN GENERAL ★★★★☆

Comodidad	★★★★☆	Sostenibilidad	★★★★☆
Ligereza	★★★★★	Durabilidad	★★★★☆
Compactabilidad	★★★★☆	Precio	★★☆☆☆

FOTOS: RAFA GÓMEZ

INFO www.exped.com

PRODUCTO PROBADO *Por Curro GONZÁLEZ*

FRONTAL HL18R-T V2.0 DE FENIX

Iluminación fiable y compacta

NOS encontramos ante uno de los frontales de mejor relación calidad-precio del mercado, el renovado frontal Fenix HL18R-T V2.0, un modelo compacto y ligero diseñado para el trail running.

Un frontal totalmente recargable, alimentado por su batería específica Fenix ARB-LP1900 mAh (incluida en la unidad y con indicador de nivel de batería) o mediante tres pilas AAA estándar, que la hacen muy polivalente y práctica en multitud de situaciones.

En el cuerpo del frontal (con una inclinación de hasta 60°) encontramos dos haces de luz que satisfacen diversas necesidades de iluminación en multitud de escenarios exteriores complejos: una luz blanca fría para condiciones normales de uso, una luz blanca cálida que resulta más penetrante en aquellas situaciones de visibilidad reducida por la niebla, y una luz roja para preservar la visión nocturna en situaciones de iluminación de proximidad.

Con 800 lúmenes máximos, es un frontal con una cantidad considerable de luz (con un alcance máximo de 125 metros), especialmente para actividades como carreras de montaña o senderismo en condiciones de poca visibilidad, donde nos garantiza seguridad al poder identificar objetos a distancia.

Cuando se trata de la luz blanca fría, tenemos diferentes opciones de ajuste: a 70 lúmenes (con una duración de la batería de unas 20 horas y un alcance de unos 36 metros), 130 lúmenes (con 10 horas de duración y un alcance de 50 metros) y 350 lúmenes (con 6 horas de duración y 80 metros de distancia).

También encontramos una opción que emite destellos de SOS con una duración de batería de unas 100 horas.

Incorpora unos grandes interruptores superiores dobles para un uso fácil y rápido (incluso

con guantes), y un práctico interruptor de bloqueo deslizante para evitar la tan incómoda y desafortunada activación accidental.

Otro detalle que me ha gustado y me ha parecido novedoso del frontal Fenix HL18R-T V2.0 es su cinta para la cabeza, cómoda, transpirable y ajustable con un nuevo sistema giratorio bidireccional SPORT que permite un ajuste rápido y con una sola mano. Igualmente encontramos un pequeño silbato de emergencia para garantizar la seguridad del deportista en actividades al aire libre.

Por último y no menos importante, el frontal cuenta con una protección IP66 que le aporta una resistencia a impactos, al polvo y al agua hasta 1 metro.

Puntos fuertes: excelente opción para aquellos deportistas que practiquen el trail running o senderismo, un frontal compacto y ligero que incorpora un novedoso y práctico sistema de ajuste de la cinta de la cabeza. Cumple con creces todo lo que podemos esperar de un frontal para estos deportes.

VALORACIÓN GENERAL	★★★★☆		
Comodidad	★★★★★	Ajuste	★★★★☆
Polivalencia	★★★★☆	Resistencia	★★★★☆
Ligereza	★★★★☆	Precio	★★★★☆

FOTOS: CURRO GONZÁLEZ

Fabricante: Fenix (China).
Distribuidor: Fenix Linternas.
Actividad recomendada: trail runing, senderismo...
Peso: 103 g (incluyendo batería y diadema).
Alimentación: recargable Fenix ARB-LP1900 mAh (incluida), y compatible con pilas AAA.
Dimensiones: 57,5 x 31 x 47 mm.
Resistencia: IP66.
PVP aprox: 55,90 €.

 www.fenixlinternas.com

TEST

PRODUCTO PROBADO *Por Eva MARTOS*

BASTONES TRAVELLER DLX DE ASOLO

Estable, compacto y fácil de usar

Fabricante:
Asolo (Italia).
Distribuidor:
Carving Sport.
Actividad recomendada:
nordic walking, trekking, senderismo...
Materiales:
empuñadura de corcho, dragonera textil, bastón de aleación aluminio 7075-F56, punta de goma
Tecnologías:
Pop-Up, QuickLock.
Medidas: 110 a 130 cm y 38 cm plegado.
Peso: 260 g (cada bastón).
PVP aprox: 133,95 €.

AUNQUE la marca recomienda estos bastones especialmente para la marcha nórdica (nordic walking), lo cierto es que es un modelo bastante versátil que resulta también un buen compañero para el trekking, el senderismo o el fast hiking.

Consta de cuatro tramos pero se pliega en tres, pues uno de los tramos se inserta dentro del superior. Por dentro lleva un cable que mantiene los tramos unidos y hace que plegarlos y desplegarlos sea muy fácil. A esto contribuye la combinación de tecnologías que incorpora: QuickLock y PopUp. Para desplegarlo simplemente tienes que encajar los tramos deslizándolos hacia abajo y, para bloquearlos, has de tirar un poco más de la unión entre los dos tramos superiores, hasta que un pequeño botón plateado sobresale y encaja con un sonoro "clic". A partir de aquí, el bastón queda firmemente bloqueado, ofreciendo un apoyo estable en las caminatas, especialmente valioso en los terrenos irregulares.

Para plegarlo, hay que apretar el botón plateado para desbloquear el sistema, volver a insertar el tramo de arriba en el superior, de forma que nos quedan de nuevo tres tramos, logrando un tamaño sumamente compacto. Se lleva cómodamente en la mochila, sin que sobresalga.

Otra de sus características destacadas es su conjunto de empuñadura ergonómica, fabricada en un material tipo corcho, con la dragonera, que se adapta a la muñeca. Incluye un sistema de liberación rápida por medio de un enganche que se suelta presionando un botón amarillo que lleva en la parte superior. Con

VALORACIÓN GENERAL	★★★★☆		
Ligereza	★★★☆☆	Plegado	★★★★☆
Resistencia	★★★★☆	Polivalencia	★★★★☆
Estabilidad	★★★★★	Precio	★★★☆☆

un simple movimiento puedes tener la dragonera conectada o desconectada del bastón. La conexión tan firme de la mano con el bastón resulta especialmente útil para la marcha nórdica, en la que el impulso que te das con los bastones, transmitiendo la fuerza al terreno, forma parte de la progresión, puesto que es un deporte en el que utilizas tanto brazos como piernas para avanzar. Además, ofrece un agarre cómodo y el material funciona bien con el sudor, sin que resbale la mano.

La punta es sólida y resistente. Tiene una puntera de goma extraíble (para cuando caminamos por terreno con piedras) y además una roseta pequeña para progresar por terreno nevado o más blando.

Está fabricado en aluminio, un material habitual en este tipo de bastones que, aunque no es tan ligero como el carbono, ofrece una resistencia muy elevada y permite un precio más contenido.

Puntos fuertes: bastones muy prácticos, ligeros, versátiles y resistentes, que facilitan la progresión y son muy sencillos tanto de manejar como de transportar.

 **INFO** www.asolo.com

PRODUCTO PROBADO *Por Eva MARTOS*

BOLSA DE COMPRESIÓN WANDR W36 Y BOMBA HIPUMP DE WANDR

Equipaje al vacío: ahorra espacio

LA firma Wandr ha sido desarrollada recientemente en España por iniciativa del viajero David Belgoff como respuesta a las necesidades que encontró en sus viajes respecto a la forma de transportar su equipaje, según relatan en su web. Nos envían para su prueba una bolsa de viaje con una bomba de hinchado/ deshinchado cuya ventaja es el ahorro de espacio en la maleta.

La verdad es que, aunque a primera vista parezca un poco voluminosa y pesada, la bolsa resulta de lo más útil y es bastante sorprendente la compresión que logra. El sistema es muy sencillo de utilizar: primero empacas todas tus cosas dentro de la bolsa, la cierras con la cremallera y a continuación, con la pequeña bomba de mano conectada a la válvula específica para este fin, procedes a extraer el aire sobrante en unos minutos, con lo que te queda una bolsa mucho más compacta. Según asegura la marca, el ahorro de espacio es del 30 al 60%. Evidentemente, los productos blandos (como la ropa) se comprimen más que los duros (como los zapatos).

La ventaja además es que la bolsa es totalmente estanca, tanto por el tejido como por la cremallera, con lo que está a salvo de tormentas y puede ser útil también para los deportes acuáticos. El cierre queda casi hermético, muy resistente. Para abrirla solo tienes que dejar entrar un poco de aire y proceder a abrir la cremallera. Aunque la marca no especifica el tejido con el que está fabricada, tiene apariencia de resistente, sin que sea pesado. El pack incluye de regalo una pequeña bolsa tipo neceser, muy práctica.

La bomba Hipump (hay que comprarla aparte) lleva una batería recargable, que se recarga rápido y tiene una duración amplia (hasta 30 mi-

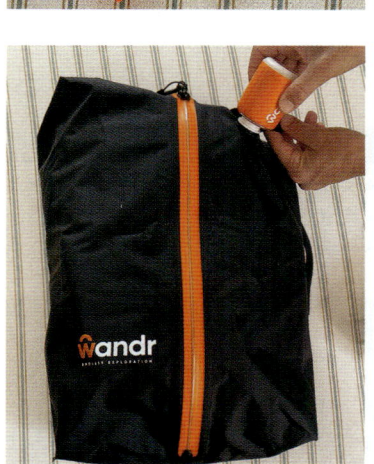

nutos por cada carga). Es muy pequeña y manejable, y viene con distintos conectores que se pueden adaptar a muchos tipos de válvula. No solo sirve para extraer el aire, también sirve para inflar (por cada lado hace una función), por lo que podemos utilizarla por ejemplo para inflar una colchoneta. Y además en la parte inferior tiene una luz (30 lúmenes de potencia, con una duración de hasta 24 h), junto a una anilla para colgarla, con lo que es muy útil también como lamparita para el interior de la tienda o en cualquier lugar. Viene con una bolsa de transporte.

Donde más vamos a poder aprovechar las ventajas de esta "bolsa al vacío" es en la maleta de viaje, pero también se nota en la mochila, donde nos deja más espacio libre para poder llevar más cosas, siempre que no nos importen esos gramos de más.

Puntos fuertes: un invento ingenioso para ahorrar espacio en la maleta y llevar el contenido resguardado y protegido del agua.

INFO www.wandrbag.com

VALORACIÓN GENERAL ★★★★☆

Ligereza	★★★☆☆	Durabilidad	★★★★★
Diseño	★★★★☆	Impermeabilidad	★★★★☆
Funcionalidad	★★★★☆	Precio	★★★☆☆

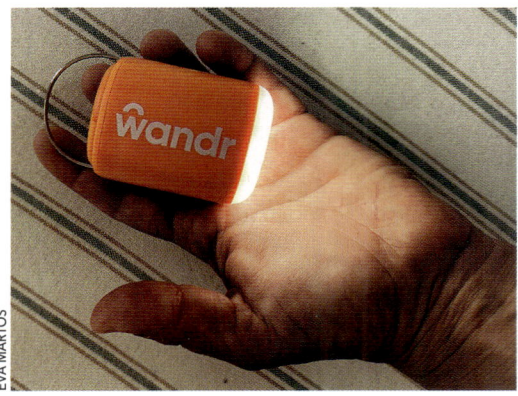
EVA MARTOS

Fabricante: Wandr (España).
Distribuye: Wandr.
Actividad recomendada: viajes, excursionismo...
Materiales: tejido sintético, cremallera termosellada.
Capacidad: 22 l (bolsa)
Peso: 100 g (bomba) y 150 g (bolsa).
Batería de la bomba: 1600 mAh (recargable).
Dimensiones: Bolsa: 37 ancho x 65 alto x 9 cm profundo. Bomba: 5 x 4 cm.
PVP aprox: 34,99 € (bolsa) y 39,99 (bomba). *También disponibles packs, más económicos:* Explorer Pack (1 bolsa + 1 Bomba), Duo Pack (2 Bolsas + 1 Bomba) y Ultimate Pack (5 Bolsas + 1 Bomba).

TERMO DE ACERO INOXIDABLE DE LAKEN

Garantía de bebida fría o caliente

Fabricante:
Laken (España).
Distribuidor:
Laken.
Actividad recomendada:
hidratación en todo tipo de actividades.
Materiales:
aislamiento de vacío con doble pared de acero inoxidable 18/8. Libre de BPA, ftalatos u otras sustancias nocivas.
Capacidad: 1,2 litros.
Peso: 700 g.
Dimensiones:
Diámetro: 9,1 cm.
Alto: 32,7 cm.
Ancho: 11 cm
PVP aprox: 29,90 €.

La firma murciana, siempre a la vanguardia en los productos de hidratación, nos presenta en esta ocasión un termo del que destaca su eficaz conservación del calor o del frío de los líquidos. Tal y como hemos podido comprobar, conserva hasta 24 horas la bebida tanto caliente como fría. Perfecto para situaciones de frío en las que un té caliente te salva el día, o en esas jornadas calurosas en las que un sorbo de un zumo frío te hace feliz.

Como se puede deducir por su robustez y su peso, no estamos ante un termo para llevar en nuestras salidas largas de trekking por montaña, donde tenemos mucho cuidado con los gramos de más que cargamos en la mochila. Es más bien un termo para llevar al camping, a una jornada de picnic o de barbacoa

VALORACIÓN GENERAL ★★★★☆

Ligereza	★★☆☆☆	Durabilidad	★★★★☆
Funcionalidad	★★★★☆	Diseño	★★★☆☆
Eficacia	★★★★★	Precio	★★★☆☆

al aire libre, o para llevarlo en el coche o la furgoneta cuando viajamos, disponiendo de este modo de bebida caliente o fría en cualquier momento.

Los materiales con los que está fabricado son de máxima calidad. Además de no contener BPA ni ninguna otra sustancia que pueda ser dañina para nuestro organismo, se nota que es un material que no traspasa ningún sabor al líquido que contiene. Se lava fácilmente (se puede meter en el lavavajillas, excepto el tapón), y no conserva el rastro de sabor cuando cambiamos de un líquido a otro.

El tapón se abre y se cierra con una rosca práctica y hermética. Para verter el contenido no hace falta desenroscar todo el tapón, sino simplemente pulsar un botón rojo de abierto/cerrado que lleva en la parte superior. Cuando lo transportas no pierde ni una gota de líquido. El vasito que lleva incluido en la parte superior es aislante, muy cómodo para consumir bebidas calientes sin quemarte.

Es resistente, lo que garantiza muchos años de uso y lo convierte por tanto en una opción sostenible para el planeta.

Puntos fuertes: termo robusto y duradero con el que podremos disfrutar de bebidas calientes o frías en cualquier estación.

INFO **www.laken.es**

PRODUCTO PROBADO *Por Jesús VELASCO*

MULTIHERRAMIENTA SIGNAL® DE LEATHERMAN

19 usos para el monte y la aventura

La Signal es la multiherramienta diseñada específicamente para usar en situaciones de aventura en el exterior, que presenta el característico buen hacer y acabados de calidad de la firma estadounidense Leatherman, líder internacional en este campo.

Entre los 19 usos que incorpora no le falta nada. Para empezar la navaja es robusta, algo más gruesa que la que llevan otras multiherramientas, hecha de acero inoxidable 420HC, y mide casi 7 cm de largo. Proporciona un corte eficaz y limpio. Lleva además una pequeña sierra, útil para cortar madera u otros elementos. También incluye alicates, cortador y pelador de cables, así como dos tipos de destornilladores (tanto plano como estrella). Herramientas que te pueden salvar de un problema cuando estás en el monte y tienes que reparar algún utensilio, por ejemplo un hornillo. También incluye un soporte para llave hexagonal y un punzón, que viene bien para hacer agujeros en cuero o en otras superficies duras.

En cuanto a las herramientas más específicas de supervivencia, en un lateral lleva una varilla de ferrocerio (una aleación de metales) que al frotarlo con algo duro produce chispas. Esto nos sirve para hacer fuego en una situación que no tengamos otra alternativa, aunque no es una maniobra muy sencilla. Esta misma varilla, que viene acoplada en una pieza de plástico en un lateral, se puede extraer y pasa a ser también un silbato de seguridad.

Además incorpora también una lima, que igualmente se puede extraer y nos puede

servir para afilar la misma navaja, o para darle el último toque a las puntas de los crampones, por ejemplo.

Destacar que la herramienta completa viene con una pestaña de seguridad que evita su apertura accidental. Igualmente la navaja, la sierra y otras de las herramientas que incorpora, disponen de bloqueo que hacen que su uso sea seguro. Las extracciones de cada una de las herramientas son intuitivas y fáciles.

No le falta abrebotellas, abrelatas, así como un clip para poder llevarla colgada cómodamente. Aunque no es una herramienta minimalista, valoraremos su eficacia cuando la estemos utilizando. Viene con una funda de nylon resistente, muy práctica. ¡Y 25 años de garantía!

Puntos fuertes: multiherramienta con muchas funciones útiles, buena aliada para las salidas de aventura, robusta y resistente.

VALORACIÓN GENERAL ★★★★☆

Ligereza	★★★☆☆	Durabilidad	★★★★★
Eficacia	★★★★☆	Seguridad	★★★★☆
Funcionalidad	★★★★☆	Precio	★★★☆☆

Fabricante:
Leatherman (EEUU).
Actividad recomendada: actividades outdoor, bricolaje, reparaciones...
Materiales:
acero inoxidable 420 y mangos Cerakote®.
Herramientas: alicates, cortador de cables y de alambre, navaja, sierra, martillo, punzón, abrelatas, abrebotellas, soporte para punta hexagonal, llave de vaso, silbato, varilla ferrocerio, afilador.
Peso: 212 gramos.
Dimensiones: largo: 11 cm cerrada, 17 cm abierta (7 cm longitud de la hoja); ancho: 3.8 cm; grosor: 1.60 cm.
Colores: 9 colores.
PVP aprox: 159 €.

INFO www.leatherman.com

Allpa 50L

Allpa 35L

Allpa X 1.5L HIP PACK

ALLPA 50L ADVENTURE TRAVEL PACK
ALLPA 35L TRAVEL PACK
ALLPA X 1.5L HIP PACK

Cotopaxi Allpa: la familia perfecta para viajar sin límites. Diseñadas para quienes hacen del movimiento su estilo de vida, las mochilas Allpa de Cotopaxi combinan diseño funcional, materiales reciclados y un alto nivel de confort para acompañarte desde el primer control de seguridad hasta el último refugio de montaña. Ya sea en una aventura de larga distancia, una escapada urbana o un trayecto exprés entre vuelos, esta línea modular y resistente te ofrece una solución para cada etapa del viaje. La Allpa 50L Adventure Travel Pack, pensada para largas travesías, ofrece un panel trasero ergonómico, correas de cadera acolchadas y un sistema de organización interno con cremalleras YKK®, ideal para mantener todo bajo control. Su gran baza: una bolsa tipo bandolera de 8 litros desmontable, perfecta para pequeñas excursiones o como bolso de cabina en vuelos. La Allpa 35L, rediseñada para optimizar la carga sin perder versatilidad, incorpora correas con malla transpirable, bolsillo elástico para botella, pasador para trolley y un nuevo sistema de distribución de peso mejorado, todo ello fabricado con materiales 100% reciclados. Ideal como única mochila en escapadas internacionales. Y para los que viajan con lo justo, la Allpa X Hip Pack (1,5L) es la compañera perfecta: compacta, ligera, con acceso rápido al móvil y al pasaporte, y tan práctica que se guarda dentro del bolsillo superior de las Allpa 35L o 42L cuando no se usa. Elijas el tamaño que elijas, todas las mochilas Allpa están diseñadas para adaptarse al ritmo del viaje moderno: sostenibles, resistentes y listas para cualquier itinerario.
PVPR: 300 € (Allpa 50L), 250 € (Allpa 35L), 55 € (Allpa X Hip Pack (1,5L)),

BATAC 24L DAYPACK - DEL DÍA

Ligera, versátil y colorida. La Batac 24L es la mochila perfecta para salidas rápidas, excursiones de un día o como complemento en viajes largos. Con diseño sin estructura rígida, permite una carga rápida y eficiente.
Incluye: Compartimento principal con cremallera. Bolsillo frontal vertical con cremallera. Dos bolsillos laterales de malla para botellas Edición Del Día: cada unidad es irrepetible y fabricada con retales reciclados. Disponible también en tamaño 16L.
PVPR: 70 €

KAPAI 3L HIP PACK - DEL DÍA

La riñonera reinventada. La Kapai 3L aporta funcionalidad y diseño a partes iguales. Su panel trasero acolchado y contorneado, junto con un cinturón ancho y ajustable, ofrecen un ajuste cómodo y estable. Cuenta con compartimentos internos bien pensados para llevar lo esencial siempre a mano y con las manos libres. Cada unidad "Del Día" es única, confeccionada con materiales reutilizados. Perfecta para caminatas cortas, festivales o viajes urbanos.
PVPR: 39,95 €

 **VA CONTIGO DESDE 1912**

www.laken.es

TERMO 18120K

Descripción: Termo clásico de gran capacidad con asa plegable, vaso y tapón con fácil apertura.
Características: cuerpo y vaso de acero 18/8. Tapón y asa de polipropileno. Mantiene frías las bebidas hasta 24 horas y hasta 16 horas las calientes. Totalmente libre de sustancias perjudiciales.
Capacidad: 1.200 ml.
Peso: 700 g.
Color: verde.
PVPR: 29,90 €

TAZA TÉRMICA MUG36N

Descripción: Práctica taza térmica en acero 18/8 que mantiene las bebidas frías hasta 8 horas y hasta 4 horas las calientes. Cómoda tapadera transparente con apertura para beber.
Características: Totalmente libre de sustancias perjudiciales. Cuerpo de acero 18/8, tapa de PP y junta de silicona.
Capacidad: 360 ml. **Peso:** 310 g. **Color:** negro.
PVPR: 14,90 €

ACERO TÉRMICA SUMMIT

Descripción: Botella térmica de acero inoxidable 18/8 con tapón SUMMIT que permite abrirla y beber con una mano. Compatible con otros dos modelos de tapón.
Características: Mantiene las bebidas frías hasta 24 horas y hasta 8 horas las calientes. Tapón de propileno y TPU. Totalmente libre de sustancias perjudiciales.
Capacidad: 350 / 500 / 750 / 1.000 ml.
Peso: 270 / 330 / 410 / 520 g.
Colores: 12.
PVPR: desde 21,50 €

BASIC ALU OASIS

Descripción: Botella ultraligera, fabricada en aluminio 100 % reciclado PCR, equipada con tapón OASIS. Compatible con otros dos modelos de tapón.
Características: Barniz sanitario interior. Totalmente libre de sustancias perjudiciales. No retiene sabores ni olores. Tapón de TPE, PP y acero.
Capacidad: 600 / 750 ml.
Peso: 125 / 140 g.
Colores: 6.
PVPR: desde 8,50 €

VAJILLAS L88

Descripción: Nueva vajilla compacta de acero para una o dos personas. Con mango de pinza y tapa plato. Todos los elementos se guardan en el interior del recipiente. Incluye una práctica funda.
Características: Cazo, vasos, cubiertos y tapa plato en acero inox. 18/8. Mango en PP. Funda cubiertos en neopreno. Totalmente libre de sustancias perjudiciales.
Capacidad: 1.300 / 1.900 ml. **Peso:** 465 / 725 g.
PVPR: desde 31 €

TERMO ALIMENTOS

Descripción: Termo para alimentos de acero 18/8 con tápers interiores y válvula de presión. Mantiene las comidas calientes hasta 10 horas y hasta 24 horas las frías.
Características: Aislamiento de vacío con doble pared. Tapa y contenedores de polipropileno. Juntas y válvulas de silicona. Totalmente libre de sustancias perjudiciales. Incluye funda.
Capacidad: 1.000 (2 tápers) / 1.500 ml (3 tápers).
Peso: 680 / 850 g.
PVPR: desde 33,50 €

THE BOTTLE FACTORY

LAKEN Fabricando en España accesorios para montañismo desde 1912 / www.laken.es

LEATHERMAN®

www.leatherman.com

SIGNAL®

Diseñada para exploradores, campistas y aventureros, la Leatherman Signal combina la legendaria funcionalidad de Leatherman con herramientas esenciales para la supervivencia. Con 19 funciones integradas –incluyendo pinzas, navaja con filo mixto, encendedor de ferrocerio, silbato de emergencia y afilador de diamante– la Signal no solo es versátil, sino también indispensable en entornos extremos. Su diseño robusto, con acabados resistentes a la intemperie y un mosquetón integrado, facilita llevarla en mochilas o cinturones. Cada detalle ha sido pensado para responder en situaciones críticas. Ahora disponible en 4 nuevos colores inspirados en los parques nacionales de USA.
Peso: 212,62 g.
Longitud cerrada: 22,43 cm.
Longitud abierta: 17,14 cm.
Grosor total: 1,6 cm.
PVPR: 159 €

PIONEER®

Creada para enfrentarse a los desafíos más difíciles, la robustez del cuchillo Pioneer™ te permite trabajar sin miedo en la naturaleza. Se trata de una navaja de hoja fija resistente con fabricación de espiga completa y un perfil japonés Ideal para supervivencia y expertos en bushcraft. Con acero inoxidable MagnaCut premium y mangos de G10 mecanizados y aceitados. Garantía de durabilidad y resistencia al oxido. La Pioneer cuenta con una funda híbrida para llevar en el cinturón única, hecha de Kydex y cuero de grano completo americano.
Disponible en dos colores: Alpine y Orange Pop.
Peso: 235,3 g.
Longitud cerrada: 10,5 cm.
Longitud abierta: 25,4 cm.
Longitud hoja: 12,70 cm.
Ancho: 1,67 cm.
PVPR: 349 €

RUSTLE®

Rustle™ es un cuchillo de hoja fija, diseñado para lograr la perfección en la preparación de alimentos y ofrecer versatilidad culinaria al aire libre. Inspirada en los cocineros de chuckwagon del pasado, pero pensada para el campista moderno, este cuchillo de cocina para exteriores es ideal tanto para picar verduras como para cortar piezas de carne contundentes.
Tres modelos disponibles: Alpine, Vapor Grey y Evengreen. Incluye una llamativa funda naranja.
Peso: 121,90 g.
Longitud: 21,08 cm.
Longitud hoja: 10,16 cm.
Ancho: 1,27 cm.
PVPR: 329 €

BLAZER®

Limpia, duradera y práctica, la ligera Blazer® cuenta con una hoja clásica de punta caída fabricada en acero MagnaCut. Su diseño elegante y escalonado y cerraduras minimalistas, le otorga un aspecto sofisticado y estilizado. El clip de bolsillo cuadrado es reversible, lo que permite llevarla de forma diferente. Incluye una punta Torx n.° 8 de doble cara (para el tornillo del clip de bolsillo) y una punta Torx n.° 6 (para el tornillo de mariposa).
Disponible en dos colores con acabado Cerakote®: Denim y Alpine.
Peso: 104,89 g.
Longitud cerrada: 10,54 cm.
Longitud abierta: 18,54 cm.
Longitud hoja: 8 cm.
Ancho: 0,093 cm.
PVPR: 349 €

PRIMUS

www.primus.se

FIRESTICK HORNILLO

Descripción: Plegado, tiene una forma totalmente cilíndrica que lo hace perfecto para transportarlo fácilmente en el bolsillo lateral o superior de la mochila para un rápido acceso.
Características: Viene equipado con válvula regulada de gran eficiencia para dosificar de forma óptima el consumo de gas y asegurar en todo momento la necesaria combustión en función de la altitud, la temperatura o cantidad de gas disponible en el cartucho. El quemador y la base plegable para recipientes están fabricados en resistente acero inox. Y el ingenioso sistema de plegado de la zona del quemador aporta una excelente protección al viento y durante el transporte. Está también disponible en versión con base para recipiente en titanio, el Firestick TI. Cuenta también con piezo para facilitar el encendido.
Peso: 105 g Firestick. 89 g Firestick TI. **Potencia:** 2500 W.
Medidas: Ø 36 x 103 mm. **PVPR:** 104,90 €. 134,90 € (versión en titanio).

GRAVITY HORNILLO

Descripción: Para los usuarios que buscan un hornillo compacto y de gran estabilidad y que aprecian la simplicidad del combustible de gas. Gracias al conducto pre-calentador, este hornillo también puede utilizarse con bajas temperaturas.
Características: Incluye encendedor que puede utilizarse también como herramienta ganando en fiabilidad. El ancho quemador es perfecto para recipientes grandes y reposa sobre cuatro amplias patas plegables para aportar estabilidad. Para mayor funcionalidad, todo el conjunto cuenta con para-vientos, reflector de calor, encendedor y funda de transporte. **Peso:** 250 g. **Potencia:** 3000 W. **Tiempo ebullición:** de 2:50 a 3:50 min. **Duración combustible:** 70 min (cartucho de 230 g). **Capacidad:** 1 – 4 personas. **PVPR:** 99,90 €

ULTI HORNILLO

Es la propuesta de Primus más resistente al viento, diseñado para garantizar un rendimiento excepcional en los entornos más exigentes. A pesar de su tamaño compacto, cuenta con un potente e innovador quemador de 3000 W de potencia, que combina combustión catalítica con radiación infrarroja. Consigue derretir nieve o hervir agua con gran rapidez (1 litro en solo 3,5 min).
Características: gran estabilidad gracias a su centro de gravedad bajo y sus tres patas robustas. En condiciones de frío extremo o cuando la presión del cartucho baja, este se puede invertir para conseguir mayor flujo de combustible. Cuenta con regulador de presión preciso y manguera para conectar a un cartucho de gas. Incluye recipiente con acumulador de calor integrado, tapa y bolsa de malla para guardarlo. **Peso:** 600 g. **Potencia:** 3000 W. **PVPR:** 345 € (con recipiente 1l). 375 € (con recipiente 1,7l).

MIMER HORNILLO

Descripción: La opción más comercial y todo-terreno de Primus. Sus puntos fuertes: simplicidad de funcionamiento, amplios brazos de la base donde reposa el recipiente dispuesto además en forma de 'X' para operar como para-vientos. Dimensiones aptas para recipientes grandes y regulación precisa de la llama.
Características: Potencia máx: 2800 w.
Autonomía con cartucho 230 g: 70 min.
Comensales: 1-3 personas.
Tiempo ebullición: de 2:30 a 3:40 min. en función de las condiciones.
Peso: 227 g.
PVPR: 31,90 €

EXPRESS HORNILLO

Descripción: La mejor elección para usuarios que buscan ligereza y resistencia en travesías en las que el mínimo peso cuenta. Otro detalle a valorar es el hecho de que sus reducidas dimensiones y su peso de solo 82 gramos se atreven con recipientes de gran capacidad.
Características: Llave de regulación de la llama ultra-precisa. Base para recipientes antideslizante y super-compacta una vez plegada. Disponible en versión con piezo.
Peso: 82 g. **Potencia:** 2600 W.
Tiempo de ebullición: 2:30 min.
Duración combustible: 85 min (cartucho de 230 g).
Capacidad: 1-2 personas.
PVPR: 44,90 €

LITE HORNILLO

Descripción: diseñado para los incondicionales de las soluciones todo-en-uno.
Características: eficiencia con la que el quemador y sistema de pre-calentamiento sacan partido al combustible. Quemador LBF patentado que reduce la altura total del hornillo ganando en estabilidad. Junta de conexión triangular que fija el recipiente al quemador con un solo giro. Amplio y preciso mango plegable de regulación del gas que puede utilizarse con guantes. La tapa que contribuye a reducir el tiempo de ebullición y que sirve también para verter dosificadamente el contenido interior. Cuenta con cazo de 0,5 l en aluminio anodizado con capacidad para guardar un cartucho de gas de 100 g y así restar espacio en nuestra mochila. Incluye piezo eléctrico integrado y funda térmica en fieltro para mayor aislamiento. **Peso:** 350 g (set).
Potencia: 1500 W. **PVPR:** 114 €

OMNIFUEL II HORNILLO

Descripción: Resistente, eficaz y potente, diseñado para responder con solvencia en las situaciones más exigentes: elevada altitud, viento, frío...
Características: Base para recipiente más estable y de menores dimensiones una vez plegada. Las salidas para el combustible están marcadas en función del combustible a utilizar y fijadas a la base. Emplea cualquier tipo de combustible: gas, gasolina, diesel, queroseno... Llave de regulación de potencia ultra-precisa, alejada del quemador, con dimensiones que nos permiten su manipulación con guantes. Se sirve con bomba de combustible (ErgoPump™), aguja para limpieza, reflector de calor y bolsa de transporte. **Peso:** 350 g. **Potencia:** 3000 W. **Tiempo ebullición:** de 2 a 3:10 min. **Duración combustible:** 70 min (cartucho de 230 g). **PVPR:** 244,90 €

EXPRESS SPIDER HORNILLO

Descripción: es uno de los hornillos más ligeros, compactos y estables del mercado. Su ligereza no está reñida con su más que probada durabilidad.
Características: La base de soporte para recipientes aporta una gran estabilidad y cuenta con patillas que quedan perfectamente bloqueadas una vez abierta. Plegado, ha sido diseñado para ocupar el mínimo espacio. Destaca por la fiabilidad de la llama que genera gracias a la precisión de regulación de la llave del gas, la cual se encuentra alejada del quemador para más seguridad. Centro de gravedad bajo y patas que se adaptan a las irregularidades del terreno. Puede equiparse con el accesorio Multifuel Kit y así convertirlo en un hornillo multi-combustible.
Peso: 200 g. **Potencia:** 2000 W. **Tiempo ebullición:** 3:35 min. **Duración del combustible:** 119 min (cartucho de 230 g). **PVPR:** 79,90 €

MONTAÑA

www.sinner.eu

ACCESORIOS

KAPLAN

El modelo KAPLAN es una gafa pensada para los amantes de lo clásico. Su montura ancha y sus protectores laterales desmontables hace que sea un modelo polivalente para todo tipo de actividad al aire libre. Hay una versión en cristal foto crómico 2-4 para una protección optima en altitud y nieve, una versión en categoría 4 y otra en categoría 3 con cristales con protección 100% UV.

Características: El diseño de este modelo está pensado como un todoterreno que puede aportar un buen confort en tus actividades. Lleva protectores laterales desmontables para evitar la entrada de los rayos solares. Las varillas están forradas con goma antideslizante que le da un confort a la sujeción. Incorporan un grip-nose confortable para la nariz.

PVPR: 129,99 € (cristal foto crómico). 59,99 € (cristal categoría 3 y 4).

PARKIA

Las gafas de sol SINNER PARKIA de estilo Wayfarer ofrecen una protección óptima con lentes polarizadas SINTEC® smoke (ahumada Categoría 3), que proporcionan una protección UV del 100%. La montura ligera de material bio G850, para rostros pequeños, garantiza comodidad duradera y aseguran un ajuste perfecto y cómodo. Las lentes de policarbonato ofrecen visión clara, mientras que las almohadillas antideslizantes para la nariz proporcionan estabilidad.

PVPR: 39,99 €

DENALI

El modelo DENALI está pensado para la alta montaña. Tienen una versión en cristal foto crómico 2-4 para una protección optima en altitud y nieve y dos referencias en categoría 3 con cristal con espejo para actividades básicas. Todos los cristales tienen protección 100% UV.

Características: Es un modelo envolvente y cerrado con una varilla ancha y protectores laterales para evitar la entrada de los rayos solares. Las varillas están forradas con goma antideslizante que le da un confort a la sujeción. Incorporan un grip-nose confortable para la nariz. Este modelo se sirve con un estuche de protección rígido.

PVPR: 129,99 € (cristal foto crómico). 59,99 € (cristal categoría 3).

VIRARO

Las gafas de sol SINNER VIRARO ofrecen protección óptima y estilo con lentes de categoría 3 "lente espejo flash ahumado" que proporcionan un 100% de protección UV. La montura está hecha de material G850 de base biológica duradera y ligera. Las lentes de policarbonato ofrecen visión clara, mientras que las almohadillas antideslizantes en la nariz y los extremos de las patillas aseguran un ajuste seguro y cómodo durante actividades deportivas. Estas gafas de sol tienen un diseño deportivo.

PVPR: 59,99 €

TRAIL

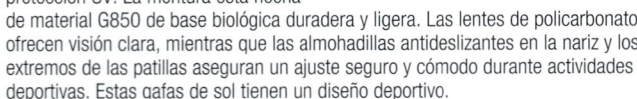

Diseñadas para el aventurero versátil, las gafas de sol deportivas SINNER TRAIL con tecnología TRANS+® se adaptan de la categoría 0 a la 3, de transparente a lente ahumada, para una visibilidad perfecta en todas las condiciones. El armazón gris de material TR90 duradero con almohadillas nasales ajustables garantiza un ajuste cómodo, ideal para aquellos que se aventuran fuera de los caminos trillados. Estas gafas de sol están equipadas con lentes de policarbonato de categoría 03.

PVPR: SMOKE RED OIL 59,99 € y TRANS+ CLEAR SMOKE CAT. 0-3 con caja 129,99 €

MÁSCARA AVON

Máscara de esquí que ofrece un amplio campo de visión. Equipada con 2 lentes magnéticas intercambiables SINTRAST®: Una lente de doble cristal naranja de espejo SINTRAST® en categoría 1 y una lente doble de espejo SINTRAST®, azul y en categoría 3. Las lentes SINTRAST® han sido especialmente desarrolladas para los paisajes nevados: proporcionan una visión extremadamente clara y nítida y un fuerte contraste, haciendo que los detalles sean aún más visibles tanto en días nublados como soleados. Ambas lentes ofrecen una protección 100% contra los rayos UV y, con el revestimiento especial antivaho, el riesgo de empañamiento es mínimo. Para asegurar un ajuste perfecto, vienen con una banda de cabeza ajustable y antideslizante y un práctico sistema de colocación. Espuma hipoalergénica de 3 capas, sistema de posicionamiento de estabilizadores. **PVPR:** 149,99 €

CASCADA

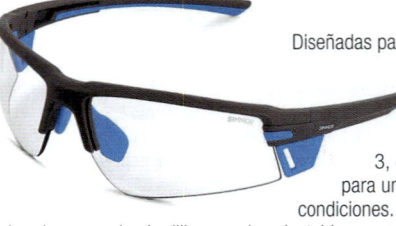

Gafa de montaña compacta y ligera, diseñada especialmente para rostros pequeños. Su diseño sin montura en la parte inferior mejora la ventilación y ayuda a reducir la condensación, incluso en condiciones de esfuerzo o humedad elevada. Dispone de varillas anchas con espuma interior de confort, que garantiza una sujeción firme y agradable durante largas jornadas. Protectores laterales integrados que bloquean eficazmente la entrada de luz periférica. Lentes fotocromáticas TRANS+®, que se ajustan automáticamente de categoría 1 a 3, adaptándose a distintos niveles de luminosidad. También disponible en versiones con lentes categoría 3 y fotocromáticas 1–3, según las necesidades del usuario. Incluye un cordón de sujeción ajustable. Plaquetas nasales ajustables para un ajuste cómodo y personalizado. **PVPR:** 139,99 € (cristal fotocromático). 69,99 € (cristal cat. 3).

CASCO ZERMATT

Los cascos de esquí SINNER destacan por ser ligeros, con carcasa ventilada de policarbonato + espuma EPS combinada con la tecnología ABS o In-Mold ligera de policarbonato en función del modelo. Dispone de hebilla de liberación rápida, soporte para máscaras y un cómodo sistema de adaptación de tallas para un ajuste adecuado. Suave forro interior acolchado absorbente de impactos, en tejido polar hipoalergénico es extraíble y lavable.

PVPR: 119,99 €

www.asolo.com

MONTAÑA

APPROACH DLX

Los bastones ASOLO Approach DLX son bastones de senderismo de alta calidad diseñados para proporcionar estabilidad y apoyo durante el senderismo en terrenos accidentados. Estos bastones están hechos de materiales duraderos para resistir los rigores de las aventuras al aire libre. El esquema de color negro y gris les da a los bastones un aspecto elegante y moderno, mientras que la longitud ajustable permite un ajuste personalizado según la altura y el terreno del usuario. Las empuñaduras ergonómicas son cómodas de agarrar durante largos períodos de tiempo, lo que reduce la tensión en las manos y las muñecas. Estos bastones de senderismo son ideales para una variedad de actividades al aire libre, como senderismo, mochilero y trekking. Ya sea que se trate de pendientes pronunciadas o terrenos rocosos, los bastones ASOLO Approach DLX brindan mayor estabilidad y equilibrio para ayudarlo a llegar a su destino de manera segura y cómoda.
Características: Puño ergonómico. Dragonera luz. Punta de vidia. Arandela ligera 32 mm. Taco de goma. Incluye bolsa porta bastones.
Empuñadura: Aluminio 7075.
12/12/12/14/16 mm - 4 tramos. Tramos Anodizados
Tecnología: Quick Lock.
Combinado de cierre de rosca y rápido.
PVPR: 117,95 €

TRAVELLER DLX

Los bastones ASOLO Traveller DLX son bastones de senderismo de alta calidad diseñados para entusiastas de las actividades al aire libre de todos los niveles de habilidad. Estos bastones presentan un elegante esquema de color negro y azul, lo que los hace elegantes y funcionales para todo tipo de terreno. Hechos de materiales duraderos, estos bastones están diseñados para soportar incluso las condiciones más difíciles. La longitud ajustable te permite personalizar la altura a tu gusto, mientras que las empuñaduras ergonómicas brindan la máxima comodidad y soporte durante largas caminatas. Los bastones Traveller DLX también cuentan con un mecanismo de bloqueo seguro para mantenerlos en su lugar mientras están en uso, lo que garantiza una experiencia de senderismo segura y estable. Ya seas un excursionista experimentado o recién estés comenzando, estos bastones son imprescindibles para tu próxima aventura al aire libre
Características: Empuñadura de corcho nordic walking. Dragonera asimétrica de nordic walking. Punta de Vidia. Arandela ligera 32 mm. Taco de nordic. Incluye bolsa porta bastones.
Empuñadura: Aluminio 7075.
12/12/12/14/16 mm - 4 Tramos. Tramos anodizados.
Tecnología: Quick Lock.
Combinado de cierre de rosca y rápido.
PVPR: 133,95 €

www.grivel.com

TRAIL 3

Bastones ligeros y compactos para trail-run con ingenioso sistema de plegado 'The Knee'. Éste imita la flexión de una rodilla, cada tramo pasa a unirse mediante una funda deslizante en material de fibra de plástico que además añade más resistencia al bastón. Una vez plegados, un cierre con tope + cordón elástico permite mantenerlos unidos para transportarlos cómodamente en la mochila. Fabricados en Italia, están construidos con palería de aluminio 7075 de 14 mm para conseguir el mejor ratio ligereza/resistencia. Altamente polivalentes en cualquier actividad de montaña (trail-run, hiking, ski-montaña) en las que el usuario aprecie la ligereza y sus reducidas dimensiones una vez plegados. Están equipados con puntera para verano y para invierno, así como de dragonera amovible y un amplio mango cubierto de espuma EVA para un mejor grip en las subidas. TRAIL THREE 3 secciones.
Peso: 190 g ½ par.
Disponible en 3 medidas:
112 – 122 – 130 cm.
PVPR: 99,90 €

TRAIL VARIO

Los bastones TRAIL VARIO incorporan en su sección inferior el original y efectivo sistema de plegado 'The Knee', desarrollado por Grivel que imita la flexión de una rodilla. Una vez desplegado, la sección inferior queda fija mediante una funda deslizante en material de fibra de plástico que además añade más resistencia al bastón. La sección superior se regula deslizando el segmento del bastón y bloqueándolo mediante un pulsador rápido. Fabricados en Italia, están construidos en aluminio 7075 para conseguir el mejor ratio ligereza/resistencia. Altamente polivalentes en cualquier actividad de montaña en las que el usuario aprecie la ligereza y sus reducidas dimensiones una vez plegados: alpinismo, trekking, ski montaña. Están equipados con puntera para verano y para invierno, así como de dragonera amovible y un amplio mango cubierto de espuma EVA para un mejor grip en las subidas.
Peso: 249 g (½ par). **Groso diámetro variable:** 16-14 mm.
Regulable de 105 a 130 cm ½. **PVPR:** 109,50 €

CONDOR EVO SKI VARIO

Bastón regulable con 2 segmentos y hoja plegable. El bastón CONDOR EVO SKI VARIO está diseñado para la práctica del esquí-alpinismo por terreno exigente y técnico. El mango está equipado con una hoja plegable de acero tipo piolet. Esta hoja puede utilizarse para realizar la técnica de auto-retención en nieve. Cuando la hoja está en posición cerrada, el mango funciona como un confortable apoyo para la mano gracias al recubrimiento de goma termo-aislante. Con la hoja en posición abierta, el mango está diseñado para proteger la mano. El bastón está construido a partir de 2 segmentos de aluminio 7075 (de 18 y 16 mm de diámetro) que permiten regularlo fácilmente de 110 a 140 cm. Cuenta también con la roseta Mutant con 2 posiciones para poder utilizarse en modo ascenso (posición asimétrica) y modo descenso (posición simétrica). El Condor Evo Ski Vario se vende por unidad o por par. **Peso:** 239 g (por unidad). **PVPR:** 119 € (unidad).

Una suela adherente aumenta la seguridad en las carreras. En la imagen, corriendo con una suela con compuesto Vibram Megagrip, muy utilizado en trail running.

SUELAS DE ZAPATILLAS PARA

TRAIL RUNNING
¿Cómo influyen en nuestra carrera?

Probablemente el elemento más importante de una suela de zapatilla es la suela, lo que nos conecta con el terreno, y esto es aún más relevante en el trail running, donde las superficies son cambiantes y exigentes. Vemos en este artículo su composición, partes y otras características que tienen una influencia directa en el rendimiento.

EN el mundo del trail running, donde el corredor y la corredora se enfrentan a terrenos cambiantes, desniveles acusados y condiciones climáticas a menudo impredecibles, cada detalle del equipamiento cobra una relevancia especial. Entre todos esos elementos, la suela de la zapatilla ocupa un papel protagonista, muchas veces infravalorado frente a aspectos más visibles como la amortiguación o el diseño del upper. Sin embargo, es precisamente la suela quien gobierna la interacción directa entre el corredor y el terreno, siendo determinante tanto para el rendimiento como para la seguridad.

Cuando afrontamos una carrera por montaña, la suela es el único punto de contacto entre nuestro cuerpo y el suelo. Su capacidad para adaptarse a las irregularidades del terreno, ofrecer agarre en diferentes superficies y absorber parte del impacto que generan los descensos pronunciados puede marcar la diferencia entre una experiencia fluida y eficiente o una jornada llena de resbalones, torceduras o sobrecargas musculares. La correcta elección de la suela permite al corredor moverse con confianza, dosificando su energía y manteniendo la estabilidad incluso en terrenos comprometidos.

Mucho más que una capa de goma: las partes

• Aunque habitualmente se hable de la suela como un único bloque, en realidad está formada por distintas capas, cada una de ellas con una función específica que contribuye al comportamiento global de la zapatilla. La parte más externa, la que está en contacto directo con el terreno, es la **suela exterior o outsole.** Aquí es donde se encuentran los tacos y los compuestos de goma que proporcionan el agarre. Es la primera línea de defensa frente a las irregularidades del camino, pero también la que más sufre el desgaste debido al roce constante con las superficies, a menudo abrasivas y duras.

• Justo por encima de la suela se sitúa la **mediasuela o midsole,** que actúa como el corazón amortiguador de la zapatilla. Su misión principal es absorber el impacto generado con cada zancada, redistribuyendo las fuerzas para reducir la carga sobre músculos y articulaciones. Además, influye decisivamente en el retorno de energía, es decir, en la capacidad que tiene la zapatilla para ayudar al corredor en cada despegue del pie.

En cuanto a los materiales con los que está fabricada la mediasuela, el más habitual sigue siendo el EVA (etilvinilacetato), por su ligereza y buena amortiguación inicial, aunque tiende a perder propiedades con el uso. En modelos de alta gama o ultra distancia es frecuente encontrar compuestos de TPU (poliuretano termoplástico), más duradero y con mejor retorno de energía, aunque algo más pesado. También empiezan a introducirse materiales basados en PEBA (como el Pebax), muy ligeros y con gran capacidad de rebote, aunque de coste elevado. A esto se suman los compuestos propios de cada marca, que combinan distintas densidades y mez-

MÓNICA LLORENTE

clas para optimizar el equilibrio entre absorción de impacto, reactividad y resistencia al desgaste.

• En muchos modelos diseñados para terrenos especialmente técnicos o pedregosos, se incorpora además una **placa de protección o rockplate.** Esta lámina rígida protege la planta del pie frente a objetos punzantes como raíces afiladas o piedras salientes, permitiendo

SUELAS ANCHAS: UNA TENDENCIA AL ALZA

En los últimos años, hemos asistido al auge de las zapatillas de suela ancha y mediasuelas voluminosas, lo que algunos denominan la corriente maximalista. Esta tendencia responde, en gran medida, a las exigencias de las carreras de ultradistancia, donde el volumen de impacto acumulado exige una gran capacidad de amortiguación y protección muscular.

El gran beneficio de estas suelas anchas radica en su estabilidad sobre terrenos irregulares y su capacidad para retrasar la aparición de fatiga muscular, especialmente en pruebas de larga duración donde cada pequeño ahorro energético se convierte en un factor decisivo.

avanzar con mayor seguridad en zonas complicadas. Suele fabricarse en materiales plásticos como TPU (poliuretano termoplástico) o nylon compuesto, aunque en algunos modelos más técnicos se emplean fibras de carbono o compuestos laminados para reducir peso sin perder rigidez, eso sí, aumentando el coste.

• Finalmente, en el interior de la zapatilla encontramos la **plantilla,** que si bien no pertenece estrictamente a la suela, participa en la sensación de confort, en el ajuste al arco plantar y en el control de la humedad durante la carrera. Muchas plantillas están fabricadas en espumas de poliuretano o EVA. En los últimos años han ganado protagonismo las plantillas fabricadas por empresas especializadas como Ortholite®, una de las marcas más comunes en el mercado de trail running. Utiliza espumas de célula abierta que favorecen la ventilación y la evacuación de la humedad, ayudando así a mantener el pie más seco y fresco durante el esfuerzo. Además, estas espumas suelen incorporar tratamientos antimicrobianos que limitan la proliferación de bacterias y hongos responsables del mal olor, prolongando la frescura interior de la zapatilla. También hay marcas que ofrecen la opción de personalizar la plantilla (normalmente con procesos de termoforma-

do en la propia tienda) para un ajuste exacto del pie a la zapatilla.

Los materiales o compuestos

La elección de los materiales de la suela es un auténtico ejercicio de ingeniería, en el que los fabricantes buscan constantemente el equilibrio entre factores que, en muchos casos, son antagónicos. La mayoría de las suelas exteriores están fabricadas en compuestos de caucho o goma, materiales que ofrecen un buen compromiso entre tracción y resistencia al desgaste. Sin embargo, no todos los cauchos son iguales. Algunos están formulados específicamente para maximizar el agarre en roca mojada o superficies lisas, mientras que otros priorizan la durabilidad en terrenos más abrasivos.

Un ejemplo de estos compuestos de alta adherencia son las gomas más blandas y adherentes, ampliamente utilizadas en modelos destinados a terrenos técnicos donde el agarre en piedra es fundamental. Estos materiales ofrecen una tracción sobresaliente pero tienden a desgastarse con mayor rapidez, especialmente si se utilizan en terrenos más duros o incluso en asfalto.

En algunos modelos de zapatillas de trail running de última generación, ciertos fabricantes están empezando a incorporar tejidos o mallas textiles como re-

fuerzo estructural en la suela exterior, habitualmente en combinación con caucho o en capas intermedias. El objetivo principal de estos tejidos es reducir el peso total de la suela sin perder resistencia mecánica ni flexibilidad.

Igualmente hay marcas que han experimentado con la incorporación de fibras textiles, microfilamentos o partículas especiales incrustadas directamente en el compuesto de goma de la suela exterior para mejorar el agarre sobre hielo, nieve compactada o roca húmeda. Estas fibras actúan como pequeños anclajes microscópicos que aumentan la fricción cuando la goma por sí sola no es suficiente. Esta tecnología se está viendo sobre todo en mercados nórdicos o en disciplinas de trail invernal (snow running, carreras árticas), donde el rendimiento en superficies heladas es crítico.

Algunas marcas comerciales

En este contexto, muchas marcas han desarrollado sus propios compuestos exclusivos, buscando el mejor rendimiento según el uso previsto.

El nombre que probablemente más peso tiene en el trail internacional es Vibram, un auténtico referente histórico en el desarrollo de suelas de alto rendimiento para montaña. Dentro de su amplísima gama, el

Izquierda, saltando entre rocas con unas zapatillas Altra Olympus, recomendadas para terrenos difíciles. Abajo, la zapatilla Merrell Trail Glove 7, con drop 0. Derecha, comprobando la buena expulsión del barro que aporta el taqueado agresivo.

compuesto Vibram Megagrip está vinculado al trail running técnico. Su comportamiento sobresale en superficies húmedas, ofreciendo un nivel de adherencia excelente tanto en roca mojada como en terreno embarrado, sin sacrificar en exceso la durabilidad. Algunas versiones de Vibram como el Litebase reducen además el peso total de la suela manteniendo el mismo nivel de tracción, lo que ha permitido a muchos fabricantes diseñar zapatillas más ligeras sin penalizar el rendimiento.

Otra marca habitual en las zapatillas de trail running es Michelin, que ha aplicado su experiencia en neumáticos al desarrollo de suelas para trail. Sus compuestos presentan un enfoque muy interesante para terrenos húmedos y grasos, con una estructura de tacos inspirada en los dibujos de los neumáticos de mountain bike. Las suelas Michelin suelen tener un comportamiento muy sólido en barro, gracias a su capacidad de evacuación rápida, además de ofrecer buena resistencia al desgaste en terrenos abrasivos como la roca caliza o las pistas técnicas.

En los últimos años, otros fabricantes como Continental (presente sobre todo en modelos de Adidas Terrex) también han entrado con fuerza en el segmento, aportando compuestos con buen compromiso entre agarre y resistencia, especialmente eficaces en terrenos secos o compactos donde la durabilidad es un factor clave.

También hay marcas que fabrican sus propias suelas, como la Contagrip de Salomon, la FriXion de La Sportiva o el

compuesto Pomoca empleado por Dynafit, así como una amplia combinación de cauchos que no están englobados bajo una denominación concreta.

La clave en todas ellas reside en encontrar ese delicado equilibrio entre un buen nivel de adherencia —que evite resbalo-

nes en terrenos complicados— y una resistencia al desgaste que permita al corredor afrontar largas distancias o temporadas sin que la suela quede destrozada tras pocas salidas.

El drop: esa pequeña-gran diferencia de altura

Uno de los conceptos más debatidos en el diseño de zapatillas es el llamado drop, que no es otra cosa que la diferencia de altura entre el talón y el antepié de la zapatilla. Aunque a simple vista pueda parecer un detalle menor, el drop influye de forma muy significativa en la biomecánica de la carrera.

Cuando hablamos de drops elevados, en torno a los 8-12 milímetros, nos referimos a modelos que favorecen una pisada de talón, muy habitual en corredores menos experimentados o en quienes priorizan la amortiguación máxima en largas distancias. Esta configuración descarga en parte la tensión sobre el tendón de

EL BAREFOOT: RETORNO AL MINIMALISMO

Frente a la sofisticación de las suelas maximalistas, existe también una corriente opuesta que busca reproducir la experiencia de correr descalzo: el barefoot running. Este enfoque parte de la idea de que el cuerpo humano está biológicamente diseñado para correr sin necesidad de estructuras amortiguadoras, y que el exceso de tecnología puede, en algunos casos, alterar la mecánica natural de la pisada.

Las zapatillas barefoot eliminan prácticamente la amortiguación, presentan un drop nulo y una suela extremadamente fina y flexible, permitiendo al corredor sentir cada irregularidad del terreno y forzando un apoyo sobre el antepié. Esta práctica puede resultar beneficiosa para quienes buscan fortalecer la musculatura intrínseca del pie, mejorar la propiocepción y refinar su técnica de carrera. Sin embargo, exige un periodo de transición largo y cuidadoso, ya que el riesgo de sobrecarga en tendones y estructuras musculares es elevado si se introduce de forma brusca.

Aquiles y la cadena posterior, pero puede generar un patrón de carrera menos eficiente en cuanto al aprovechamiento del ciclo natural de la zancada.

Por el contrario, drops intermedios, que rondan los 4-8 milímetros, buscan un equilibrio entre comodidad y una pisada más centrada en el mediopié, ofreciendo mayor control y estabilidad en terrenos variables. En la base del minimalismo encontramos los drops bajos o directamente el drop cero, que sigue la busca la sensación del barefoot o "pie descalzo".

En el contexto del trail running, donde la irregularidad del terreno obliga constantemente a ajustes dinámicos de la pisada, el drop bajo puede aportar ventajas en términos de estabilidad, siempre que el corredor cuente con la técnica y el acondicionamiento muscular adecuados.

Los tacos: la geometría que evita caídas

Si hay un elemento que marca la diferencia entre una zapatilla de trail y una de asfalto, son los tacos. Estos pequeños salientes de la suela tienen como misión proporcionar tracción tanto en la fase de impulsión como en la de frenado, adaptándose a superficies resbaladizas, blandas o irregulares.

La profundidad de los tacos es fundamental. En terrenos secos y compactos, como pistas o senderos de tierra firme, unos tacos de menor altura son suficientes para ofrecer tracción sin comprometer la pisada. Sin embargo, cuando el terreno se torna

blando, embarrado, con hierba o algo de nieve, tacos más profundos permiten "morder" la superficie y evitar resbalones. Su forma también varía en función del uso: mientras que los cónicos o piramidales penetran mejor en barro o nieve, los más angulados o en forma de V ofrecen mejor comportamiento en roca y zonas técnicas.

No menos importante es la disposición de estos tacos sobre la suela. Un diseño bien pensado orienta los tacos de forma diferente en la zona delantera, donde prima la tracción en ascenso, y en la trasera, donde se busca optimizar la frenada durante los descensos. Aquí las variaciones son múltiples y cada firma asegura ofrecer la geometría perfecta que potencia el agarre.

Suelas más verdes

Dentro del esfuerzo global por mejorar la sostenibilidad del sector del trail running, algunos fabricantes han comenzado a desarrollar iniciativas centradas directamente en la suela, tradicionalmente uno de los componentes más difíciles de reciclar por su composición mixta de gomas y polímeros. Una de las líneas de trabajo más destacadas es el uso de material reciclado en la fabricación de los compuestos de goma, incorporando porcentajes variables de caucho reciclado post-industrial o incluso partículas de EVA reciclada en la entresuela, lo que permite reducir el consumo de recursos vírgenes sin afectar el rendimiento.

Paralelamente, existen proyectos de suelas modulares o intercambiables, que

permiten sustituir únicamente la suela exterior desgastada, manteniendo intacta la parte superior de la zapatilla, alargando así la vida útil del producto completo y, por tanto, reduciendo su impacto ambiental. Estas iniciativas muestran un camino prometedor hacia un modelo más circular y menos dependiente del consumo rápido de materiales.

La suela como parte de un todo

En definitiva, la suela de la zapatilla de trail running constituye un componente crítico que condiciona tanto el rendimiento como la seguridad del corredor. Su capacidad para adaptarse al terreno, gestionar el agarre y proteger el pie es fundamental. No obstante, conviene no perder de vista que forma parte de un sistema integral en el que intervienen también la amortiguación, la sujeción del upper, el ajuste general de la zapatilla y, por supuesto, la técnica del propio corredor o corredora.

Una elección acertada no depende únicamente de las características técnicas del material, sino del conocimiento que cada persona tenga de sus propias necesidades, su experiencia, el tipo de terreno que frecuenta y los objetivos de sus carreras. Como en muchos aspectos del trail running, la clave está en el equilibrio, la adaptación progresiva y el respeto por la biomecánica individual.

Redacción DESNIVEL

TEST

PRODUCTO PROBADO *Por Miguel Ángel SÁNCHEZ*

ZAPATILLAS PRODIGIO PRO DE LA SPORTIVA

Versatilidad, ajuste y máxima estabilidad en todos los terrenos

Fabricante:
La Sportiva (Italia).
Distribuidor:
Snow Factory.
Actividad recomendada:
trail running, competición.
Materiales:
HT light mesh+ wrapping footcage (superior). Malla anti abrasión de material reciclado (revestimiento). Suela Frixion® White.
Peso:
270 g (hombre),
230 g (mujer).
Drop: 6 mm.
Tallas: 36 a 49½ eu.
Colores:
amplia variedad.
PVP aprox: 200 €.

LA SPORTIVA inició una nueva filosofía en el diseño de sus zapatillas enfocadas a las largas distancias con las Prodigio y que han completado este año con dos nuevos modelos, el Prodigio Max, orientado al entrenamiento y el Prodigio Pro, con un objetivo más competitivo y que os vamos a contar a continuación.

El modelo "Pro" mantiene el drop de 6 mm (28/34 mm) en una media suela con un nuevo compuesto de EVA y nitrógeno (XFlow Speed™), que nos ha aportado un equilibrio perfecto entre amortiguación y reactividad. No solo el material de construcción interviene en este proceso. El rocker (la forma de balancín) se suma a este efecto de ayuda a la progresión de la zancada de manera notable. No dispone de placa de protección, que se ha sustituido por una mayor densidad en la parte que entra en contacto con la suela (XFlow™). Otra apuesta de diseño, que aunque no protege como una placa, nos ha escudado satisfactoriamente, mientras se reduce el peso (295g en talla 45,5 EU / 12 US) y permite una mayor flexibilidad en el antepié.

Lo que más nos ha gustado es el ajuste que aporta el conjunto. Introducimos el pie en un "calcetín" ajustado especialmente en el tobillo, que permite una buena movilidad en su antepié más espacioso que en otros modelos, con unas bandas de gel en el empeine que permiten apretar bien los cordones planos, sin afectar a los tendones. En la zona del tendón de Aquiles tiene dos almohadillas que además de proteger fijan más el pie.

El "upper" se remata con una especie de "exoesqueleto" de hilos de TPU (Power Wire) que se extienden estratégicamente hacia uno

FOTOS: MIGUEL A.JIMÉNEZ

VALORACIÓN GENERAL	★★★★☆		
Amortiguación	★★★★★	Ajuste	★★★★★
Transpirabilidad	★★★★☆	Agarre	★★★★☆
Reactividad	★★★★★	Precio	★★★☆☆

y otro lado, para aportar estabilidad y una buena transpirabilidad. La durabilidad que ha demostrado este compuesto también es reseñable. Además, no tiene ninguna elasticidad por lo que el ajuste que ofrece a nuestros pies se mantendrá toda su vida útil.

Para redondear, la que nos ha parecido muy versátil y una de las mejores zapatillas para largas distancias que hemos probado hasta la fecha, es su suela. Con el compuesto Frixion® White, con tacos de 4 mm en V, ofrece un agarre excelente (aunque en terrenos embarrados no es tan destacada) y una durabilidad bastante aceptable.

Puntos fuertes: Ergonomía, versatilidad en todos los terrenos y agarre.

 **INFO** www.lasportiva.com/es

PRODUCTO PROBADO Por Juan Ramón MORÁN

ZAPATILLA MTL ADAPT MATRYX DE MERRELL

Gran amortiguación, para carreras de larga distancia

COMO se puede apreciar a simple vista, estas zapatillas presentan una amortiguación extraordinaria, esto ya nos está indicando que están pensadas para trail running de larga distancia. La casa estadounidense ha puesto mucho empeño en incluir en esta zapatilla los mejores materiales y tecnologías actuales del mercado.

El Upper está hecho con tecnología Matrix, que combina hilos de Kevlar y poliamida de alta tenacidad, para crear una sola capa de material que logra una excelente relación entre ligereza y resistencia a la abrasión. He podido comprobar su buena transpirabilidad y, aunque no es un tejido impermeable, sí que resiste bien el paso del agua.

La entresuela es de espuma FloatPro™: de doble densidad, con una capa inferior más resistente y firme (más durabilidad) y la superior más amortiguada (más comodidad). Forma de arca que facilita la estabilidad de la pisada. Y con canales flexibles que logra una pisada más dinámica y natural, mejor para suelos irregulares.

Uno de sus puntos fuertes es su suela, Vibram con compuesto Megagrip, que ha cumplido las expectativas en cuanto a su gran agarre en todo tipo de terrenos. Los tacos son de 4 mm y están dispuestos de una forma que favorecen el impulso y el agarre con el suelo.

VALORACIÓN GENERAL ★★★★☆

Ligereza	★★★★☆	Amortiguación	★★★★★
Ajuste	★★★★☆	Agarre	★★★★★
Transpirabilidad	★★★★★	Precio	★★★☆☆

Fabricante: Merrell (EEUU).
Distribuidor: Wolverine Worldwide.
Actividad recomendada: trail running.
Materiales: tecnología Matrix, entresuela de ntresuela de espuma FloatPro™, suela Vibram Megagrip.
Peso: 290 g.
Drop: 6 mm.
Tallas: 40 a 50 eu.
PVP aprox: 200 €.

Tiene también buenos detalles, como sus estampados en 3D en zonas de más desgaste para una mayor durabilidad, o el logo reflectante para situaciones de poca visibilidad. Otro punto positivo de sostenibilidad es que los cordones están hechos con materiales reciclados, y tambien la plantilla, de poliuretano, tiene un porcentaje reciclado.

La he estado utilizando en el terreno variado de la sierra de Guadarrama, corriendo tanto por zonas rocosas como con arenas, hierba y pistas de tierra. En general me ha parecido una zapatilla muy cómoda que ofrece sus mejores prestaciones en las carreras largas, como los ultratrail o los maratones de montaña, pero a la que también le podremos sacar todo el partido en nuestros entrenamientos y carreras de menos recorrido, disfrutando así de la comodidad y buena estabilidad que ofrece. Hay que tener en cuenta que su precio de venta, en torno a los 200 euros, la sitúa entre las zapatillas de alta gama de este segmento.

Puntos fuertes: zapatilla con muy buena amortiguación, construcción de calidad, cómoda y estable.

FOTOS: JUAN RAMÓN MORÁN

INFO www.merrell.es

PRODUCTO PROBADO *Por Jesús VELASCO*

CAMISETA TIRREL Y SHORT TOIMON DE +8000
Para correr fresco y cómodo

VALORACIÓN GENERAL	★★★★☆		
Comodidad	★★★★★	Polivalencia	★★★★☆
Ajuste	★★★★☆	Resistencia	★★★☆☆
Transpirabilidad	★★★★☆	Precio	★★★☆☆

Fabricante: +8000 (España).
Distribuidor: Aguirre&Cia.
Actividad recomendada: trail running, senderismo.
Materiales: Camiseta Tirrel: 100% poliéster con textura de cuadrillé. Short Toimon: tejido bieslástico 92% poliéster y 8% elastán.
Tallas: S a XL.
PVP aprox: Camiseta: 30,50 €. Short: 30,75 €.

ESTAMOS ante un conjunto fresco y ligero, perfecto para correr, que en general me ha parecido muy cómodo y transpirable. Por un lado, la camiseta Tirrel se ajusta al cuerpo sin molestar, sus costuras no se sienten ni provocan rozaduras. Me gusta el color blanco porque favorece el reflejo del sol y ayuda a mantenerse fresco.

Su construcción en poliéster y su textura hace que sea agradable al contacto con la piel a la par que favorece el secado rápido. En la zona de las axilas lleva un tejido en forma de panel que favorece la transpiración. Después de varios usos sin lavarla intencionadamente para comprobar si se quedaría el olor de la traspiración, he comprobado que aguanta muy bien, algo a valorar. Otro buen detalle es la tira reflectante que lleva en la espalda, que ayuda a ser visto en condiciones de poca luz.

Pienso que es una camiseta que, además de para correr, se puede emplear para cualquier otra actividad. También cumple muy bien la función de primera capa en otras actividades con más frío y humedad donde necesitas que haya un buen flujo de traspiración.

Por su parte, el short Toimon me ha resultado realmente cómodo para correr, con una altura perfecta, ni demasiado corto, ni demasiado largo. Igualmente creo que es útil y confortable para realizar cualquier otra actividad. Está confeccionado con un tejido suave al tacto, aunque puede ser delicado en caso de enganchón con ramas. La pieza de la entrepierna traspira bien y el suspensor interior de rejilla nunca me llegó a molestar.

Su cintura ancha y elástica es cómoda y permite un ajuste bueno sin que se desplace hacia abajo durante la carrera, incluso sin necesidad de usar el cordón (recomendable probar talla diferentes antes de la compra). Dispone de un pequeño bolsillo posterior con cremallera, que resulta muy útil para llevar las llaves. El diseño de los laterales aumenta su comodidad y su estética, haciéndolo más versátil.

Puntos fuertes: un conjunto perfecto para correr en temperaturas cálidas, agradable al tacto y con buena transpirabilidad.

INFO **www.mas8000.es**

ZAPATILLAS PEREGRINE 15 W DE SAUCONY

Volar con los pies

HAY algo en el trail running que va más lejos del mero acto de correr: es una forma de reconectar con lo salvaje que todos llevamos dentro. Con las Saucony Peregrine 15 eso se vuelve más fácil que nunca.

Nada más calzármelas y dar los primeros pasos, sentí que tenía bajo mis pies una aliada de excepción. El upper de malla de alta resistencia, reforzada en las zonas más expuestas, me sujetó con fuerza sin oprimir. Su sistema de suela y plantilla me lanzó hacia delante, absorbiendo cada impacto sin restarle agilidad, y su puntera reforzada de goma (Forefoot Rock Guard) se convirtió en el escudo que me protegió de las rocas más afiladas en el camino.

En las subidas más exigentes y en las bajadas más empinadas, el grip de la suela PWRTRAC —de goma de nueva fórmula, con tacos de 5 mm— me salvó de dar un paso en falso. De hecho, la mejora de la suela es su principal avance respecto a la versión anterior (según indica la marca, es un 33,3% más resistente a la abrasión; tiene un 8% de mejora en tracción en seco y un 26% en mojado, además de un 108% de mejora en la resistencia a cortes/desgarros bajo tensión). Su amortiguación suave proporciona una pisada cómoda, pero sin perder estabilidad. La plantilla PWRRUN+ añade un *plus* de confort bajo el pie, mientras que el drop de 4 mm (28 mm en el talón y 24 en el mediopié) proporciona una transición natural en cada zancada.

Por otro lado, el compromiso de Saucony con el medio ambiente se traduce en el uso

de materiales reciclados y sin componentes animales —esta zapatilla es 100% vegana—, algo que hace que sean tan respetuosas con el entorno como lo somos quienes vivimos el trail como una filosofía de vida.

En definitiva, una zapatillas que te permiten "flotar" corriendo en la montaña, pero sin dejar de tener el control de la carrera, disfrutando con seguridad de cada zancada. El modelo que he podido probar no lleva membrana impermeable, por lo que es más transpirable y ligero, recomendable para clima estival. Pero la firma también dispone de este mismo modelo con membrana Gore-Tex. Ambas versiones tanto en horma femenina como masculina, en una amplia variedad de colores. Su atractiva estética y comodidad permite su uso en muchas otras situaciones, más allá de las carreras por montaña.

Puntos fuertes: Agarre, estabilidad y seguridad en cualquier terreno gracias a su construcción y al buen rendimiento de su suela. Amortiguación cómoda y reactiva. A destacar también su compromiso medioambiental, con una fabricación que respeta la naturaleza en la que corremos.

VALORACIÓN GENERAL	★★★★☆		
Comodidad	★★★★☆	Sostenibilidad	★★★☆☆
Ajuste	★★★★☆	Transpirabilidad	★★★★☆
Agarre	★★★★☆	Precio	★★★☆☆

Fabricante:
Saucony (EEUU).
Distribuidor:
Saucony.
Actividad recomendada:
trail running.
Materiales:
upper de malla sintética, plantilla de espuma espuma PWRRUN, suela de goma PWRTRAC. Componentes reciclados, 100% vegano.
Peso: 246 g.
Drop: 4 mm.
Tallas: 35,5 a 44,5 eu.
Colores: múltiples colores tanto en versión masculina como femenina.
PVP aprox: 150 €.

INFO **www.saucony.com**

● TRAIL RUNNING

Black Diamond

www.blackdiamondequipment.com

DISTANCE 8

Diseñada para largas jornadas en movimiento, la Gen 2 Distance 8 Pack está construida con tejidos ripstop de UHMWPE y un sistema de arnés único que se adapta a tu cuerpo en cada paso. Sus "alas" tejidas elásticas se extienden desde el panel trasero hacia los laterales, ofreciendo un ajuste seguro y sin rozaduras. Cuenta con almacenamiento para bastones Z-Pole que se puede desplegar fácilmente mientras te mueves, y doble compresión lateral para ajustar la capacidad de carga sobre la marcha. La mochila incorpora la tecnología BD SETT (Stitchless Edge Taping Technology), que mejora el ajuste, la comodidad y la durabilidad durante el uso intenso. Además, dispone de un bolsillo interior con cremallera, bolsillos laterales elásticos y un bolsillo con cremallera en la cinta del hombro para guardar objetos de acceso rápido. **PVPR:** 150 €

DISTANCE 15

Mochila híbrida con un sistema de suspensión inspirado en chalecos. Sus bolsillos delanteros para almacenamiento rápido, junto con su capacidad de 15 litros y opciones duales para llevar piolets, te permiten avanzar más rápido y más lejos. Pensada para largas jornadas alpinas que combinan carrera y escalada ligera, fusiona tecnología ligera con espacio adicional para tus aventuras en alta montaña. Fabricada con la tecnología BD SETT (Stitchless Edge Taping Technology), ofrece un mejor ajuste, mayor comodidad y durabilidad. Incluye almacenamiento para bastones Z-Pole fácil de desplegar mientras avanzas. **PVPR:** 170 €

DISTANCE 22

Diseñada para largas jornadas alpinas que combinan carrera y escalada ligera, es una mochila híbrida que te permite llevar todo lo esencial sin limitar tu movimiento. Con un diseño híbrido que incluye un sistema de suspensión inspirado en chalecos para correr, la Distance 22 combina tecnología ligera y cómoda con amplio espacio adicional para tus aventuras en la montaña. Fabricada con la tecnología BD SETT (Stitchless Edge Taping Technology), ofrece mejor ajuste, comodidad y durabilidad durante el movimiento. Está equipada con almacenamiento para bastones Z-Pole de fácil acceso y opciones para llevar dos piolets, adaptándose a terrenos técnicos y exigentes. **PVPR:** 190 €

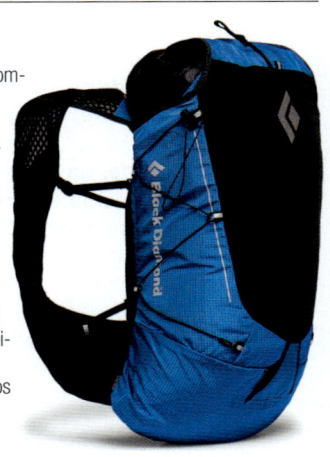

DISTANCE CARBON Z

El Distance Carbon Z es el baston Z-Pole más ligero, diseñado para aquellos que viajan rápido. Con una construcción 100% de carbono, el Distance Carbon Z presenta un diseño plegable de tres secciones que permite un despliegue de respuesta rápida. Se ha reducido el diámetro de los bastones, disminuyendo el peso y el volumen sin sacrificar la durabilidad. La correa Distance ligera y de apoyo es transpirable y absorbe la humedad, la empuñadura ultraligera de EVA tiene la cantidad justa de comodidad y las Tech Tips de goma que no dejan marcas completan esta pieza como lo último en tecnología de bastones ligeros al detalle. **PVPR:** 160 €

DISTANCE CARBON FLZ

Bastón premium, diseñado para un rendimiento plegable y totalmente ajustable. Construido 100% con carbono, ofrece máxima ligereza y resistencia. Cuenta con el sistema de ajuste FlickLock+, que permite un encaje perfecto para moverse de forma eficiente sin importar el terreno. Su eje plegable de tres secciones facilita el transporte y almacenamiento. La correa Distance, hecha de nylon reciclado ultraligero, es transpirable y absorbe la humedad, mientras que el agarre de EVA ultraligero proporciona comodidad. Incorpora puntas Tech Tips de goma fácilmente intercambiables, completando un bastón diseñado para ofrecer ligereza y funcionalidad. **PVPR:** 190 €

DISTANCE Z

Diseñados para el uso diario de corredores de trail y senderistas, los Distance Z son unos bastones de trekking de aluminio fiable que incorporan la tecnología plegable rápida y sencilla Z-Pole. Su correa Distance, ligera y resistente, es transpirable y absorbe la humedad, ofreciendo un soporte confiable durante tres estaciones para una amplia variedad de aventuras en montaña. **PVPR:** 130 €

DISTANCE FLZ

Combinando la capacidad de plegado de la tecnología Z-Pole con el ajuste rápido y seguro de FlickLock®, el Distance FLZ es una opción excelente para carreras por senderos, trepadas exigentes y largas caminatas. Cuenta con la correa Distance, ligera, transpirable y que absorbe la humedad, lo que convierte al Distance FLZ en un bastón duradero, ligero y listo para la aventura. **PVPR:** 150 €

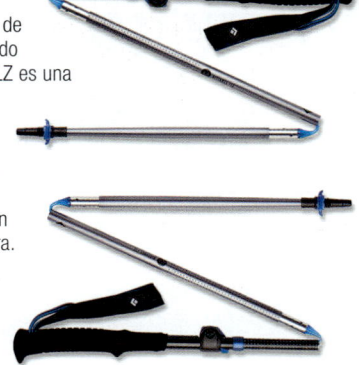

CimAlp

www.cimalp.es

STORM PRO

Chaqueta Ultrashell® impermeable y transpirable. La STORM PRO, diseñada específicamente para el trail running, es el aliado ideal para los atletas más exigentes en condiciones extremas. Con una impermeabilidad de 20 000 Schmerber y una transpirabilidad de 80 000 MVP, incorpora la avanzada membrana Ultrashell® en una construcción de tres capas. Destaca por su ligereza, elasticidad y detalles técnicos como la capucha ergonómica y las cremalleras estancas, y cumple con los requisitos del material obligatorio del UTMB®.

Peso: 290 g (M).
PVPR: 189,90 €

STORM

Chaqueta Ultrashell® Slim. Esta chaqueta, confeccionada en Ultrashell® Slim de 2,5 capas, redefine la resistencia en ultra-trails. Ergonómica, impermeable (10 000 Schmerber), transpirable (10 500 MVP) y cortavientos, garantiza una protección fiable y ligera. Con capucha envolvente y rendimiento técnico excepcional, cumple con los requisitos del material obligatorio del UTMB®.

Peso: 225 g (M).
PVPR: 139,90 €

BLIZZARD

Chaqueta aislante y transpirable. Elástica, aislante y transpirable, la chaqueta BLIZZARD es una capa esencial los 365 días del año. Diseñada para usarse sola o como segunda capa, combina tejidos que aportan calidez sin comprometer la movilidad. Su interior cepillado proporciona aislamiento térmico, mientras que el exterior en CIMAFLEX® garantiza flexibilidad y evacuación eficaz de la humedad. Incorpora elementos reflectantes para mayor seguridad.

Peso: 290 g (S).
PVPR: 84,90 €

SPANISH MONTAGNARD

Camiseta ultra ligera de secado rápido. Ultraligera y altamente transpirable, esta camiseta, ideal para actividades de alta intensidad, está confeccionada en CIMAFLEX®, un tejido técnico de secado rápido y excelente transpirabilidad. Su diseño ergonómico garantiza libertad de movimiento y rendimiento óptimo en cualquier terreno. Más allá de su función técnica, esta prenda reúne a los trail runners de toda España bajo una bandera común de innovación responsable.

Peso: 100 g (M).
PVPR: 44,90 €

LAVAREDO

Short ultraligero 2 en 1 con cinturón multibolsillos. Diseñados para trail running y ultra-trails, combinan rendimiento, ligereza y comodidad en una única prenda. El calzoncillo interior microaireado de secado ultrarrápido mantiene la piel seca durante esfuerzos intensos, mientras que el tejido exterior ultraligero y elástico CIMAFLEX® asegura libertad total de movimiento. La cintura integrada con seis bolsillos de malla stretch permite llevar geles, barritas, teléfono o una falda flexible de 500 ml sin balanceo al correr.

Peso: 155 g (M).
PVPR: 79,90 €

AIGUINES

Skort 2 en 1 con cinturón multibolsillos. Diseñado para trail running y fast-hiking, combina una falda exterior ligera en CIMAFLEX® junto a un short interior de malla sin compresión, garantizando máxima libertad de movimiento y confort. Incorpora cinturón multibolsillos con tres compartimentos de malla delanteros y un bolsillo trasero con cremallera, ideal para portar geles, teléfono y botellas sin balanceo. Con costuras planas y impresiones reflectantes, asegura ligereza, secado rápido y visibilidad durante las salidas en terreno exigente.

Peso: 125 g (S).
PVPR: 59,90 €

X-RACE

Zapatillas de alto rendimiento con suela Vibram® MegaGrip. Máxima precisión, ligereza y tracción para el trail running técnico y de larga distancia. Con un peso de solo 275 g (talla 42), incorporan suela Vibram® MegaGrip con tacos multidireccionales y entresuela SuperLight EVA para una pisada dinámica y estable. El upper en malla reciclada ofrece transpirabilidad y durabilidad, mientras que el drop de 4 mm y la plataforma baja (20/16 mm) garantizan una sensación precisa del terreno.

Peso: 275 g (talla 42).
PVPR: 139,90 €

VISION ONE SPORT

Gafas ultraligeras y ventiladas. Con solo 26 g de peso, ofrecen máxima ligereza y una protección visual de 180° gracias a su diseño sin montura y envolvente. Las ventilaciones superiores y laterales evitan el empañamiento incluso en esfuerzos intensos. Patillas y puente nasal ajustables aseguran un ajuste cómodo y estable. Disponibles con lentes fotocromáticas y totalmente personalizables gracias al configurador 3D CIMALP.

Peso: 26 g.
PVPR: 89,90 €

www.dynafit.com

TRAIL

Asfalto, gravilla o terrenos compactos. La Trail es una zapatilla todoterreno que se adapta a cualquier terreno pensada para aquellos atletas urbanos que salen a correr aun teniendo un poco lejos la montaña. La zapatilla destaca por su adaptabilidad, durabilidad y comodidad. Lleva una suela Vibram XS-Trek con un taqueado de 3,5 mm pensada, precisamente, para resistir ante cualquier superficie, con una gran durabilidad y un agarre más que notable para terrenos un poco más rotos. En la mediasuela, el compuesto SpeedLITE de Dynafit garantiza la máxima comodidad en cada paso, así como un buen retorno de energía. El drop de 6 mm también la hace una zapatilla muy cómoda y apta para todo tipo de corredores. Las Trail, además, son una opción ligera, para que el peso tampoco sea un impedimento para salir a correr a la naturaleza, aunque no este justo al lado de tu casa. **Peso:** 260 g. **PVPR:** 160 €

TRAIL BELT

El cinturón de Trail Dynafit es la opción perfecta para tus entrenamientos diarios y poder llevar contigo las pertinencias más esenciales, sin tener que llevar una mochila o un chaleco que, para salidas más cortas, pueden ser más aparatosos. Su característica es la practicidad, así como su espacio para poder llevar las llaves, un pequeño recipiente de hidratación e incluso una chaqueta, si es necesario. En la parte trasera, también tiene un par de tiras para poder llevar contigo un par de bastones, si el entrenamiento tiene una cuesta más inclinada. También en la parte trasera, la zona lumbar cuenta con un buen acolchado para tampoco comprometer el confort. **Peso:** 100 g. **PVPR:** 60 €

TRAIL 6 VEST

El chaleco para correr Trail 6 lo tiene todo para que puedas llevar contigo todo lo que necesitas para tus entrenamientos diarios más largos. Compacto, moderno y versátil, cuenta con un gran compartimento central accesible desde arriba y por un lateral. Queda bien sellado con cremallera y, en el interior, contiene un compartimiento específico repelente al agua para guardar tus pertinencias más importantes o una bolsa de hidratación. En la parte frontal, cuenta con un par de bolsillos abiertos y uno que queda cerrado con cremallera para poder guardar los objectos más pequeños. Además de los dos compartimentos a la altura del pecho para poder almacenar los soft lasks de hidratación de 500 ml, que van incluidos con el propio chaleco. **Peso:** 200 g. **PVPR:** 130 €

TRAIL WIND JACKET

Minimalista, ligero y cómodo, el cortaviento Trail ofrece la protección perfecta contra las inclemencias del tiempo durante tus entrenamientos diarios. Gracias a que se puede plegar muy pequeño, es muy fácil de llevártelo contigo, ya sea dentro de tu chaleco o cinturón. Su acabado ergonómico y adaptado a la anatomía corporal, garantiza una libertad total del movimiento y un ajuste muy cómodo. En la parte trasera, además, el tejido es un poco más grueso para que puedas llevar sin problemas tu mochila de hidratación. Debajo de los brazos y en la zona de las axilas, cuenta con perforaciones específicas hechas con láser para poder garantir una buena transpirabilidad y una evacuación óptima del sudor. Para una mayor ventilación, el cortaviento cuenta con un pequeño cierre a modo de botón a la altura del pecho para así poder tener la cremallera abierta en su totalidad. **Peso:** 125 g. **PVPR:** 140 €

TRAIL SHIRT W

Camiseta de trail de alto rendimiento que combina la construcción con material reciclado y un atractivo diseño en la parte trasera. El material, con un tratamiento anti olor para los días más calurosos, garantiza una transpirabilidad perfecta, así como un tacto muy suave y agradable para la piel. La buena calidad, se une con un sencillo diseño atractivo y moderno en la espalda. **Peso:** 70 g. **PVPR:** 65 €

TRAIL 2IN1 SHORTS W

Ligero y transpirable, el pantalón corto 2 en 1 de trail es el aliado perfecto para tus entrenamientos. La ligereza y la transpirabilidad del pantalón exterior se combina con la malla interior que garantiza una comodidad perfecta, un buen ajuste gracias a las tiras de silicona que aseguran que queda bien fijada, y ayuda a evitar las rozaduras que se pueden producir durante las jornadas más largas. El pantalón cuenta con distintos bolsillos en los laterales y en la parte posterior para poder guardar los objetos más importantes e incluso nutrición. La cintura elástica ayuda a sujetar bien el pantalón y no limita, en ningún caso, el movimiento. **Peso:** 135 g. **PVPR:** 100 €

MERRELL

www.merrell.com

PROMORPH

Corre donde quieras. Sin límites.
Desde el asfalto hasta el sendero, las ProMorph son las zapatillas de running todoterreno diseñadas para acompañarte en cualquier ruta. Combinan la comodidad duradera de la espuma premium FloatPro+™ con la tracción versátil de la suela Vibram® XS Trek Evo, para que puedas moverte con confianza, sin importar el terreno.

Características: Empeines de tejido sintético y malla. Cordones 100% reciclados. Forro de malla 100% reciclado y transpirable. Plantilla de espuma EVA 50% reciclada y extraíble. Tratamiento Cleansport NXT™ para un control natural de los olores. Plantilla con revestimiento de malla 100% reciclada. Ranuras flexibles bidireccionales FLEXconnect™ en la entresuela para mejorar la conexión con el suelo. Entresuela de espuma FloattPro+™ Supercritical que garantiza ligereza, capacidad de respuesta y comodidad duraderas. Suela Vibram® XS Trek Evo diseñada para garantizar un buen equilibrio entre tracción y flexibilidad en superficies húmedas. Diseño vegano.

Peso: 260 g (1 zapatilla).
Drop: 6 mm.
Tacos: 2.2mm.
Altura suela: 32.5-26.6 mm.
PVPR: 160 €

MTL ADAPT MATRYX

Supera tus límites en cada zancada.
Diseñada para quienes exigen el máximo rendimiento en los terrenos más exigentes, la MTL Adapt Matryx es una zapatilla de trail running de élite que combina innovación, durabilidad y confort sin concesiones. Gracias a su amortiguación inigualable y su avanzada transpirabilidad, está pensada para acompañarte más allá de tus propios límites. MTL Adapt Matryx no es solo una zapatilla, es una herramienta de alto rendimiento para quienes viven el trail running como una forma de superación constante.

Características: Los empeines Matryx® combinan hilos multifilamento de Kevlar y poliamida de alta tenacidad, para crear una sola capa de material que es ligera, más transpirable y resistente a la abrasión. Cordones 100% reciclados. Cuello acolchado. Detalles reflectantes para una mayor visibilidad con luz escasa. Protector de cordones elástico. Empeines con superposiciones de TPU y estampados en 3D en zonas de más desgaste para una mayor durabilidad. Forro de malla transpirable. Plantilla de poliuretano un 5% reciclado. Entresuela de espuma FloatPro™ para una mejor amortiguación y retorno de la energía. Suela de goma de alto rendimiento Vibram MegaGrip con un agarre excelente tanto en superficies secas como mojadas.

PVPR: 200 €

MTL LONG SKY 2 MATRYX

Precisión y rendimiento al más alto nivel.
La MTL Long Sky 2 Matryx® representa una evolución meticulosa de los modelos de élite de Merrell. Diseñada junto a los atletas de alto rendimiento de la marca, este calzado ha sido refinado para ofrecer el máximo control, resistencia y reactividad en los entornos más exigentes. Ligereza reforzada, adaptada a la competición. El empeine de una sola capa Matryx®, fabricado con hilos de Kevlar y poliamida de alta tenacidad, proporciona una estructura ultraligera, increíblemente transpirable y resistente a la abrasión. Su diseño minimiza la elasticidad para brindar mayor estabilidad y respuesta en terrenos técnicos.

Características: Los empeines Matryx® combinan hilos multifilamento de Kevlar y poliamida de alta tenacidad, para crear una sola capa de material que es ligera, más transpirable y resistente a la abrasión. Cordones y refuerzos 100% reciclados. Tejido de la lengüeta 60% reciclado. Revestimiento de plantilla y forro de la lengüeta en malla con tecnología termorreguladora 37.5®. Plantilla de espuma muy elástica ETPU. Entresuela de espuma FloatPro™ para una comodidad ligera y duradera. Suela de goma de alto rendimiento Vibram Megagrip con un agarre excelente tanto en superficies secas como mojadas. Artículo apto para veganos.

Peso: 235 g (1 zapatilla).
Drop: 4 mm.
Tacos: 5 mm.
Altura suela: 23,5-19,5 mm.
PVPR: 170 €

NOVA 4 (HOMBE) / ANTORA 4 (MUJER)

Las zapatillas de trail más vendidas de Merrell se renuevan para ofrecer una fusión perfecta entre diseño atlético y funcionalidad. Pensadas para corredores de todos los niveles, combinan el confort propio del running con la durabilidad y tracción que exige el trail, adaptándose a cualquier terreno y ritmo. Las Antora 4 estan diseñadas para la mujer y respetan los ángulos del cuerpo femenino en sus apoyos. Las Nova 4 son el modelo para hombre. **Características:** Empeine de malla y TPU transpirable. Cordones y refuerzos 100% reciclados. Lengüeta de fuelle. Cuello acolchado. Protector de cordones elástico. Forro de malla transpirable 100% reciclada. Revestimiento de plantilla en malla 50% reciclada. Tratamiento Cleansport NXT que neutraliza los olores de manera natural. Plantilla extraíble de espuma EVA 50% reciclada. Entresuela con surcos FLEX connect™ y entresuela de espuma FloatPro™. Suela Quantum Grip™. **PVPR:** 135 €

NOVA 4

ANTORA 4

El aporte de hidratos, grasa y agua que necesita el cuerpo no es el mismo en una carrera con clima frío que con calor.

Nutrirse para rendir

¿QUÉ COMER EL DÍA DE LA CARRERA?

"Si bebes, no conduzcas" decía aquel eslogan de la Dirección General de Tráfico.

Pero, si el día que corres no bebes y tampoco comes, tal vez sea ese coche que es tu cuerpo

el que sufra un accidente o, como poco, una avería. Saber qué ingerir y en qué

momento resulta fundamental si tu deseo es llegar a la meta y decisivo si el objetivo

es obtener un alto rendimiento.

FOTOS: ADOBESTOCK

¿**N**O has estudiado en todo el curso? Pues no esperes aprobar un examen haciéndolo el día antes o la mañana previa a la prueba. Esta reflexión es perfectamente válida para una competición cuando no se tienen hábitos de vida saludables.

Es bien sabido que el rendimiento en una prueba concreta no es fruto exclusivo del entrenamiento y de la alimentación durante la jornada de su celebración. Implica igualmente el comportamiento en el día a día, la rutina alimenticia del deportista y su disciplina comiendo los días previos a tomar la salida. Pero ello no quita que el día "D" te descuides y deposites toda la confianza, y toda la responsabilidad, en tu rutina diaria.

El día comienza con el desayuno

La regla de oro tanto para el desayuno como para la ingesta de todos los nutrientes que recibas durante la jornada de la prueba es no experimentar con nada que no hayas probado antes. De esta manera la mejor recomendación es desayunar y comer o avituallarse con alimentos y productos con los que tu cuerpo se haya familiarizado durante la fase de preparación. Pero, además de eso, el día de competición debería empezar con un desayuno particularmente ligero donde elijas alimentos de rápida digestión, primen las proteínas y evites la fibra, que puede dar lugar a problemas gastrointestinales.

Si desayunar de ese modo no es tu forma habitual de enfrentarte a la primera comida del día, prueba comenzar de esa forma los días previos. Así comprobarás qué tal te adaptas a la fórmula ligera con nutrientes específicos que te propongo.

En un buen desayuno no debería faltar el aguacate, algún tipo de queso o yogures grasos como el tipo griego. Unido a un poco de jamón cocido, o pavo, o huevos en cualquiera de sus formas (cocidos, revueltos, en tortilla…) tendrás la combinación perfecta. Pero ojo, hablamos de un desayuno ligero, nada de llenar el depósito de forma salvaje como si intentases arrasar con todo lo que va incluido en un buffet libre.

No recomiendo desayunar leche, pues puede ocasionar problemas gástricos. Es mejor un café solo, una infusión…

Cuanta mayor longitud y dureza tenga la prueba más podrás incrementar la ingesta de alimentos en el desayuno, ya que

CON FRÍO Y CON CALOR

Para carreras largas, y cuando apriete el calor, prioriza alimentos digestivos e hidratantes. Con frío apuesta por alimentos salados, más apetitosos y por grasas y carbohidratos lentos para mantener la energía. // **M.S.**

Lo mejor para estar bien hidratado es llevar el agua a mano, literalmente. Arriba, avituallamiento en una carrera y mosaico de alimentos variados.

los ritmos de progresión serán más bajos. Pero, lo dicho: sin pasarte hasta el punto de que el pistoletazo de salida pille distraído a tu organismo mientras lucha por hacer la digestión.

Comienza la prueba

Cuando las cartas están echadas hay poco que hacer excepto respetar alguna otra regla. Está muy extendido el mantra del aporte continuado de carbohidratos en cantidades de 60-90 gramos hora, además de líquidos. Sin embargo, no todo debe ser tan rígido:

• **Para carreras que ronden 1h de duración** tendrás que prestar atención sobre todo a la hidratación. La recomendación del aporte de 60-90 gramos no parece tener mucho sentido pues tiene en cuenta solo lo que ocurre al rebasar el lapso de una hora, si bien la realidad es que para los primeros 60 minutos es crucial partir bien alimentado si se quiere evitar la necesidad de consumir carbohidratos en forma de geles, barritas… desde los primeros compases. Aun así ¡lleva alguno en el bolsillo!

• **Para carreras de más de 2 h** es necesario que plantees una buena estrategia.

Cuanto más alto sea el ritmo que imprimas, más importante será tomar carbohidratos de fácil absorción y digestión (geles), que tal vez muevan la balanza hacia el aporte máximo de 90 gramos.

• **Para carreras de media-larga distancia** puedes seguir la pauta anterior, incrementando la ingesta de hidratos de carbono de distintos tipos (rápidos, lentos…) para cada momento de la carrera.

• **Las carreras de ultradistancia** son un caso que requiere atención especial. Al ser pruebas más largas, en las que se lleva un ritmo relativamente bajo, es recomendable que comas alimentos sólidos en los avituallamientos (recomiendo dejar en estos tu propia comida siempre que sea posible). Debes elegir elementos fáciles de masticar y que aporten nutrientes.

Durante la carrera el objetivo debería ser mantener estables los niveles de glucosa en sangre y evitar la deshidratación, utilizando una combinación de carbohidratos rápidos y electrolitos. Recuerda que la ingesta repetida de geles o/y barritas de similares características a lo largo de la prueba puede provocar el fenómeno denominado "fatiga por sabor". Por ello es importante tener una variedad de opciones amplia, tanto en lo que respec-

ta a los propios geles y barritas como a ingerir nutrientes distintos, desde trocitos de queso a pequeños sándwiches salados, etc.

Para estas carreras es recomendable, aparte de llevar geles y barritas de diferentes aportes energéticos y sabores, sumar algunos geles que contengan cafeína pero que quedarán reservados a esos momentos donde se precise un "toque" extra, lucidez para evitar la somnolencia.

¿Rápidos, lentos…?

Habitualmente se recomienda un "picoteo" regular desde la primera hora (cada 30 a 45 minutos) y sin esperar a tener hambre o sed para actuar.

Pero realizar una ingesta dirigida es fundamental y, para ello, hay que saber que los hidratos de carbono se clasifican en rápidos y lentos según su velocidad de absorción y cómo afectan los niveles de azúcar en sangre.

• **Los carbohidratos rápidos,** también llamados simples, se absorben rápidamente causando picos (grandes elevaciones pero también importantes caídas) de glucosa y energía. En esta categoría están la glucosa, sacarosa (azúcar común), dextrosa (obtenidos directamente o a través

DARIO RODRIGUEZ

de refrescos, dulces…), el pan y arroz blancos, una enorme variedad de frutas…

• **Los carbohidratos lentos,** o complejos, se digieren y absorben más lentamente, proporcionando energía sostenida y ayudando a mantener estables los niveles de azúcar. Entre estos se encuentran la maltodextrina, amilopectina que pueden provenir de gran parte de las verduras, frutas con bajo contenido en azúcar, legumbres, avena, cereales integrales…

Para concluir este apartado decir que también hay carbohidratos de absorción intermedia entre los que podría estar la fructosa, aunque siempre se la ha considerado de absorción lenta. Junto a ella existen nutrientes a base de polímeros energéticos que combinan las diferentes estructuras moleculares de la sustancias que los

componen. La amilopectina, la palatinosa… se están usando últimamente en el mundo del deporte por su fácil disolución en agua o su bajo índice glucémico, además de la reducción de molestias estomacales o digestivas que produce la fructosa.

Leer las composiciones de los geles y barritas es importante para saber cómo combinarlos a lo largo de una prueba o, incluso, para descartarlos si consideras que no es lo que necesitas en ese momento o debido a tus hábitos alimenticios.

Recuperar después de la carrera

Tras una competición el cuerpo necesita reparar los músculos, reponer las reservas de glucógeno y rehidratarse. Siempre se ha hablado de respetar la ventana de recu-

peración con aportes en las primeras 2 horas tras la prueba con la finalidad de reestablecer el cuerpo para futuras sesiones de entrenamiento.

Reponer hidratos de carbono es fundamental pero, por encima de otros nutrientes, están las proteínas.

Para una buena regeneración muscular ingerir batidos proteicos ayuda mucho (personalmente preparo los que me tomo) o un trozo de queso de cabra u oveja. Hay quien habla de vasos de leche pero no todo el mundo los tolera y ese producto contribuye a crear flemas en el pulmón, lo que no es recomendable y menos después de una carrera. Combinados con carnes o pescados, alguna legumbre y grasas como por ejemplo las provenientes del aguacate, contarás con un fantástico abanico que acelerará la recuperación y esa regeneración a que hacíamos referencia.

Por supuesto no puedes olvidarte de la necesaria hidratación, para lo que recomiendo simplemente agua.

Las mujeres, atendiendo a cuestiones hormonales, debemos ser más veloces y efectuar esa recarga recomendablemente en un tiempo máximo de una hora, y no de dos, después de acabar. Nuestra ventana anabólica es más reducida que la de los hombres.

Marga SANZ

HIDRATACIÓN

La pauta de ingerir uno o dos sorbos de líquido cada 10-15 minutos parece bastante extendida y sobre ella poco que añadir. Cuando se combina con alimentos salados puede ser suficiente emplear solo agua, pero en caso contrario no es recomendable agregar electrolitos con sabor y azúcares añadidos. Es mejor beber y tomar una cápsula de esas que tienen sodio, magnesio… a recurrir a otros "mejunjes" que puedan provocar problemas estomacales. // **M.S.**

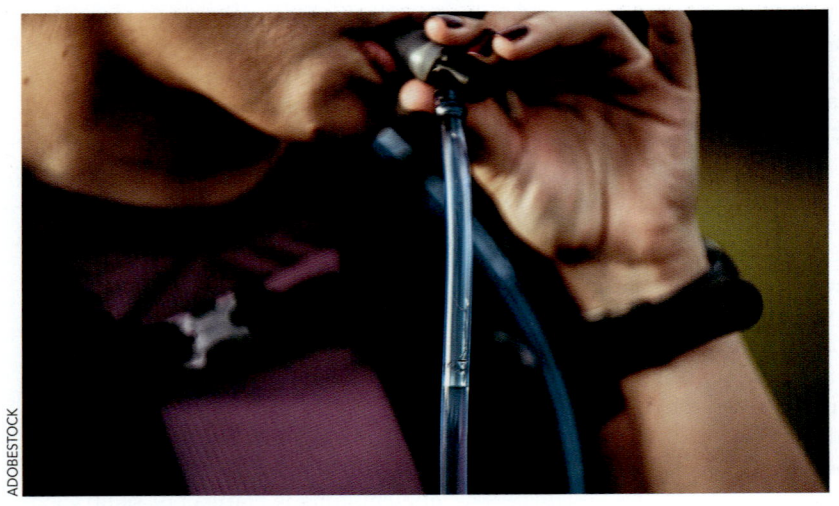

ADOBESTOCK

112 PÁGINAS
16,5 x 22 cm

18 €

ESCALADA EN SOLITARIO AUTOASEGURADO
TÉCNICAS, MATERIAL Y ESTRATEGIA

MÁXIMO MURCIA

224 PÁGINAS
16,5 x 22 cm

21 €

ESCALADA EN SOLITARIO AUTOASEGURADO
...CAS, MATERIAL Y ESTRATEGIA

TRUCOS Y TÉCNICAS PARA IMPREVISTOS EN ESCALADA CLÁSICA

EWALDO SANDOVAL

UN ELEMENTO DE SEGURIDAD PARA CADA OCASIÓN

Cuerdas simples, dobles y gemelas

La cuerda, el elemento de seguridad por excelencia y vínculo con tu compañero, se presenta en múltiples formas. Fabricada con distintos aunque similares procedimientos, puede contar con una enorme cantidad de tratamientos, pero su tipo y diámetro son los que definen, principalmente, el campo de utilización. Conoce a través de este artículo cuál es la más adecuada para ti.

Para los encadenes extremos valoraremos sobre todo que la cuerda sea ligera y permita un manejo fluido. En la foto, Darius Rapa escalando en un sector de Rumanía.

MATT GEORGES© / MILLET

ADOBESTOCK

LAS CUERDAS DINÁMICAS para uso en escalada se confeccionan básicamente en poliamida debido a dos de sus propiedades: resistencia y capacidad de elongación.

Aunque cada firma aplica su receta, los procesos de construcción son similares, pues la mayoría de las cuerdas para deportes de montaña y escalada se fabrican con el sistema de alma + funda o camisa (originalmente llamado kernmantle).

La primera fase de su fabricación consiste en someter a los hilos de poliamida a un proceso de torsión y retracción (encogimiento) que estabiliza las fibras, las dota de capacidad de movimiento y, por tanto, las dispone para absorber energía.

A esta fase, que incluye igualmente la colocación en bobinas de los hilos de la funda y el teñido, sigue el proceso de trenzado o creación de la cuerda propiamente dicha. Se unen camisa y alma trenzando

hilos de la primera alrededor de un número variable de grupos de hilos (llamados husos) de la segunda para, finalmente, concluir (no todos los fabricantes acaban con este paso) con un proceso térmico, generalmente infrarrojos, donde las fibras de la cuerda se estiran, encogen y estabilizan armonizando sus propiedades y dotando de flexibilidad, compacidad y conservación de propiedades a lo largo del tiempo.

Hay fabricantes que solidarizan la camisa y el alma con adhesivos, otras que no, algunas que lo hacen jugando con la tensión aplicada sobre los hilos de la funda, etc…

¿Pero qué es eso de simple, doble y gemela?

Independientemente de cómo estén fabricadas, cada marca ofrece distintos modelos para diferentes usos. A un escalador de-

portivo no le importará demasiado el peso, pero un alpinista que afronte rutas de envergadura con largas aproximaciones querrá transportar la cuerda más ligera posible y, para conseguirlo, reducirá el diámetro todo lo que pueda. Este es solo un ejemplo que te dará una buena aproximación al hecho de por qué existen diferentes tipos.

Cada diámetro de cuerda ofrece unas ventajas, unos inconvenientes y también unas prestaciones y carencias en determinados sentidos.

① • Las cuerdas ideadas para **uso simple o "en simple"** acostumbran a ser de diámetro generoso, soportan un buen número de caídas ofreciendo gran seguridad y resisten una mayor fricción para uso en escalada en polea. Sin embargo, sufren menor elongación y, por tanto, su capacidad de absorción es menor que sus hermanas de

menor grosor además de propinar un choque mayor sobre el escalador y los seguros. Vienen marcadas con un 1 en el interior de un círculo.

½ • Las fabricadas para **uso doble o "en doble"** tienen diámetros intermedios, soportan menor número de caídas que las anteriores, pero por sus características dinámicas ofrecen una fuerza de choque más baja que resulta muy interesante, esto es: rebajan el impacto que reciben tanto el escalador como los seguros en caso de caída. Se marcan con un ½ en el interior de un círculo

• Las que se ofrecen para **uso gemelo o "gemelas"** suelen presentarse en bajos diámetros y deben pasar por todos los seguros en compañía de otra idéntica, con lo que

la fuerza de choque que incide en los seguros y el escalador es mayor que la de las dobles pero en contrapartida ofrecen una ligereza y compacidad que facilitan el transporte. Se presentan marcadas con dos círculos superpuestos.

Las de uso simple no permiten rápeles tan largos como las otras, salvo que se elijan medidas superiores a los 100 metros que dificultan notablemente el transporte y la manipulación. Las dobles y gemelas permiten una división del peso y el volumen muy efectiva, pues cada compañero de cordada puede llevar una madeja en su mochila que, en longitudes de unos 60 metros, es muy fácil de transportar.

Las primeras (simples) están diseñadas para trabajar de manera independiente, sin otra cuerda que asista su labor. Las segundas (dobles) están pensadas para actuar en conjunto con otra

Tanto para la escalada en hielo (arriba) como en grandes paredes (izquierda) son recomendables las cuerdas que incluyan tratamientos antiaristas y que eviten la absorción del agua.

RAREZAS

La última tendencia es la adición de hilos de aramida (kevlar) en la funda de algunas cuerdas para obtener un elemento más resistente al corte que las convierte en muy interesantes en aristas y rocas con cantos vivos.

Y es que la tecnología… ¡no para! // **JIG**

igual o similar, alternando seguros. Las últimas (gemelas) deben ser mosqueteneadas, imperativamente, junto a otra de sus mismas características.

No todo es tan rígido, ¿verdad?

Efectivamente. Hay cuerdas que son certificadas para dos de los usos anteriores, o ¡incluso para los tres! Es lo que se conoce como cuerdas multinorma, concepto que parece desbaratar el planteamiento del apartado anterior, aunque en realidad comprobarás que el asunto no es tan drástico.

Las cuerdas multinorma, de precio más elevado, son cuerdas "especiales" para uso experto que trascienden un poco el empleo digamos "normal". Son las que elegiría un guía de montaña, un alpinista en una ruta concreta… pues permiten una gran versatilidad en vías que así lo requieran. Sin embargo, no son exactamente ese material que sirve para todo y que con uno solo en el fondo de tu armario puedes escalar cualquier cosa que se te ponga por delante prescindiendo de elegir uno específico y completamente adecuado para deportiva y otro, por ejemplo, para cascadas de hielo o uso invernal.

PROCESOS QUÍMICOS

Aunque el uso de adhesivos que solidarizan camisa y alma podría incluirse en esta categoría, se ha centrado este apartado en los tratamientos que se aplican a los hilos para prolongar la vida de las cuerdas y evitar que capten demasiada humedad.

Para evitarlo, los fabricantes impregnan los hilos del alma y la funda con compuestos químicos hidrófobos antes de la producción de la cuerda. Dichos compuestos se polimerizan a alta temperatura y de su calidad y de la del proceso depende no solo la eficacia, sino su duración en el tiempo.

No todos los productos tienen la misma capacidad ni son inocuos para las personas o el medio ambiente. Conviene conocer qué compuestos utiliza cada fabricante y elegir el más adecuado para la actividad pero, también, para causar el menor impacto sobre el planeta.

Los tratamientos químicos destinados a evitar la absorción de agua también son una excelente barrera contra el polvo y otros agentes, y aportan una mayor resistencia a la abrasión. Es por ello que algunos fabricantes los aplican exclusivamente en las camisas de sus cuerdas para "uso en seco" reservando la aplicación sobre los hilos del conjunto alma + funda para sus artículos destinados a uso invernal o de empleo en ambientes húmedos.

Si escalas en invierno resulta obligatorio utilizar cuerdas con doble tratamiento hidrófugo (aplicado sobre los hilos de la camisa pero también sobre los del alma) y a ser posible de la más alta calidad. No todas las cuerdas funcionan igual en ese sentido y hay marcas que destacan por la duración de sus tratamientos a lo largo del tiempo pero, sobre todo, por su eficacia. // **JIG**

UNICORE
TECHNOLOGY FOR YOUR SECURITY

DRY COVER

GOLDEN DRY

UIAA **WATER REPELLENT®**

FOTOS: COL. EDELRID

Generalmente se trata de cuerdas de diámetros intermedios con las que puede afrontarse una ruta alpina mosqueteneando alternativamente, pero ofrecen una seguridad más que suficiente si son empleadas en simple en pasajes concretos o apoyan la labor de proteger la progresión en una cresta rocosa.

Diámetros, manipulación y detención

Los diámetros bajos ofrecen un par de inconvenientes que se deben tener en cuenta. Aunque puede resultar muy agradable al tacto tener entre las manos un elemento "finito", la presión que hay que ejercer para su frenado es mayor y pueden escapar con facilidad de las mismas en labores de aseguramiento. Tienen otro problema asociado, no menos grave, que es el de circular más rápido por los aparatos de freno. Estos deben ser, por supuesto, adecuados para el tamaño en cuestión, pero aun así la detención de las caídas se puede comprometer en determinados casos.

Por eso es importante recibir la formación necesaria para cada aparato y diámetro de cuerda, permanecer siempre alerta y emplear guantes en la medida de lo posible.

El calibre habitual para las cuerdas de uso en simple ronda los 10 mm, si bien ha habido una importante tendencia a la baja en los últimos tiempos, dado que los escaladores de las disciplinas más deportivas son bastante ligeros. Las cuerdas de 9,2 a 9,8 mm se han convertido en las más vendidas.

Para uso en doble, 8,5 y diámetros similares son los que se llevan la palma, si bien hay una tendencia a bajar el grosor entre los cascadistas y los alpinistas invernales, quienes por otro lado rara vez suelen optar por ir más allá de 8 mm.

Las cuerdas gemelas más extendidas están entre 7,5 y 8 mm de diámetro. Del mismo modo que en la categoría anterior, pocos optan por elementos más finos –aparecen los citados problemas de detención de las caídas, además de una inferior longevidad– y subir del segundo número no tiene mucho sentido cuando la intención es rebajar al máximo el peso y el volumen.

Elegir con cabeza

Por muchos problemas que ofrezcan los diámetros bajos, estos tienen, inevitablemente, un radio de acción determinado. Igual que a un escalador deportivo en fase de trabajar una vía que comporte caídas repetidas no se le ocurriría escoger una cuerda ultrafina, un alpinista no elegirá una cuerda de gran diámetro para uso en rocódromo si su intención es enfrentarse a una ruta alpina de envergadura en condiciones mixtas.

Tanto en la escalada deportiva (arriba, en Kalymnos) como la de competición (abajo, la campeona esolovena Janja Garnbret) son frecuentes las caídas, que precisan cuerdas con una fuerza de choque baja. A la izquierda, máquinas de trenzado de los distintos usos de la camisa de la cuerda, en torno al núcleo o "alma".

Así las cosas, los destinos parecen claros:

• **Cuerda simple:** escalada deportiva, escalada equipada en pared, rocódromo… pero también dry tooling equipado (mejor si se incorpora un tratamiento hidrófugo). En cuanto a longitudes, 70 u 80 metros garantizan contar con un buen margen de seguridad en caso de escalar vías relativamente largas con descensos en polea hasta el suelo o hasta una buena repisa.

• **Cuerda doble:** vías de varios largos y de aventura (trad), alpinismo, escalada en hielo y mixto. 60 metros es la medida habitual.

• **Cuerda gemela:** escalada en hielo con largos lineales y seguros fiables, rutas de pared y corte deportivo donde haga falta un elemento que facilite los descensos en rápeles largos. 60 metros también es una medida bastante frecuente.

¡Seguro que aciertas!

José I. GORDITO

PRODUCTO PROBADO *Por Jesús VELASCO / Eva MARTOS*

CUERDA EAGLE LITE ECO DRY DE EDELRID

Encadenes fluidos y responsables

FOTOS: EVA MARTOS

Fabricante:
Edelrid.
Distribuidor:
Vertical Sports S.L.
Actividad recomendada:
escalada deportiva.
Diámetro: 9,5 mm.
Peso: 60 g/m.
Fuerza choque: 9,3 kN
Nº caídas: 9
Alargamiento:
5,9% estático;
34% dinámico.
Porcentaje funda: 36%
Material: poliamida
(tratamiento libre de
PFC, sello Bluesign®)
Medidas:
50, 60, 70 y 80 m.
Certificación:
EN 892, UIAA 101.
PVP aprox:
235 € (70 m).

CUERDA dinámica para uso en simple que combina resistencia, ligereza y un tacto suave, perfecta para escaladores que buscan rendimiento y sostenibilidad. Gracias al tratamiento Thermo Shield que los fabricantes aplican al alma y a la funda de la cuerda, mantiene una manejabilidad excepcional, evitando que se vuelva rígida con el uso. Esto ha sido muy patente durante todo el tiempo de la prueba.

Al estrenarla, no se forman molestos rizos o enredos gracias a la técnica de bobinado que llaman "3D Lap Coil", que permite utilizarla directamente al sacarla del paquete, sin necesidad desenrollarla previamente, que ha resultado eficaz.

Otro punto a su favor es el acabado Eco Dry que lleva, que está libre de PFCs y PFAS, lo que la hace respetuosa con el medio ambiente, sin comprometer su resistencia al agua y la suciedad. Con una absorción de agua inferior al 2%, cumple con los estándares de repelencia al agua de la UIAA. Otro buen detalle es

INFO www.edelrid.com

VALORACIÓN GENERAL ★★★★★

Ligereza	★★★☆☆	Durabilidad	★★★★★
Manejabilidad	★★★★★	Polivalencia	★★★★☆
Sostenibilidad	★★★★★	Precio	★★★☆☆

que lleva marcado el medio con dos rayas negras que contrastan con el vivo verde de la cuerda. Cuenta con el sello *#ClimbGreen* de la marca, que garantiza que su fabricación sigue los principios de las 3R (Reducir, Reusar y Reciclar).

Según explican los fabricantes, han conseguido esta ligereza y fluidez gracias a su construcción con una máquina de 48 bobinas, que proporciona una funda fina y resistente a la abrasión. Y ciertamente al utilizarla se nota mucho su fluidez, tanto al asegurar dando o recogiendo cuerda, como en todas las maniobras (chapar las cintas, anudarse..). El diámetro de 9,5 mm aporta muy buen equilibro entre ligereza y durabiliad, permitiendo un uso intensivo y fiable.

Puntos fuertes: cuerda de primera calidad que tiene el valor añadido de estar fabricada con criterios respetuosos con el medio ambiente.

PRODUCTO PROBADO *Por Roberto LLORENTE*

ASEGURADOR SEMIAUTOMÁTICO PINCH DE EDELRID

El arte de asegurar redefinido

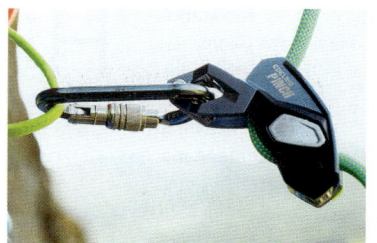

FOTOS: LUIS MIGUEL LÓPEZ SORIANO

NUEVO dispositivo para aseguramiento asistido de la casa alemana, que ha sido galardonado con un ISPO Award 2024, un premio muy justo a mi parecer, por las innovaciones que incluye.

Uno de sus aspectos más novedosos es la posibilidad que ofrece de ser anclado directamente al anillo ventral del arnés, sin necesidad de utilizar un mosquetón de seguridad. Así no solo se aligera el conjunto, también se elimina un elemento de la cadena de seguridad y, por tanto, se reduce la posibilidad de cometer errores acumulados. De esta forma el dispositivo permanece en su sitio, sin riesgo a que se gire, y nos permite agarrarlo siempre de manera correcta.

También se puede anclar directamente a la reunión para asegurar a un segundo cuando estamos escalando una vía de largos.

El Pinch también admite un uso convencional con un mosquetón de seguridad al anillo ventral, y también una versión de «reaseguro» del aparato con otro mosquetón cuando se coloca directamente al arnés. En todo caso, aunque lo utilicemos sin mosquetón, para transportarlo en el arnés sí que es conveniente el uso de un mosquetón.

Estamos ante un aparato ligero, fabricado con materiales resistentes y de primera calidad. Diseñado para ser utilizado con un amplio rango de cuerdas, tanto dinámica como estática.

Otro de sus rasgos distintivos es la facilidad que ofrece al dar y recoger cuerda, permitiendo

VALORACIÓN GENERAL	★★★★☆		
Diseño	★★★★★	Durabilidad	★★★★★
Funcionalidad	★★★★☆	Maniobrabilidad	★★★★☆
Polivalencia	★★★☆☆	Precio	★★★☆☆

una maniobra muy rápida y fluida. También resulta muy sencillo aprender a utilizarlo.

Al tener una pieza plástica en el lado contrario a la palanca, hace más sencillo su uso para escaladores zurdos, una ventaja que no ofrecen otros dispositivos similares.

En la zona frontal tiene una cuña de frenado por donde pasa la cuerda, que facilita los descuelgues y los rápeles, además de guiar la cuerda correctamente y evitar los rizos. A la hora de detener las caídas se comporta de forma totalmente eficiente.

La palanca de descenso, que es ergonómica y fácil de manejar, tiene un sistema antipánico muy logrado, que evita tener descuidos al descender al compañero o rapelar. Si somos aseguradores expertos y preferimos no usar el antipánico, se puede bloquear con un tornillo que viene en una bolsita con el producto.

Guiándome por las meticulosas instrucciones de la casa alemana, he probado el aparato en todas las situaciones que propone: rápel, aseguramiento a un primero con mano derecha e izquierda, aseguramiento desde la reunión a un segundo de cuerda, descenso desde la reunión al suelo y descenso convencional en escalada deportiva. En todas las circunstancias ha funcionado de forma brillante.

No hay que olvidar que, al igual que en otros dispositivos de aseguramiento asistido, es importante no retirar la mano de la cuerda de frenado.

Puntos fuertes: interesante dispositivo que aporta mejoras a lo existente, logrando fluidez en las maniobras y más seguridad.

Fabricante:
Edelrid (Alemania)
Distribuidor:
Vertical Sports S.L.
Uso recomendado:
escalada deportiva
y pared.
Materiales:
acero y aluminio.
Peso: 234 g.
**Rango de uso de
cuerdas:** 8.5 a 10.5 mm
(dinámicas) y
10 a 10.5 mm (estáticas).
Certificaciones:
EN 15151-1
y la EN 12841-C
PVP aprox: 100 €.

 **INFO** **www.edelrid.com**

PRODUCTO PROBADO *Por Borja RASO y Jesús VELASCO*

CINTA, BÁLSAMO REPARADOR Y DISCO DE CERA DE KLETTERRETTER

Piel contenta, con ingredientes naturales

Fabricante:
Kletterretter (Alemania).
Distribuidor:
Kletterretter.
Actividad recomendada:
escalada, otras
actividades al aire libre.
Materiales:
Cinta para los dedos de
esparadrapo suave,
Cremas de productos
veganos.
PVP aprox:
5,90 € (cinta de dedos,
15 mm x 10 m),
12,90 € (Repair Balsam,
30 ml) y
12,90 € (Bee Disc, 20 g).

HEMOS tenido ocasión de probar tres productos de Kletterretter, con muy buenas sensaciones por su eficacia y también por el compromiso de la firma alemana con la sostenibilidad.

En primer lugar, el Bee Disc, es una cera especialmente indicada para reparar la piel de las manos castigadas por la escalada. Es 100% natural, combinando la cera con caléndula, aceite de girasol y mango, con propiedades antiinflamatorias e hidratantes. Al aplicarlo, deja una capa protectora que hidrata sin engrasar. Muy cómodo para llevar siempre en la mochila, ocupa muy poco y funciona de lujo para reparar grietas y heridas de los dedos después de un día duro en la roca, ayudando a que se regenere más rápidamente.

Por otra parte, el *Repair Balsam*, un bálsamo para después de escalar, lleva también cera de abeja y además otros ingredientes naturales como manteca de karité, aceites de jojo-

VALORACIÓN GENERAL	★★★★☆		
Funcionalidad	★★★★★	Sostenibilidad	★★★★★
Eficacia	★★★★★	Precio	★★★★☆

ba, aceite de almendras y caléndula, con propiedades hidratantes, regeneradoras y antiinflamatorias. Este tarda bastante más en absorberse, es decir, que lo recomendaría para usarlo por la noche, ya cuando vayas a dormir, y al día siguiente las manos amanecen más suaves.

Otro buen detalle de estos productos es que parte de sus beneficios los destinan a colaborar con Mellifera, una organización sin ánimo de lucro dedicada a la apicultura ecológica y sostenible.

En cuanto a la cinta para dedos KletterRetter, de 15 mm de ancho y 10 m de largo, proporciona un soporte firme sin dejar residuos pegajosos en la piel, lo que la hace cómoda y práctica. Cuando te vendas no se nota nada rígido, permitiendo movilidad, y a la vez aguanta bastante. El estampado multicolor tipo "unicornio" es divertido, pero si no te atrae, está disponible en muchos otros colores. Además, viene en un embalaje biodegradable, lo que refleja de nuevo el compromiso de la marca con el medio ambiente.

Puntos fuertes: productos eficaces y prácticos, con un diseño atractivo, fabricados con ingredientes naturales y criterios sostenibles.

INFO www.kletterretter.com

PRODUCTO PROBADO *Por Miguel ESCRIG*

CASCO IKON DE CAMP

Gran ventilación + protección

EL Ikon es un producto que, desde la primera salida, sabes que va a acompañarte en muchas más. No es fácil encontrar un casco que combine ligereza, buena ventilación y un ajuste cómodo sin comprometer la protección, pero este lo consigue.

He estado utilizándolo durante la primavera en los Pirineos, principalmente en salidas de escalada deportiva, crestas y alguna actividad más alpina. Las condiciones han sido muy variables: calor, viento, zonas con exposición y aproximaciones largas. En todos los casos, el casco ha cumplido con nota.

Desde el primer uso destaca por su ligereza. Apenas lo notas en la cabeza, algo fundamental cuando pasas varias horas con él puesto. El sistema de ajuste trasero con rueda permite una regulación rápida y precisa, incluso con guantes, y se mantiene firme sin crear puntos de presión. Además, este sistema es basculante, de forma que lo puedes dejar pegado al interior del casco para que no ocupe espacio cuando lo llevamos en la mochila.

Está construido con una estructura híbrida: carcasa exterior de ABS, resistente a golpes y roces, y espuma interior de EPP junto con una capa de EPS en la parte superior. Esto le da un buen equilibrio entre resistencia y absorción de impactos, tanto en caídas verticales como laterales. En entornos de roca suelta o pasos expuestos, da esa sensación de confianza que se agradece.

Uno de los aspectos que más me ha gustado es su ventilación. Cuenta con 18 orificios repartidos por los laterales y la parte trasera, lo que hace que incluso en días calurosos o en aproximaciones exigentes no se acumule calor ni sudor. Están colocados de forma que los orificios de la carcasa exterior y la interior se combinan, generando un flujo de aire sin comprometer la protección.

El acolchado interior es extraíble y lavable, algo que personalmente valoro mucho, sobre todo en actividades veraniegas o de varios días.

VALORACIÓN GENERAL	★★★★★		
Comodidad	★★★★★	Ventilación	★★★★★
Polivalencia	★★★★☆	Resistencia	★★★★★
Ajuste	★★★★☆	Precio	★★★★★

Incluye sujeciones para frontal: dos clips delanteros y una banda elástica trasera que funcionan perfectamente y no estorban si no se usan. El diseño general es limpio, funcional y sin florituras. También viene en un embalaje sencillo y reciclado, sin plásticos innecesarios.

Teniendo en cuenta sus características, no sorprende que este casco haya recibido un ISPO Award, uno de los premios más importantes en el sector outdoor. Desde mi punto de vista, es un reconocimiento merecido, pues estamos ante un casco funcional, bien pensado y con buena relación calidad-precio.

Lo considero una gran opción tanto para escaladores deportivos como para alpinistas o montañeros que buscan un casco versátil para diferentes disciplinas a un precio razonable.

Puntos fuertes: casco que cumple con creces las expectativas en montaña: ligero, cómodo, bien ventilado y con un ajuste preciso.

Fabricante:
Camp (Italia).
Distribuidor:
Outdoor Representaciones.
Actividad recomendada:
escalada deportiva y alpinismo.
Materiales:
construcción híbrida con ABS, EPP y EPS.
Tallas y peso:
48-58 cm (280 g) y 57-63 cm (295 g).
Colores:
blanco, negro y verde.
Certificación:
EN 12492 y UIAA 106.
PVP aprox:
69,95 €.

INFO www.camp.it

⬢ ESCALADA

www.camp.it

ENERGY JANJA

Energy Janja es un arnés muy cómodo y ligero, ideal para la escalada en roca a todos los niveles. Gracias a su diseño esencial, es una excelente elección para todas las especialidades, desde la escalada en rocódromo hasta la escalada deportiva y la tradicional. Su interior termoformado permite un ajuste perfecto al cuerpo del cinturón y de las perneras, garantizando así una comodidad excepcional. Las perneras fijas garantizan un calce perfecto. El producto también está equipado con 4 anillos portamaterial y un anillo de recuperación trasero. **NOTA:** Cada arnés Energy Janja es ligeramente diferente en su acabado final en cuanto a cómo se aplica el gradiente de color en la fase de producción. Esto refleja la singularidad de Janja que conecta con la personalidad y el estilo de cada escalador. **Tallas:** XS-XL. **Peso:** 305 g (talla M). **PVPR:** 47,95 €

PHOTON EXPRESS KS JANJA

Photon Express KS Janja es la cinta exprés diseñada para escaladas a vista, cuando cada gramo y cada segundo puede marcar la diferencia. Photon garantiza mosquetoneos muy rápidos y sin problemas y se caracteriza por la nariz con geometría SphereLock que optimiza el juego gatillo-mosquetón para mayor seguridad. La funcionalidad de la cinta exprés aumenta gracias a la cinta estrecha de 25 mm, disponible en dos longitudes (12 y 18 cm), que ofrece un excelente agarre cuando se trabajan las vías. El conector inferior se mantiene en su lugar gracias al Karstop Evo integrado. **Peso:** 91 g (12cm). **Resistencia:** 22 kN (eje mayor), 7 kN (eje menor), 9 kN (gatillo abierto). **PVPR:** 20,95 € (12 cm) y 21,95 € (18 cm)

PHOTON LOCK JANJA

Mosquetón de rosca ideal para reuniones en alpinismo y escalada deportiva. Muy versátil gracias a sus dimensiones full-size, tiene una construcción de doble nervadura que garantiza una excepcional relación resistencia/peso y una gran superficie de deslizamiento de las cuerdas. La nariz con la geometría SphereLock optimiza el juego palanca-mosquetón para una máxima seguridad.
Peso: 43 g.
Resistencia: 23 kN (eje mayor), 8 kN (eje menor), 9 kN (gatillo abierto).
PVPR: 13,50 €

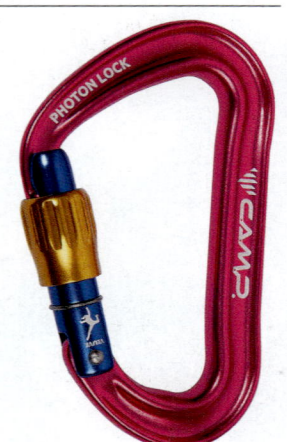

IKON & IKON NOVA

Casco que combina la protección y robustez de los modelos rígidos con la ligereza y ventilación de los moldeados. La carcasa de ABS es excepcionalmente resistente, con una estructura de nervaduras 3D en las aberturas de ventilación alveolares, aumentando su robustez y rigidez. El casquete interior de EPP con parte superior de EPS se extiende por toda la superficie. Aberturas de ventilación que se combinan con las de la carcasa, aumentando la protección ante impactos laterales. Ajuste con una cómoda rueda y basculante. Ikon Nova es la versión femenina. Ganadores del premio iF Design Award 2025 y del Red Dot: Best of the Best. **Peso:** 280 g (48-58 g). **PVPR:** 64,95 €

SPARK

Spark es un arnés sumamente cómodo y ligero, ideal para montañismo y escalada en roca a todos los niveles, tanto para escalada deportiva como en montaña. El interior termomoldeado garantiza un ajuste perfecto del arnés y las perneras al cuerpo. El confort se ve reforzado por la confección en capas, con acolchado de densidad diferenciada en espuma de polietileno. Las perneras ajustables permiten personalizar el producto, que es muy versátil y se adapta rápidamente a cualquier tipo de ropa. 4 anillos portamaterial diferenciados: anteriores preformados, posteriores más flexibles. Bucle para la bolsa de magnesio. Correas elásticas de conexión de las perneras con hebillas de plástico de desenganche rápido. **Tallas:** XS-XL. **Peso:** 380 g. **PVPR:** 59,95 €

ZENITH

Piolet polivalente de nueva generación que combina ligereza y tecnicidad para un montañismo versátil. Gracias a la distribución calibrada del peso, al caminar el piolet es extremadamente ligero y fácil de manipular, con un agarre cómodo y ergonómico en todo momento. También es preciso y estable cuando se le apoya sobre cualquier superficie. Zenith se caracteriza por un equilibrio excepcional, que garantiza un excelente rendimiento incluso en las pendientes más pronunciadas y heladas, donde destaca el gatillo de serie y el agarre fresado de la empuñadura. La hoja intercambiable contribuye a la durabilidad y versatilidad del piolet. La curvatura de la empuñadura facilita la extracción y aumenta la eficacia de la herramienta. **Peso:** 418 g (50 cm), 428 g (57cm), 440 g (65 cm). **PVPR:** 139,95 €

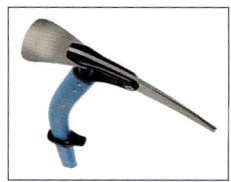

MEGASONIC PLUS

Bastón plegable polivalente que, gracias a los tramos más grandes, combina la practicidad y la compacidad de los modelos plegables con la resistencia de los telescópicos. Fabricado íntegramente en aluminio, cuenta con una doble empuñadura con una extensión ergonómica de espuma que garantiza un excelente agarre a diferentes alturas. Rápido ajuste de 115 a 135 cm gracias al clip de aluminio. Longitud plegado 36 cm. Las correas ergonómicas aumentan la comodidad en todas las condiciones de uso. El cable de acero interno, recubierto en poliamida es flexible y resistente y permite montar y desmontar el bastón con facilidad. El montaje es más fácil y rápido gracias a la forma cónica especial de las conexiones de los segmentos. El tramo superior está dotado de un eficaz sistema de bloqueo con clip de aluminio que permite un rápido y seguro ajuste del largo. **Peso:** 552 g. **PVPR:** 89,95 €

SONIC ALU PLUS

Bastón plegable polivalente de aluminio, que también es ideal para el trail running. La empuñadura extendida permite el agarre a diferentes alturas sin cambiar la longitud del bastón. Las correas, superfinas y ajustables, aseguran la comodidad en todas las condiciones de uso. El cable de acero interno, recubierto en poliamida es flexible y resistente y permite montar y desmontar el bastón con facilidad. Rápido ajuste de 115 a 135 cm. Longitud plegado 37 cm. El montaje es más fácil y rápido gracias a la forma cónica especial de las conexiones de los segmentos. El segmento superior está dotado de un eficaz sistema de bloqueo con clip de aluminio que permite un rápido y seguro ajuste del largo. La exclusiva roseta Minidart Basket montada de serie tiene un diseño innovador, que asegura una superficie de apoyo alrededor de la punta en terrenos irregulares. **Peso:** 472 g. **PVPR:** 84,95 €

GARRA
by Mountain Art

www.garraclimb.com

UNKAI

Descripción: El modelo UNKAI está diseñado para rendir en cada movimiento. Su fabricación en microfibra, la nueva forma de cierre, la nueva puntera pronunciada hacia el empeine y el talón de la misma goma Vibram que la suela, posicionan a este pie de gato como el más polivalente de nuestros modelos. Su suela completa Vibram proporciona una gran estabilidad, acentuando el rendimiento en agujeros y regletas, y mejorando la adherencia en apoyos de talón. Su puntera, ampliada, proporciona un nuevo campo de juego que va desde la escalada deportiva al búlder y la escalada indoor, donde se necesite adherencia en el empeine. **Tallas:** 36 a 45 EU (con ½ números). **PVPR:** 84,50€

KOKORO

Descripción: El pie de gato KOKORO han sido desarrollado para el escalador medio que desee iniciarse en grados superiores. Su forma acentúa el apoyo en micro-presas, regletas y agujeros. Transmite una mayor sensibilidad cuando el peso del cuerpo recae sobre los pies. Además, su cierre de cordones facilita el máximo ajuste y precisión. Este modelo lleva suela Vibram XS Grip de 4mm que ofrece una gran adherencia y sensibilidad. Un pie de gato perfecto para vías de grado medio-alto, tanto en roca como en rocódromo. Fabricado artesanalmente sobre una horma técnica y en piel de calidad. **Tallas:** 34,5 a 50 EU (con ½ números). **PVPR:** 84,50€

SENSEI

Descripción: Es la mejor opción para quien quiere un pie de gato cómodo, bien diseñado, polivalente y duradero. Su suela Vibram Grip aporta una gran adherencia en cualquier tipo de roca, convirtiendo este modelo en el más polivalente en rocódromo, escalada deportiva, búlder y escalada en pared. El pie de gato SENSEI, que dentro de la horma clásica incorpora más tenacidad, al llevar el tensor trasero permite dirigir toda la fuerza y peso del cuerpo a los dedos del pie, logrando la máxima precisión. Fabricados en piel natural, son una elección muy buena para el escalador medio que quiera un pie de gato versátil. Fabricado en España por maestros artesanos. **Tallas:** 36 a 50 EU (con ½ números). **PVPR:** 72,90€

KYOSO

Descripción: El pie de gato KYOSO ha sido desarrollado para el escalador avanzado o para los que deseen iniciarse en grados superiores. Fabricado artesanalmente sobre una horma técnica y microfibra. En su interior tiene una lengüeta elástica de 180° que envuelve el pie desde el puente. Un único cierre de velcro facilita el máximo ajuste y precisión. El empeine de goma Vibram, en combinación con su suela Vibram XS Grip de 4 mm crean un conjunto que ofrece una gran adherencia y sensibilidad en cualquier movimiento y posición. **Tallas:** 36 a 44 EU (con ½ números). **PVPR:** 89,90€

KAMAE

Descripción: Estamos ante un pie de gato que ha sido diseñado para que sea muy cómodo, por lo que es ideal tanto las largas sesiones de rocódromo como para escalada deportiva o en pared. Los KAMAE están fabricados en piel natural de calidad y su suela es de goma Garra de 4 mm. Una combinación que lo hace muy duradero. Sin duda será uno de los modelos que más utilices por su polivalencia y comodidad, pues resulta perfecto para los distintos tipos de roca y escalada. Fabricado en España por maestros artesanos. **Tallas:** 36 a 50 EU (con ½ números). **PVPR:** 62 €

GUANTES KIRETSU Y RODILLERAS UMEKOMI

Descripción: Los guantes Kiretsu son ligeros, adherentes y duraderos, perfectos para escalar vías con fisuras o realizar empotramientos en problemas de bloque. El tejido fino que rodea los dedos aporta gran comodidad y adaptabilidad a los movimientos. Fabricados en piel sintética y con goma Vibram en el dorso, y el ojal de la correa reforzado, lo que aumentan su durabilidad. Su forma anatómica protege el dorso y las zonas vulnerables de la mano.

Descripción: La rodillera Umekomi es 100% elástica, y muy ligera (solo 260 g). Sujeción perfecta y agradable tacto. Lleva goma de alta adherencia y densidad para amortiguar picos y filos en los empotramientos más extremos, sin perder tacto en los más delicados. Está fabricada con materiales elásticos, se ciñe perfectamente y se ajusta con tres correas regulables. Su parte delantera es pronunciada y redondeada. La base de la rodillera de escalada está construida en nobuk elástico y micro perforado, lo que brinda una gran adherencia sobre la piel o el pantalón. El soporte de las hebillas, también elástico, atenaza todo el perímetro de la pierna impidiendo que la rodillera se mueva incluso en los empotramientos más extremos. **PVPR:** 49,90€ (rodillera) 59,90€ (rodillera versión Vibram), 19,90€ (guantes).

● ESCALADA

www.edelrid.com

CUERDAS

APUS ECO DRY 7,9MM

Cuerda que combina una elevada seguridad y excelentes propiedades de manejo bajo un peso y diámetros reducidos. El revestimiento Eco Dry no contiene PFC ni PFAS y hace que la cuerda sea permanentemente repelente al agua y suciedad. Utilización en doble y como cuerda gemela. Tratamiento Thermo Shield para garantizar la reconocida flexibilidad de las cuerdas de EDELRID. Con 3D Lap Coil, que elimina la necesidad de desenrollar las cuerdas antes de su primer uso. Cuenta con la certificación bluesign® y ofrece resultados comparables a la línea Pro Dry de Edelrid en términos de durabilidad, resistencia a la abrasión, repelencia al agua y resistencia a la suciedad. Certificación EN 892. Fabricada en Alemania. Señalización mitad de la cuerda. **Material:** poliamida. **Diámetro:** 7,9 mm. **Fuerza de choque:** 6,7 / 10,3 kN. **Porcentaje del alma:** 67 %. **Porcentaje de la funda:** 33 %. **Peso por metro:** 43 g/m. **Elongación dinámica:** 30 / 27 %. **Elongación estática:** 7,7 / 4,8 %. **Número de caídas:** 9 / 30. **PVPR:** 198,28 € (60 m).

BOA 9,8MM

Cuerda para uso en simple ligera, muy manejable, orientada a la escalada deportiva y con un valor muy comercial. Su diámetro intermedio de 9,8 mm hace que la BOA sea una perfecta elección para habituarse escalar con diámetros más finos. Ofrece el compromiso perfecto entre manejabilidad y control para los escaladores que quieren progresar. Tratamiento Thermo Shield para garantizar la reconocida flexibilidad de las cuerdas de EDELRID. La técnica 3D Lap Coil, con el que EDELRID enrolla sus madejas con una máquina especial, elimina la necesidad de desenrollar las cuerdas antes de su primer uso. Certificación EN 892. bluesign®. Fabricada en Alemania. Señalización mitad de la cuerda. **Material:** poliamida. **Diámetro:** 9,8 mm. **Fuerza de choque:** 8,8 kN. **Porcentaje del alma:** 60 %. **Porcentaje de la funda:** 40 %. **Peso por metro:** 62 g/m. **Elongación dinámica:** 32 %. **Elongación estática:** 9,3 %. **Número de caídas:** 7. **PVPR:** 167,78 € (60 m).

EAGLE LITE ECO DRY 9,5MM

Una de nuestras cuerdas icónicas para uso en simple, ahora con acabado Eco Dry sin PFC ni PFAS. Destaca por ser ligera, compacta y muy manejable. Esta simbiosis se consigue gracias al trenzando en una máquina con 48 bobinas, lo que confiere a la cuerda una estructura de funda más compacta y con una gran resistencia a la abrasión. Tratamiento Thermo Shield para garantizar la flexibilidad. Con 3D Lap Coil, que elimina la necesidad de desenrollar las cuerdas antes de su primer uso. Tecnología Eco Dry, un acabado de protección frente a la humedad y la suciedad 100 % libre de PFCs (UIAA Water Repellent), absorbe menos del 1-2% de su propio peso en agua. Sello bluesign® .Certificación EN 892. Fabricada en Alemania con criterios eco-sostenibles. Señalización mitad de la cuerda. PFC free coating. **Material:** poliamida. **Diámetro:** 9,5 mm. **Elongación dinámica:** 34 %. **Fuerza de choque:** 9,3 kN. **Porcentaje del alma:** 64 %. **Porcentaje de la funda:** 36 %. **Peso por metro:** 60 g/m. **Elongación estática:** 5,9 %. **Número de caídas:** 9. **PVPR:** 223,69 € (60 m).

SISKIN ECO DRY 8,6MM

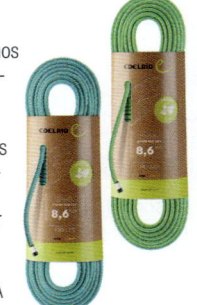

Cuerda simple más ligera del mercado, con tan solo 48 gramos por metro. La compañera perfecta para escalar a vista al límite o para los proyectos más exigentes. Triple certificación para uso como cuerda simple, doble y gemela. Tratamiento Thermo Shield para garantizar la reconocida flexibilidad de las cuerdas de EDELRID. Técnica 3D Lap Coil, que elimina la necesidad de desenrollar las cuerdas antes de su primer uso. Con la tecnología Eco Dry, se ha logrado desarrollar el primer proceso de acabado de protección a la humedad y la suciedad 100 % libre de PFCs y que cumple con la norma UIAA Water Repellent. Selllo bluesign®. Certificación EN 892 | UIAA 101. Fabricada en Alemania. Marcado mitad de la cuerda. **Material:** poliamida. **Diámetro:** 8,6 mm. **Fuerza de choque:** 8,5 / 6,6 / 10,7 kN. **Porcentaje de alma:** 62 %, **y de funda:** 38 %. **Peso:** 48 g. **Elongación dinámica:** 34 / 29 / 28 %. **Elongación estática:** 5,3 / 5,3 / 3,8 %. **Nº de caídas:** 5 / 18 / ≥25. **PVPR:** 254,20 € (60 m).

SKIMMER ECO DRY 7,1MM

Cuerda dinámica para escalada clásica y alpinismo y utilización en doble o como cuerda gemela. Destaca por ser la cuerda doble más delgada y ligera del mercado. La primera opción para la escalada exigente en hielo o mixto, o cuando cada gramo cuenta. Ahora también con acabado Eco Dry libre de PFC y acorde a la norma UIAA para cuerdas repelentes al agua. Tratamiento Thermo Shield para garantizar su flexibilidad. Con 3D Lap Coil, que elimina la necesidad de desenrollar las cuerdas antes de su primer uso. Tecnología Eco Dry: primer proceso de acabado de protección a la humedad y la suciedad 100 % libre de PFCs y que cumple con la norma UIAA Water Repellent. Absorbe menos del 1-2 % de su propio peso en agua. Sello bluesign®. Certificación EN 892. Señalización mitad de la cuerda. Fabricada en Alemania con criterios eco-sostenibles. **Material:** poliamida. **Diámetro:** 7,1 mm. **Fuerza de choque:** 6,1 / 10,0 kN. **Porcentaje del alma:** 60 %. **Porcentaje de la funda:** 40 %. **Peso:** 36 g/m. **Elongación dinámica:** 32 / 29 %. **Elongación estática:** 9,0 / 5,2 %. **Número de caídas:** 5 / 18. **PVPR:** 183,02 € (60 m).

STARLING PROTECT PRODRY 8,2MM

Cuerda doble y gemela con la innovadora tecnología Protect que ofrece una resistencia a los cortes mucho mayor, ofreciendo un *plus* de seguridad. La funda está reforzada mediante un método de procesamiento especial que incluye fibras de aramida sin afectar las propiedades dinámicas de la cuerda. Tratamientos Thermo Shield y Pro Dry, que protege de los efectos de la humedad (UIAA Water-repellent) y la suciedad, y mejora las características de deslizamiento de las fibras individuales, lo que hace que las cuerdas sean más resistentes a la abrasión alargando su vida útil. La técnica 3D Lap Coil, con el que EDELRID enrolla sus madejas con una máquina especial, elimina la necesidad de desenrollar las cuerdas antes de su primer uso. Certificación EN 892. Bluesign®. Señalización mitad de la cuerda. Fabricada en Alemania. **Diámetro:** 8,2 mm. **Fuerza de choque:** 7,0 / 11,8 kN. **Porcentaje del alma:** 58 %, **y de la funda:** 42 %. **Peso:** 44 g/m. **Elongación dinámica:** 28 / 24 %, **y estática:** 8,8 / 5,1 %. **Nº de caídas:** 7 / 20. **PVPR:** 213,53 € (60 m).

SWIFT PROTECT PRO DRY 8,9MM

Cuerda multi-norma para escalada alpina en simple, doble o gemela. La primera cuerda simple dinámica que incorpora fibras de aramida de alta resistencia en la funda a partir de un proceso de trenzado desarrollado por Edelrid. Esto dota a la cuerda de una resistencia al corte notablemente mayor (Cut Protect), sin impedir que la fuerza de choque se mantenga dentro del estándar requerido. Tratamiento Thermo Shield para garantizar la reconocida flexibilidad de EDELRID. Proceso Pro Dry de acabado que protege de los efectos de la humedad (UIAA Water-repellent) y la suciedad en una cuerda. Técnica 3D Lap Coil, con el que EDELRID enrolla sus madejas para eliminar la necesidad de desenrollar las cuerdas antes de su primer uso. Certificación EN 892. Sello bluesign®. Señalización mitad de la cuerda. Fabricada en Alemania. **Diámetro:** 8,9 mm. **Elongación dinámica:** 29 / 26 / 25 %. **Fuerza de choque:** 9,9 / 7,3 / 11,8 kN. **Porcentaje del alma:** 64 %. **Porcentaje de la funda:** 36 %. **Peso:** 53 g/m. **Nº de caídas:** 6 / 18 / 30. **PVPR:** 274,54 € (60 m).

TOMMY CALDWELL ECO DRY CT 9,3MM

Para el desarrollo de esta cuerda para uso en simple, se ha trabajado estrechamente con Tommy Caldwell, leyenda de grandes paredes. Está provista de tecnología ColorTec con la que se crea un cambio de color claramente visible entre las dos mitades de la cuerda de forma permanente. Gracias al trenzado en una máquina con 48 bobinas, se ha conseguido una cuerda con una funda muy compacta y una gran resistencia a la abrasión a pesar de su diámetro fino. Tratamiento Thermo Shield para garantizar su flexibilidad. Enrollado 3D Lap Coil con el que EDELRID enrolla sus madejas para eliminar la necesidad de desenrollar las cuerdas antes de su primer uso. Tecnología Eco Dry que protege de la humedad y la suciedad, 100% libre de PFCs y que cumple con la norma UIAA Water Repellent. Certificación EN 892. Fabricada en Alemania con criterios eco-sostenibles. Señalización mitad de la cuerda. **Material:** poliamida. **Diámetro:** 9,3 mm. **Elongación dinámica:** 34 %. **Fuerza de choque:** 9,0 kN. **Porcentaje del alma:** 61 % **y de funda:** 39 %. **Peso:** 57 g/m. **Elongación estática:** 7,4 %. **Nº de caídas:** 7. **PVPR:** 254,20 € (60 m).

EDELRID

ESCALADA ⬢

ACE III

Arnés alta gama con tecnología 3D-Vent Lite, que permite conseguir un peso mínimo y un tamaño compacto junto con una total libertad de movimiento y una comodidad excepcional. Las cintas fabricadas en poliéster y Dyneema® distribuyen uniformemente la presión, sin ser voluminosas. Además, aportan una gran transpiración, durabilidad y estabilidad gracias a la malla interior. La forma de mariposa del cinturón distribuye equilibradamente el peso y aumenta la comodidad en suspensión. Perneras y cinturón con tejido en poliamida y HMPE para una mayor protección contra roces y desgaste prematuro. Arnés de gran ligereza y confort, perfecto para rutas de escalada deportiva exigentes, alpinismo y escalada en hielo. Certificación EN 12277 Typ C. UIAA.
Peso: XS-237 g, S-250 g, M-274 g, L-285 g.
PVPR: 101,68 €

HELIOS | W'S HELIA

Arnés que aporta una comodidad increíble combinada con un peso ligero y unas dimensiones compactas. La innovadora tecnología 3D Pad se aplica en cinturón y perneras con paneles de acolchado distribuidos de forma estratégica en las zonas de mayor presión. La forma de mariposa del cinturón distribuye equilibradamente el peso y aumenta la comodidad. Las perneras se pueden regular mediante hebillas Slide Block de 15 mm, y la hebilla Slide Block de 20 mm en el cinturón puede abrirse para un ajuste cómodo y seguro. Cinco anillos porta-materiales simétricos, cuatro posiciones de fijación para clips porta-tornillos y un punto de fijación posterior. Perneras y cinturón en poliamida y HMPE para más durabilidad. Certificación EN 12277 Tipo C. UIAA. **Tallas:** XS a XL. **Peso H:** M-410 g.
Peso M: M-440 g. **PVPR:** 142,36 €

IGUAZU III

Innovador arnés de descenso de barrancos para guías y usuarios con protector contra la abrasión remplazable y cintas con indicador de desgaste. Incluye dos puntos de encordamiento (textil + metal) que permiten la fijación horizontal y vertical, muy útil para separar equipos de rápel y de autoaseguramiento. Dos puntos adicionales de enganche metálicos para bolsa para cuerda, cuatro portamateriales grandes (2 en talla 1) y opciones de fijación para navaja y mosquetones. Extra de confort y adaptación gracias a las dos cintas de regulación de la cintura. Cinturón con hebillas cosidas para facilitar ponerse y quitarse el arnés. Perneras regulables con cintas protegidas contra la abrasión. Protector posterior sin costuras extremadamente robusto y reemplazable fabricado en tarpaulin (lona). Sistema RFID integrado. Certificación EN 12277 Tipo C. UIAA.
Peso: talla 1-905 g, talla 2- 962 g. **PVPR:** 183,02 €

JAY IV | W'S JANE IV

Modelo versátil para escalada en rocódromo, vías ferratas y alpinismo que, en su cuarta generación, es todavía más confortable. Cinturón con forma de mariposa, que distribuye la presión de forma equilibrada y ofrece una buena comodidad en suspensión. El acolchado de la cintura se puede mover gracias a la construcción Center Fit para un ajuste y posicionamiento óptimo. Las cintas de regulación deslizan con suavidad. El anillo ventral sobredimensionado aporta confort y adaptación en las maniobras. Perneras y cinturón con tejido en poliamida y HMPE para una mayor protección contra roces y desgaste prematuro. Indicador de desgaste en rojo en los puntos de encordamiento. Hebillas Slide Block de apertura total y auto-bloqueantes Certificación EN 12277 Typ C bluesign®. UIAA. **Tallas:** XS a XL. **Peso H:** M-410 g. **Peso M:** M-407 g. **PVPR:** 66,09 €

LOOPO AIR

El arnés de escalada más ligero y compacto del mercado, y con diferencia: pesa solo 49 g en la talla M y se puede plegar hasta el tamaño de un puño. Totalmente certificado. El diseño Light Frame de Dyneema® con las dos correas de carga circunferenciales mantiene ligereza sumando confort. El laminado híbrido de poliéster y Dyneema® permite una distribución uniforme de la presión y un peso reducido. Ideal para esquí de travesía y rutas en alta montaña, así como para competiciones, velocidad o 9c+. Construcción resistente de Dyneema® ultraligera y de alta tenacidad. El punto de aseguramiento en dos lazos y la hebilla con clic hacen que sea fácil de poner y ajustar. Certficación EN 12277 Tipo C. UIAA.
Peso: S-46 g, M-49 g, L-53 g. **PVPR:** 81,35 €

PRISMA GUIDE

La versión para alpinismo y esquí de montaña del arnés PRISMA que conserva su gran ligereza y tamaño compacto, sin sacrificar un gramo de confort. Las cintas porta-material delgadas están forradas para tener más consistencia y mantiene la forma sin ser voluminosos. La combinación de núcleo de tejido Dyneema® y poliamida en el exterior del anillo ventral aporta una gran ligereza y flexibilidad en diferentes maniobras. Diseño con construcción Light Frame. Perneras regulables con dos configuraciones. Cuatro anillos porta-material simétricos y forrados, dos anillos porta-material de tela adicionales y cuatro opciones de fijación para los tornillos para hielo. La hebilla Slide Block en el cinturón se puede abrir por completo. Anillo ventral fabricado con núcleo de Dyneema® y funda de poliamida. Certficación EN 12277 Tipo C. UIAA.
Peso: S-156 g, M-168 g, L-175 g. **PVPR:** 81,35 €

SENDERO II

Arnés todoterreno, cómodo, ligero y de gran funcionalidad, ahora con construcción Center Fit: el cinturón con acolchado de espuma móvil es totalmente regulable, lo que permite mantener siempre bien alineado el anillo ventral. Los porta-material son grandes, tienen un diseño que facilita el acceso y se pueden comprimir gracias al material flexible que incorporan. Portatornillos están integrados en el tejido laminado del cinturón. El anillo central es ligeramente más grande y está construido con un núcleo de Dyneema® para mayor resistencia y ligereza. Indicador de desgaste en color rojo en los puntos de encordamiento. Hebillas Slide Block de apertura total y autobloqueantes, que facilitan la colocación del arnés con esquís o crampones. Certificación bluesign® (fabricación sostenible). Certificación EN 12277 Tipo C. UIAA. **Peso:** S-322 g, M-340 g, L-362 g, XL-384 g. **PVPR:** 91,51 €

SKYE

Cómodo arnés de escalada todoterreno diseñado para un uso versátil. Gracias al amplio rango de ajuste del cinturón y las perneras regulables, se puede adaptar a diferentes morfologías, usos y vestimentas. El cinturón en forma de mariposa distribuye la carga de forma óptima y mejora la comodidad. Los dos puntos de encordamiento paralelos son especialmente suaves y el punto de encordamiento superior es más ancho para pasar la cuerda con más facilidad. Hebillas Slide Block de apertura total y autoblocante para facilitar la colocación del arnés con esquís o crampones. Indicador de desgaste rojo en puntos de encordamiento. Cinco anillos portamaterial, dos ranuras portatornillos y una presilla para bolsa de magnesio en la zona posterior. Certificación bluesign®. Certificación EN 12277 Tipo C bluesign®. UIAA.
Peso: S-M 396 g, L-XL 461 g. **PVPR:** 71,17 €

✹ ESCALADA

EDELRID e

CASCOS

SHIELD II KID'S

Casco con construcción bi-material, ligero y robusto con sistema de regulación preciso y excelente ventilación. La protección perfecta para que los más pequeños disfruten escalando como los mayores. Construcción ligera In-Mold con interior de espuma de poliestireno expandido y carcasa resistente de policarbonato. Cinta de la barbilla totalmente ajustable con sistema de cierre debajo de la oreja para una mayor comodidad. Cuatro clips resistentes para fijar una linterna frontal. Sistema de ajuste Wing Fit renovado con dial de regulación posterior para adaptar el casco a todas las formas de cabeza. Interior con formas ergonómicas y con paneles acolchados extraíbles y lavables. Amplias aberturas para una excelente ventilación. Diseño envolvente con protección contra impactos laterales, frontales y posteriores. Certificación EN 12492 UIAA 106. Regulación Wing Fit system.
Talla única: de 48 a 56 cm. **Peso:** 248 g.
PVPR: 66,09 €

SALATHE

Casco de escalada y alpinismo ultraligero y muy ventilado con construcción híbrida. La combinación de un núcleo de espuma EPP inyectada y una carcasa rígida de ABS parcial permite una seguridad óptima con un mínimo peso. Carcasa rígida en la zona superior y frontal para protección adicional en caso de caída de rocas. Interior de EPP ultraligero (polipropileno expandido) para una excelente absorción de impactos. Cinta de la barbilla ajustable con hebilla cierre debajo de la oreja para una mayor comodidad. Sistema de cintas fácilmente ajustables para una regulación precisa y segura, un mínimo volumen y una excelente transpiración. Dos ganchos delanteros y un elástico posterior para fijar una linterna frontal. Amplias aberturas de ventilación. Diseñado para su uso con máscara de esquí. Interior con paneles acolchados extraíbles y lavables. Protección contra impactos laterales, frontales y posteriores según EN 12492. Certificado CE para esquí de travesía según PCSR-002 11.2019 (nota: no cumple los requisitos de la norma EN 1077 para esquí).
Tallas: 50-58 cm | 52-62 cm. **Peso:** 210 g (talla 1). **PVPR:** 101,68 €

SHIELD II

Casco con construcción bi-material, ligero y robusto con sistema de regulación preciso y excelente ventilación. La protección perfecta para escaladas de vías largas y exigentes. Construcción ligera In-Mold con interior de espuma de poliestireno expandido y carcasa resistente de policarbonato. Cinta de la barbilla totalmente ajustable con sistema de cierre debajo de la oreja para una mayor comodidad. Cuatro clips resistentes para fijar una linterna frontal. Sistema de ajuste Wing Fit renovado con dial de regulación posterior para adaptar el casco a todas las formas de cabeza. Interior con formas ergonómicas y con paneles acolchados extraíbles y lavables. Amplias aberturas para una excelente ventilación. Diseño envolvente con protección contra impactos laterales, frontales y posteriores. Certificación EN 12492 UIAA 106.
Tallas: 48-56 cm | 52-62 cm.
Peso: 248 g (talla 1) | 274 g (talla 2).
PVPR: 81,35 €

ULTRALIGHT

La nueva versión del casco ULTRALIGHT presenta un diseño más moderno, ventilación mejorada y un nuevo sistema de correas para la cabeza y la barbilla, reemplazable y lavable. Su robusta estructura y diseño que se adapta fácilmente se han mantenido intactos. El casco perfecto para los que se inician en la escalada, así como escuelas y parques de aventura. Disponible en una gran variedad de colores. Carcasa exterior de polipropileno, altamente robusta y resistente a impactos. Paneles interiores en espuma EPS reemplazables. Sistema de correas acolchadas totalmente regulables, lavables y fabricadas con tejido antibacteriano. Micro-orificios laterales para un flujo constante de ventilación. Puntos de fijación para linterna frontal. Certificación EN 12492.
Talla única: se adapta a una circunferencia de cabeza de 54 a 60 cm.
Peso: 380 g.
PVPR: 61,01 €

ZODIAC 3R

Primer casco parcialmente reciclado del mercado: la carcasa exterior está 100 % fabricada con poliamida procedente del reciclaje de cuerdas escalada de EDELRID. La carcasa interior de EPS también es totalmente reciclada. Todo, sin renunciar a la seguridad, la comodidad y la ventilación que se exige a cualquier casco de escalada. Ideal para el alpinismo, la escalada y vías ferratas. Diseño moderno y depurado con construcción híbrida que proporciona una excelente protección integral. El sistema con dial de regulación Wing Fit permite un ajuste eficaz y rápido, la hebilla de cierre en la cinta de la barbilla es fácil de manipular y los paneles acolchados interiores son extraíbles y lavables. Amplias aberturas de ventilación. La estructura interior se pliega dentro del casco para reducir su volumen durante el transporte. Protección contra impactos laterales, frontales y posteriores según EN 12492. Clips para linterna frontal integrados (dos en la parte delantera, uno en la parte posterior). Certificación EN 12492UIAA 106. Material ABS | EPS.
Talla única: de 55 a 61 cm. **Peso:** 370 g. **PVPR:** 71,17 €

ZODIAC II

El ZODIAC es un casco ligero y extremadamente robusto con construcción híbrida y un diseño muy depurado. La combinación de una carcasa interior de EPS y una carcasa exterior de ABS lo hace muy resistente, y aporta una excelente protección contra los impactos laterales, frontales y posteriores. Las amplias aberturas de ventilación generan un flujo de aire continuo para una excelente dispersión del calor. Incluso los detalles más pequeños han sido optimizados para aportar el mayor confort y funcionalidad: el sistema Wing Fit permite un ajuste eficaz y rápido con solo girar el dial de regulación posterior, la hebilla de cierre en la cinta de la barbilla es fácil de manipular y los paneles acolchados interiores son extraíbles y lavables. Todas estas características hacen del ZODIAC un compañero ideal para el alpinismo, la escalada o para su uso en vías ferratas. Clips para linterna frontal integrados (dos en la parte delantera, uno en la parte posterior). Regulación Wing Fit system. Material ABS | EPS. Certificación EN 12492UIAA 106.
Talla única: 55 - 61 cm. **Peso:** 360 g. **PVPR:** 61,01 €

www.edelrid.com

MAT. DURO

AXIOM SLIDER

Mosquetón con polea integrada en el lado del paso de la cuerda. La polea minimiza la fricción de la cuerda y mantiene su función incluso bajo carga. Su diseño optimizado garantiza que la cuerda esté siempre perfectamente guiada para que pueda deslizarse fluidamente por la polea. Equipado con el gatillo Slider con bloqueo deslizante automático y muy compacto. El gatillo se abre por el lado de la polea, lo que facilita la instalación de la cuerda. Construcción muy ligera. Disponible en versión con gatillo o con cierre de bloqueo deslizante. La polea mantiene su función incluso bajo carga. Eficiencia: 86 %.
Ancho: 65 mm. **Largo:** 100 mm. **Abertura:** 18 mm.
Resistencia: 22 kN (eje mayor). 8 kN (eje menor). 7 kN (gatillo abierto). **Certificación:** EN 12275 | EN 362.
Material: aluminio. **Peso:** 68 g. **PVPR:** 45,76 €

BULLET PROOF SCREW

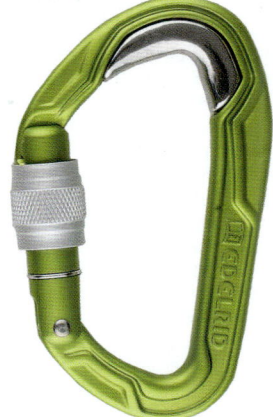

Mosquetón con bloqueo de seguridad a rosca. Compacto y resistente al desgaste gracias al refuerzo de acero en el lado de rozamiento del mosquetón. Este detalle evita el desgaste prematuro en esta zona tan solicitada y protege la cuerda de bordes afilados. Su diseño con perfil en H optimiza el uso de material y minimiza el peso. El insert de acero evita el desgaste prematuro por fricción de la cuerda.
Ancho: 60 mm. **Alto:** 100 mm.
Abertura: 18 mm.
Resistencia: 27 kN (eje mayor). 10 kN (eje menor). 8 kN (gatillo abierto).
Certificación: EN 12275 | UIAA 121.
Material: aluminio / acero. **Peso:** 60 g.
PVPR: 19,32 €

CABLE KIT ULTRALITE VII

Elemento de amarre con disipador de energía para vía ferrata ultraligero que, tras una serie de actualizaciones, se ha convertido en el modelo más ligero del mercado. Las cintas elásticas, de gran ligereza y poco grosor, están fabricadas con HMPE (High Modulus Polyethylene) de alta durabilidad y resistentes a roces para ayudar a conseguir un peso reducido de todo el conjunto. Los mosquetones ultraligeros son fáciles de utilizar y contribuyen también a minimizar el peso.
El disipador compacto y la corta longitud de la cinta de suspensión ofrecen un manejo excepcional. El CABLE KIT ULTRALITE VII es un elemento de amarre para vía ferrata compacto, fácil de utilizar, y de gran ligereza: la solución perfecta para guías de montaña y fanáticos de equipos ultraligeros. Bypass-save. Fabricado en Alemania.
Certificación: EN 958 EN 12275. **Mosquetón:** Superlight.
Rango de peso usuarios: 40 -120 kg. **Peso:** 299 g.
PVPR: 111,85 €

GIGA JUL

Asegurador-descensor más versátil del mercado. Su diseño permite utilizarlo como un asegurador con frenado asistido o como una placa de freno manual. La función de frenado asistido, que optimiza la fuerza de frenado, se activa o desactiva mediante un sencillo mecanismo deslizante que incorpora. Perfecto para asegurar y descender en rápel de forma autobloqueada o libre, detalle especialmente práctico en terrenos alpinos. Orificio de desbloqueo con un mosquetón para poder subir al segundo. Adecuado para cuerdas dobles y gemelas de 7,1 – 10 mm de diámetro. Construcción bi-material: cuerpo de aluminio ultraligero y resistente acero inoxidable en áreas expuestas al desgaste. Se puede dar cuerda de forma más fluida en el modo guía con frenado asistido manteniendo el dispositivo en posición "abierta" con el dedo pulgar. Manual. **Certificación:** EN 15151-2.
Material: aluminio + acero inoxidable. **Peso:** 121 g. **PVPR:** 66,09 €

MEGA JUL

Dispositivo asegurador-descensor de acero inoxidable versátil, ligero y resistente. Se trata de un aparato ideal para asegurar de forma dinámica en escalada clásica y terreno de aventura. Construcción robusta de acero inoxidable. Ahora mayor efecto de frenado gracias a la nueva geometría del dispositivo. Permite dar cuerda de forma más fluida y rápida al primero de cordada mediante una maniobra específica con el pulgar. Orificio para desbloquear el dispositivo con un mosquetón cuando tenemos que dar cuerda al segundo. Perfecto para asegurar a un primero o dos segundos y descender en rapel. Adecuado para cuerdas de 7,8 a 10 mm de diámetro. Manual. Fabricado en Alemania.
Certificación: EN 15151-2. **Material:** acero inoxidable. **Peso:** 75 g.
PVPR: 45,76 €

OHM II

La segunda generación del innovador y exitoso OHM es todavía más fácil de utilizar gracias a una serie de actualizaciones. Ahora este dispositivo de frenado asistido, que incrementa la capacidad de frenado en la escalada de grupo con usuarios de diferentes pesos, incorpora una articulación giratoria (swivel) para aportar una mayor libertad de movimiento. Como resultado, la dirección de enganche ya no importa cuando el aparato se instala en el primer anclaje. El sistema de bloqueo evita que el aparato pueda abrirse accidentalmente y hace que sea más fácil pasar la cuerda y retirar el dispositivo al descender. El OHM se fija en el primer anclaje de la cadena de seguridad. No afecta la fluidez del paso de la cuerda al asegurar al primero. Para cuerdas simples de 8,9 a 11,0 mm de diámetro. Gracias al OHM, el asegurador recibe una fuerza menor en caso de detención de una caída. Es más fácil descender a una persona de mayor peso de forma controlada. Reduce el riesgo de colisión si se produce una caída en el primer punto de anclaje.
Peso mínimo del asegurador: 40 kg. **Peso:** 450 g. **PVPR:** 127,10 €

PINCH

Dispositivo de aseguramiento con frenado asistido para escalada deportiva, vías de varios largos y técnicas de acceso por cuerda. Innovación destacada: primer dispositivo que puede fijarse directamente al anillo ventral del arnés, lo que mejora el control, evita la carga cruzada y no requiere recolocación al dar cuerda. Permite mayor maniobrabilidad y facilita el dar entre 20 y 30 cm más de cuerda por movimiento. Ranuras frontales de acero: deslizamiento lineal, menor torsión de cuerda y mayor durabilidad. Empuñadura ergonómica. Función anti-pánico integrada y desactivable. Puede fijarse al punto de reunión en cuatro direcciones (90°). Compatible con usuarios diestros y zurdos. Rango cuerdas: 8,5 a 10,5 mm (dinámicas) y de 10,0 a 10,5 mm (estáticas). **Certificación:** EN 15151-1 EN 12841-C UIAA. **Material:** acero inoxidable / aluminio. **Peso:** 234 g. **PVPR:** 101,68 €

SPOC

Polea ultraligera con sistema de bloqueo, ideal para rescates en grietas, elevación de cargas o como ascendedor de emergencia. Función 3 en 1: polea simple, bloqueador o polea con anti-retorno. Alta eficiencia (92 %) gracias a rodamiento de bolas. Leva con muelle integrada, funcional incluso con cuerda helada o embarrada. Tirador de cable: manejo con una sola mano. Tope trasero bloqueable para uso como polea simple. Gran orificio compatible con mosquetones de rosca (EN 362 / EN 12275). Compatibilidad con cuerdas de 7–11 mm (EN 892, EN 1891, EN 564). Apta para RAP LINE PROTECT PRO DRY 6.0 mm de EDELRID. Diámetro de polea: 20 mm.
Resistencia mínima a la rotura: 15 kN.
Certificaciones: EN 12278 | EN 567.
Material: Aluminio, acero, poliamida. **Peso:** 60 g. **PVPR:** 71,17 €

⬣ E S C A L A D A

www.grivel.com

GHOST EVO

Descripción: El piolet más ligero, con cabeza y hoja en acero, equipado con el mango G-bone, desarrollado por Grivel y presente en otros piolets de la marca, que le aporta las siguientes ventajas: Forma con diáfisis de hueso para conseguir un tacto más adherente, ergonómico y cómodo. Su particular forma, además de reducir el espesor de material en las zonas donde es más necesario, dota al mango de una mayor resistencia. Sus 309 g hace que sea un piolet diseñado para los que buscan opciones ligeras en material, sin por ello renunciar al factor durabilidad y resistencia, que sin duda le aportan la cabeza, la hoja y el regatón en acero forjado. Su hoja curvada, añade una sujeción más eficaz y permite la maniobra de auto-retención. Y el mango ligeramente pre-curvado una mejor adaptación a las diferentes formas del terreno. Disponible en opción piolet y martillo. **Certificación:** CE EN 13089, tipo 1, UIAA 152. **Peso:** 309 g. **Longitud:** 45 o 50 cm. **PVPR:** 122,60 €

AIR TECH EVO

Descripción: El piolet más emblemático y polivalente de GRIVEL. Mango patentado G-BONE. Cortado en sección, el mango G-BONE tiene forma de diáfisis de hueso aportando. Un tacto más adherente, ergonómico y cómodo, así como una mayor resistencia a la vez que una reducción del espesor del material. Incorpora hoja en una sola pieza en acero forjado en caliente que le confiere una imbatible resistencia y durabilidad. El mango es en acero cromado ligeramente curvado con el que conseguimos una efectiva pegada y anclaje en diferentes grados de inclinación. Regatón clásico en punta que facilita su apoyo como bastón. Protecciones antideslizantes con las que se añade un mejor agarre en mano y al mismo tiempo una mayor resistencia para clavar el piolet en la nieve. Disponible en versión pala y martillo. Disponible en versión con dragonera Long Leash o Easy Slider incluidas. **Resistencia mango:** 400 kg. **Medidas:** 48, 53, 58, 66 cm. **Peso:** 430 g **PVPR:** 177,90 € (con dragonera Long Leash). 183,90 € (con dragonera G Slider).

G12 NEW-MATIC EVO

Descripción: Crampón de 12 puntas muy robusto y polivalente para alpinismo clásico y rutas mixtas. 12 puntas cortas de acero (8 delanteras y 4 traseras). Fabricado en acero y con construcción semi-rigida y diseño asimétrico. Sistema de fijación NEW-MATIC eficaz, rápido y muy polivalente: ajuste frontal en termoplástico Zeytel DuPont flexible y resistente que se adapta a cualquier tipo de bota. Talonera rápida para facilitar la fijación a la bota. Peso muy ajustado y volumen mínimo (se cierra sobre sí mismo). Regulación ultra-rápida sin necesidad de herramientas. Anti-boots incluidos. **Certificación:** CE EN 893, UIAA 153. **Rango de talla bota:** 36 – 47 EU. **Peso:** 970 g. **PVPR:** 172,90 €

AIR TECH NEW MATIC EVO

Descripción: Crampón semi-rígido de gran polivalencia, incluso en terreno mixto, fabricado en crhomoly y acero. 12 puntas con diferentes ángulos de inclinación y longitudes para asegurar toda la estabilidad y agarre en cualquier superficie. Diseño asimétrico que garantiza una perfecta cobertura de las suelas, incluidas las más modernas. Dispone también de barra regulable manualmente en dos longitudes distintas. Sistema de fijación NEW MATIC eficaz, rápido y muy polivalente. Talonera rápida para facilitar la fijación a la bota. **Certificación:** CE EN 893, UIAA 153. **Rango de talla de bota:** 35-46 EU. **Peso:** 886 g. **PVPR:** 152,90 € (anti-boot incluidos).

STEALTH

Descripción: Casco para alpinismo, ski-alpinismo y escalada. Muy ventilado e hiper-ligero, gracias a su construcción bi-materia: cara exterior en policarbonato + interior en poliestireno expandido inyectado para absorber los impactos. Una sola talla que abarca de 53 a 61 cm, regulable. Sin elementos metálicos para evitar heridas en caso de impacto. Cuenta con una prestación adicional respecto a otros cascos de la competencia: la protección ALL ROUND (impacto vertical, lateral, frontal y posterior). **Peso:** 198 g. **PVPR:** 94,90 €

DAISY CHAIN EVO

Descripción: Sistema de anclaje personal muy polivalente. Construcción diseñada para resistir 23 kN de fuerza en cada bucle, eliminando los posibles riesgos de maniobras peligrosas. Gracias a su diseño, la seguridad es mayor en comparación con la construcción tradicional, manteniendo al mismo tiempo su versatilidad y funcionalidad. Se puede utilizar para conexiones, ecualizar una reunión, para asegurarse, como estribo... Se puede fijar al arnés mediante nudo doble o simple. **Material:** Dyneema, poliéster. **Certificación:** CE EN 566, UIAA 104. **Largo:** 125 cm. Equipado con mosquetón **ALPHA K1N:** pequeño mosquetón multiusos con cierre de rosca. Compacto, resistente y ligero, con forma de 'D' y cierre de rosca. **Certificaciones:** CE EN 12275 - clase B, UIAA 121. **Resistencia:** 24 kN longitudinal, 8 kN transversal y 8 kN gatillo abierto. **Peso:** 101 g + 56 g (mosquetón Alpha K1N). **PVPR:** 47,80 €

MUTANT

Descripción: Nueva incorporación a la gama de cascos de Grivel que no sólo destaca por su ligereza y tecnicidad sino también por un diseño cautivador. Fabricado con material EPP (polipropileno expandido) y con carcasa reforzada en ABS en la zona superior. Esta combinación tan equilibrada permite conseguir un casco ligero y con toda la protección All-Round de Grivel (perímetro lateral y superior) y un grado de ventilación óptimo a través de sus amplios orificios. El nivel de acabados estéticos también ha sido cuidado para dar un aspecto liviano y único al MUTANT. La carcasa de cobertura hexagonal cuenta también con diseño diferenciado en ambos laterales. El sistema de regulación es milimétrico y de dimensiones reducidas para mayor confort y ligereza. El MUTANT estará disponible en 2 tallas: S/M (48-58 cm); L/XL (54-62 cm) **Certificación:** CE EN 12492, UIAA 106. **Peso:** 160 g (S/M), 185 g (L/XL). **PVPR:** 99,60 €

DUETTO

Descripción: Casco con doble certificación (alpinismo-escalada y esquí montaña) más ligero del mercado. Tan sólo 195 g. Sus formas angulares están inspiradas en el exitoso casco Stealth de Givel. La carcasa EPP (polipropileno expandido) hace posible su notable reducción de peso y garantiza la necesaria protección a impactos laterales, frontales, posteriores y superiores All-Round Protection. Diseño limpio y funcional, la regulación se realiza mediante sistema de correas muy personalizable gracias a sus diferentes posiciones de regulación. Este sistema de regulación, ligero y eficaz, tiene también la ventaja de que, al transportarlo, las correas ocupan el mínimo espacio y permiten utilizar la capacidad interior del casco para guardar material. 4 enganches para fijar la linterna frontal. Rango de regulación: 53 – 60 cm. Disponible en color azul eléctrico y gris titanio. **Certificación:** CE EN 12492, CE EN 1077/B, UIAA 106. **Peso:** 215 g. **PVPR:** 139 €

www.grivel.com

STEALTH (MOSQUETÓN Y CINTA EXPRESS)

Descripción: Diseño patentado. Mosquetón diseñado especialmente para la escalada deportiva. Los mosquetones STEALTH disponen de un amplio rango de abertura para facilitar el mosqueteo, cierre keylock y, como singularidad, su diseño imita las formas poliédricas del casco STEALTH. Disponible en versión con cierre recto (color negro) y versión cierre curvo (color plateado).
Materiales: aluminio forjado en caliente (mosquetón), poliéster (cinta).
Certificaciones: CE EN 12275 – clase B, UIAA 121.
Medidas: largo-ancho-rango de abertura: 100-65-27 mm.
Resistencia: eje vertical 22 kN, eje horizontal 8 kN, gatillo abierto 8 Kn.
Peso: 44 g. **PVPR:** 15,60 € (mosquetón recto/curvo). 24,90 € (cinta express 13 cm). 26,90 € (cinta expres 18 cm).

CLEPSYDRA TWIN GATE

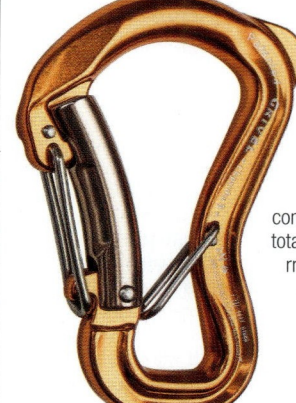

Descripción: Mosquetón para aseguramiento, forjado en caliente, y con segundo cierre de varilla para aislar el anillo ventral durante el aseguramiento o rápel. Este detalle la aporta seguridad extra, el anillo ventral permanece siempre cerrado y en posición correcta, incluso con el cierre del mosquetón abierto. Funcionamiento totalmente automático gracias a las ventajas del cierre Twin Gate. Una sola mano para abrir y cerrarlo. Una vez instalado, siempre se mantiene cerrado. Forma ergonómica para facilitar las maniobras.
Resistencia: Eje mayor: 22 kN. Eje menor: 9 kN. Gatillo abierto: 8 kN.
Peso: 67 g.
PVPR: 20,90 €.

K3N PLUME SCREW LOCK

Descripción: El mosquetón con cierre de rosca más ligero y compacto. Con un peso de solo 37 g, este mosquetón ultra-compacto aporta toda la seguridad sin comprometer el peso. Cierre tipo keylock para una mayor resistencia y facilidad de uso. Forma ergonómica para optimizar la maniobrabilidad. Diseño de tipo asimétrico. Cierre keylock con sistema de bloqueo Screw Lock de rosca.
Resistencia: 20 kN (eje mayor), 7 kN (eje menor), 7 kN (gatillo abierto).
Dimensiones: 90-54-19 mm.
Material: aluminio forjado.
Peso: 37 g.
Certificación: CE EN 12275 - clase B, UIAA 121.
PVPR: 12,70 €

VLAD TWIN GATE

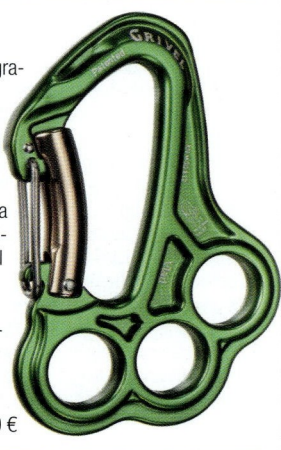

Descripción: Placa multianclaje + mosquetón integrado = VLAD. Es otra fórmula patentada 2 en 1 que propone Grivel. El ingenio de insertar un mosquetón en la base de la placa simplifica y aligera diferentes tipos de maniobras. El método tradicional implicaba la utilización de 2 mosquetones; ahora un solo mosquetón es suficiente, reduciendo la longitud de la cadena de seguridad. El mosquetón integrado permite fijar todo el conjunto con un solo movimiento en el punto de anclaje, manteniendo los diferentes elementos siempre alineados en la correcta posición. Todas las ventajas del cierre Twin-Gate: una vez instalado, siempre se mantiene cerrado. **Resistencia:** 27 kN (eje mayor), 10 kN (eje menor), 10 kN (gatillo abierto). **Material:** aluminio forjado en caliente.
Peso: 90 g. **Certificación:** CE | UIAA. **PVPR:** 34,90 €

MISTRAL LIGHT

Arnés hiper-ligero y compacto para la práctica del esquí-montaña y alpinismo. Tejido X-Tech, diseñado por la empresa Dimension-Polyant, es el responsable de su extraordinaria ligereza (solo 168 g), alta durabilidad y compresibilidad. Es tan comprimible que cabe en la palma de la mano. La trama interior en fibras de aramida proporciona al tejido X-Tech una asombrosa durabilidad y están recubiertas de material de gran flexibilidad y resistencia a los rayos UV. Las cintas del perímetro del arnés son de fibras de Dyneema para aportar más ligereza y resistencia. Regulable, las hebillas de las perneras tienen 2 posiciones para un ajuste más preciso. Para poner el arnés no hace falta descalzarse los crampones o los esquís. 2 anillos porta-material textiles en Dyneema. Puntos de fijación para tornillos de hielo. Disponible en 2 tallas. **Certificación:** CE EN 12277 tipo C. **Peso:** 136 g. **PVPR:** 94,20 €

LEVANTE

Descripción: Arnés ligero y compacto para la práctica del alpinismo y escalada en hielo. El nuevo tejido X-Ply, diseñado por la empresa Dimension-Polyant, es el responsable de su extraordinaria ligereza, alta durabilidad e impermeabilidad. Las fibras de alta tenacidad aseguran una gran resistencia y una adaptación homogénea al cuerpo. Y la trama interior de aramida evita volúmenes innecesarios para aportar más confort. El cinturón preformado cuenta con tejido acolchado con interior con trama 3D asegura una gran adaptación y transpiración. Transpiración que también encontramos en las perneras gracias al tejido interior de rejilla. Incluye 5 anillos porta-material y puntos de fijación para para tornillos y material de hielo. Cuenta también con costuras reforzadas en el punto de encordamiento y aseguramiento para una mayor durabilidad a la fricción con la cuerda. **Tallas:** S, M, L, XL. **Certificación:** CE EN 12277 tipo C. **Peso:** 214 g (M). **PVPR:** 139,90 €

TREND

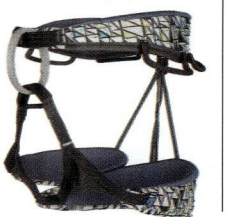

Descripción: En GRIVEL, la estética nunca ha estado reñida con la funcionalidad. Y en este sentido, los nuevos TREND son un nuevo concepto de arnés de escalada para los que valoran el confort y la tecnicidad y no quieren renunciar al factor diseño y diferenciación. Una sola hebilla de regulación (cintura). 4 anillos porta-material. Cinturón y perneras ergonómicos. Confort gracias al acolchado de la cara interior. Se puede reducir la altura del puente de enganche pasando la cuerda por la posición inferior. Cara interior acolchada para mayor confort. Cinturón ergonómico con mayor sujeción lateral. Perneras ergonómicas con acolchado interior para mayor confort. 4 atrevidos estampados que marcan la diferencia: leopardo, pitón, geométrico, negro-leopardo.
Certificación: CE EN 12277. **Tallas:** 4. **Peso:** 295 g.
PVPR: 89,90 €

EASY

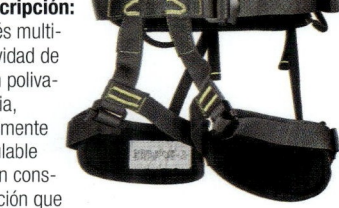

Descripción: Arnés multi-actividad de gran polivalencia, totalmente regulable y con construcción que prima el confort del usuario. Una sola talla universal que permite mantener siempre centrado el anillo ventral y bien ajustada la cintura sea cual sea la talla del usuario. Diseño para la práctica de la escalada y alpinismo, así como actividades en grupo. Fácil de poner gracias al único punto de regulación con un amplio rango de ajuste. Dos hebillas en las perneras y una en la cintura. Perneras y cinturón acolchado con dos anillos porta-materiales.
Certificaciones: CE EN 12277, tipo C. **Peso:** 466 g. **PVPR:** 69,90 €

www.petzl.com

ANGE FINESSE

Para acompañarte en las vías alpinas. Para alpinismo y situaciones en las que cada gramo cuenta, la cinta exprés ANGE FINESSE es ultraligera. Provistos de la tecnología MonoFil de Petzl y un perfil en H, los mosquetones ANGE son muy ligeros y ofrecen una relación peso/resistencia óptima. La forma de la punta y el sistema Keylock evita que los mosquetones se enganchen involuntariamente durante las fases de mosqueteneo y desmosqueteneo. Ergonómica, la cinta cosida FINESSE permite una buena sujeción en la mano. **Disponible en dos longitudes:** 12 y 17 cm. **Resistencia:** eje mayor 20 kN, eje menor 7 kN, gatillo abierto 8 kN. **Abertura del gatillo:** 23 mm. **Materiales:** Mosquetones de aluminio, cinta de polietileno de alta densidad, STRING de elastómero termoplástico. **Certificaciones:** Mosquetón: CE EN 12275 tipo B y UIAA. Cinta: CE EN 566 y UIAA. **Disponible a partir de febrero 2026.**

ANGE

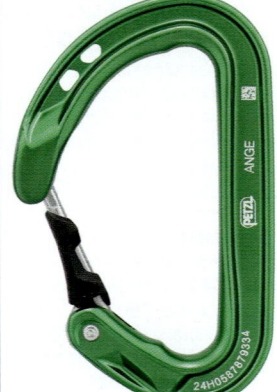

¡La elección ideal cuando cada gramo cuenta! Diseñado para el alpinismo, la escalada de varios largos y la clásica, el mosquetón ANGE está a medio camino entre los mosquetones de gatillo tradicionales y los mosquetones de cierre de alambre clásicos. La tecnología MonoFil de Petzl y su perfil en H le aseguran un peso ultraligero de 31 gramos y una relación óptima ligereza/durabilidad. La forma de su punta y el sistema Keylock evitan que el mosquetón se enganche involuntariamente durante las fases de mosqueteneo y desmosqueteneo. De esta forma, se adapta perfectamente a los escaladores que buscan ligereza. **Materiales:** aluminio. **Certificaciones:** CE EN 12275 type B, UIAA. **Disponible a partir de febrero 2026.**

BUG

La mochila ideal para acompañarte en tu día a día y en tus escapadas a vías de varios largos. Con un volumen de 18 litros, una forma compacta y ergonómica, dispone de gran variedad de accesorios: portacuerda, portacasco amovible, gran bolsillo exterior con cremallera, compartimento principal para el arnés, pies de gato, ropa, así como un espacio específico para transportar un ordenador o una bolsa de hidratación. Sus tirantes acolchados y sus cintas de compresión laterales proporcionan confort y sujeción óptima. Te gustará mucho su sistema de abertura por arriba, práctico cuando estás en suspensión en la reunión. Combinando estilo y funcionalidad, está disponible en tres colores. **Capacidad:** 18 l. **Peso:** 665 g. **Materiales:** TPU, poliéster 100% reciclado, EVA, poliuretano, poliamida y aluminio. **Disponible a partir de enero 2026.**

GRIGRI® +

¡El arte del aseguramiento empieza aquí! Tanto en rocódromo como en pared, el GRIGRI + es un asegurador con bloqueo asistido para la escalada de primero o en polea. Con su empuñadura antipánico, se adapta perfectamente al aprendizaje del descenso del escalador. También es el compañero ideal para asegurar en polea gracias a su modo ASSIST + que te permitirá recuperar cuerda más fácilmente. Se utiliza con todas las cuerdas simples de 8,5 a 11 mm. **Peso:** 200 g. **Compatibilidad de la cuerda:** cuerda simple de 8,5 a 11 mm. **Materiales:** Placas laterales de aluminio, patín de frenado y leva de acero inoxidable, y empuñadura de poliamida reciclada. **Certificaciones:** CE EN 15151-1, UIAA. **Disponible a partir de febrero 2026.**

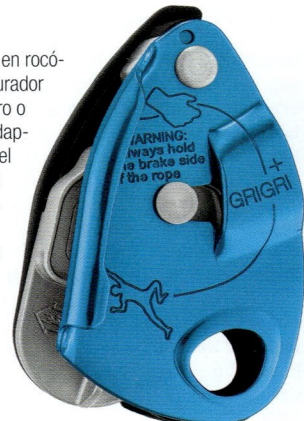

MACCHU®

MACCHU, ¡el arnés para hacer como los mayores! Completamente regulable, gracias a su cinturón y sus perneras ajustables, se adapta fácilmente a la talla del niño. Su cinturón y sus perneras están acolchados, lo que hace que sea más confortable durante las fases de suspensión. Sus dos hebillas en el cinturón facilitan el buen ajuste de los puntos de encordamiento y su anillo de aseguramiento de color permite un control visual rápido. También dispone de dos anillos portamaterial para transportar las cintas exprés. **Materiales:** Poliéster, poliéster 100% reciclado, EVA, poliuretano y acero. **Certificaciones:** CE EN 12277 type C, UIAA. Se sirve con una funda protectora diseñada en tejido de poliéster 100% reciclado. **Disponible a partir de febrero 2026.**

METEOR

¿Te apasiona la escalada o el alpinismo? ¡El casco METEOR es para ti! Ligero, compacto y provisto de una excelente ventilación, te acompañará todo el año en tus ascensiones. Su construcción y su forma envolvente aportan una mayor protección a toda la cabeza. Confortable, es adecuado para todos los escaladores y escaladoras gracias a su contorno de cabeza diseñado para el paso del cabello largo recogido en una cola de caballo. Compatible con una linterna frontal, podrás contar con él para tus salidas nocturnas. **Peso:** 225 g en talla S/M y 240 g en talla M/L. **Materiales:** carcasa superior de policarbonato, almohadilla de poliestireno expandido (EPS) y cintas de poliéster. **Certificaciones:** CE EN 12492, UIAA. **Disponible a partir de febrero 2026.**

SWIFT® LT

¡La iluminación peso pluma! La linterna frontal ultraligera y compacta, que cabe en la palma de la mano. Con una potencia de 380 lúmenes, es esencial para tus actividades en la naturaleza donde cada gramo cuenta, o en la mochila. Dispone de tres niveles de iluminación blanco y de una iluminación roja para no deslumbrar el entorno. Su cinta, a la vez minimalista y funcional, combina estilo y confort durante el esfuerzo. Un hilo reflectante integrado en la cinta te permitirá estar visible en cualquier circunstancia. Práctica, dispone de una batería fácil de recargar mediante un conector USB-C. Resistente a la lluvia, te acompañará en tu vida cotidiana, ¡incluso con mal tiempo! **Potencia:** 380 lúmenes (ANSI/PLATO FL 1). **Peso:** 43 g. **Tipo de haz luminoso:** amplio. **Alimentación:** Batería de 880 mA. **Certificaciones:** CE. **Estanqueidad:** IPX4 (resistente a las proyecciones de agua). **Disponible a partir de octubre 2025.**

SWIFT® RL

Con 1200 lúmenes por 92 g, es la linterna frontal para todas tus salidas deportivas nocturnas más comprometidas. Provista de la tecnología REACTIVE LIGHTING®, un sensor evalúa la luminosidad ambiental y adapta automáticamente la potencia de iluminación a tus necesidades. Ultrafina, modulable y fácil de ajustar, su cinta te hace olvidar que la llevas puesta, asegurando una sujeción óptima en tus salidas dinámicas y exigentes, como en alpinismo o en esquí. Ofrece iluminación roja, fija o intermitente. Batería recargable. **Potencia:** 1200 lúmenes (norma ANSI FL 1 STANDARD). **Peso:** 92 g. **Tecnología:** REACTIVE LIGHTING® o STANDARD LIGHTING. **Tipo de haz luminoso:** mixto. **Alimentación:** Batería de ión de litio de 2250 mAh (incluida) recargable mediante un conector USB-C. **Tiempo de carga:** 5 h. **Certificaciones:** CE. **Estanqueidad:** IPX4 (resistente a las proyecciones de agua). **Disponible a partir de marzo 2026.**

www.blackdiamondequipment.com

M MOMENTUM

El Momentum está diseñado pensando en la máxima comodidad, sin sacrificar el rendimiento. Ideal como pie de gato de iniciación, ofrece confort durante todo el día, ya sea en el rocódromo o en la roca. Su parte superior está compuesta por la Engineered Knit Technology de Black Diamond, que proporciona elasticidad, soporte y transpirabilidad. Lleva también un forro de microfibra en la parte delantera para minimizar el estiramiento y maximizar la comodidad. El compuesto de goma es único: no se corta de planchas, sino que se moldea directamente, lo que permite optimizar el peso, la consistencia y el ajuste para un rendimiento duradero. Su entresuela de flexión suave mejora la sensibilidad. Perfecto para rutas moderadas, búlder o rocódromo. **PVPR:** 90 €

VIPER ALPINE HAMMER

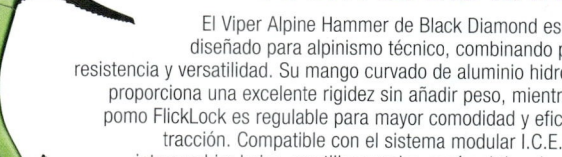

El Viper Alpine Hammer de Black Diamond es un piolet diseñado para alpinismo técnico, combinando precisión, resistencia y versatilidad. Su mango curvado de aluminio hidroformado proporciona una excelente rigidez sin añadir peso, mientras que el pomo FlickLock es regulable para mayor comodidad y eficiencia en tracción. Compatible con el sistema modular I.C.E., permite intercambiar hojas, martillos y palas según el tipo de actividad: hielo, nieve o terreno mixto. El recubrimiento del mango mejora el agarre incluso con guantes, y su geometría equilibrada lo convierte en una herramienta fiable tanto en corredores como en rutas invernales más técnicas. Si buscas una herramienta de alpinismo ultra versátil que te sirva para corredores empinados, rutas de hielo y ascensiones invernales variadas, el Viper es lo que necesitas. **PVPR:** 270 €

W SOLUTION GUIDE

Arnés técnico y resistente que ha sido rediseñado para ofrecer mayor comodidad, ajuste y versatilidad. Su nueva construcción Contour Edge permite que se afine progresivamente hacia los bordes del cinturón y las perneras, eliminando puntos rígidos. Esta estructura, combinada con espuma de doble densidad, distribuye mejor la carga y reduce la presión. El modelo femenino ha sido adaptado específicamente a la anatomía de la mujer, con un cinturón más ergonómico y perneras más amplias. Integra el bucle Infinity, sin costuras y altamente resistente, y una hebilla forjada que protege la cinta de ajuste. Cuenta con cuatro ranuras para ice clippers, cuatro portamateriales rígidos con 30% más de capacidad, y un quinto portamaterial trasero. **PVPR:** 100 €

EASY RIDER

El Easy Rider Via Ferrata es el set de gama alta diseñado para ofrecer la máxima seguridad y comodidad en terrenos equipados. Incorpora mosquetones ergonómicos y ligeros, con una apertura extra ancha que facilita el "mosquetoneo" incluso con guantes. Gracias a su giratorio de acero, evita la torsión de los cabos, lo que se traduce en un manejo más fluido. El absorbedor de energía ultracompacto garantiza una excelente capacidad de absorción en caso de caída, manteniendo el conjunto ligero y eficiente. Cuenta con un punto de descanso integrado en el giratorio, ideal para pausas seguras durante la progresión. Diseñado para usuarios con un peso comprendido entre 40 y 120 kg y cumple con la normativa europea CE EN 958:2017. **PVPR:** 140 €

www.evolvsports.com

DEFY

Pie de gato versátil, con un diseño ligeramente asimétrico y curvado, que ofrece buena precisión. Cuenta con un PSR (Power Sensitive Ranking) de 4 y una suela de 3.5 mm, que aporta sensibilidad y suavidad, pero suficiente rigidez para pisar las presas más pequeñas. La lengüeta con perforaciones para mejorar la transpiración esta dividida en dos partes para una mejor sujeción. Cuenta con un buen acolchado para garantizar una buena comodidad, y con una tira de velcro segura y rápida en el cierre. La goma de la suela es el compuesto propio TRAX SAS, siendo la más adherente de la marca y con buena durabilidad. También disponible en versión Low-Volume, con una horma más ajustada para pies más estrechos. **Peso:** 215 g. **PVPR:** 110 €

DEFY LACE

Versión del pie de gato de iniciación avanzada Defy con cordones para una mayor sujeción o para jornadas más largas de escalada. Versátil, con un diseño ligeramente asimétrico y curvado, ofrece buena precisión. Cuenta con un PSR (Power Sensitive Ranking) de 4 y una suela de 3.5mm, lo que le hace un pie de gato sensible y suave, pero con suficiente rigidez para poder utilizar las presas más pequeñas. Lengüeta con perforaciones para una buena transpirabilidad, y divida en dos partes para una mejor sujeción. Su buen acolchado garantiza la comodidad. La goma de la suela es el compuesto propio TRAX SAS, siendo la goma más adherente de la marca y con buena durabilidad.También en versión Low-Volume con una horma más ajustada. **Peso:** 215 g. **PVPR:** 120 €

V6

Diseñado para la progresión y para moverse en cualquier superficie. El cierre con tira única asegura un buen ajuste y confort, gracias también a su lengüeta dividida. La puntera ligeramente curvada aporta precisión en las presas más pequeñas. Su refuerzo en el talón garantiza una buena seguridad y estabilidad. La suela de longitud completa crea una sensación de dureza mayor para los terrenos más agresivos, pero que permite flexionar sin dificultad. Está hecha con el compuesto propio TRAX SAS, para una adherencia óptima. Para pies más estrechos, el V6 también cuenta con una versión Low-Volume, con una horma más estrecha. Cómodo y equilibrado para canto, placa, puntear y talonear. Consigue una progresión rápida a V6 (7a) y más allá. **Peso:** 260 g. **PVPR:** 155 €

SHAMAN PRO

El buque insignia rediseñado. La nueva tecnología EvoWrap de Evolv sujeta el pie de forma segura alrededor del empeine, eliminando la necesidad de presionar dolorosamente los dedos de los pies en la parte delantera del zapato. El Shaman Pro se adapta igual que nuestro Shaman Lace más vendido y Shaman Strap, pero es un modelo más suave y sensible para búlder de estilo competitivo y rutas principales. Una entresuela muy fina con forma de "LOVE BUMP" combinado con nuestra nueva tecnología EvoWrap produce un zapato súper sensible que puede moverse ágilmente en cualquier ángulo y tiene suficiente rigidez para presionar con fuerza en presas pequeñas y garantizar un ajuste cómodo y potente desde el primer momento. **Peso:** 290g. **PVPR:** 180 €

www.sacidkordas.com

NURIA 8,9

MAYOR RESISTENCIA A LA ABRASIÓN, SIN RENUNCIAR A LA SEGURIDAD

Cuerda semiestática desarrollada para barranquistas expertos, con una funda híbrida de aramida y poliamida que ofrece una resistencia superior a la abrasión, sin comprometer la seguridad.

• **Sistema patentado Full-ARMOUR:** hibridación inteligente de materiales que permite cumplir todos los requisitos de la certificación como cuerda semiestática EN 1891 Tipo B.

• **Sistema de seguridad TITAN System:** máxima protección en caso de rotura o flor en la funda. Se trata de un sistema de construcción patentado que incorpora una tercera estructura, formada por una serie de hilos paralelos al eje de la cuerda, convirtiéndola en una auténtica armadura.

• **ECO System:** tratamiento de preencogido e impermeabilización realizado con componentes PFC-Free (libres de fluorocarbonos tipo C6 o C8), que evita la absorción excesiva de agua y el aumento de peso o diámetro.

Materiales: su combinación de aramida y poliamida aporta una resistencia superior y una seguridad sin excepciones. **Diámetro:** 8,9 mm. **Peso:** 49,3 g/m. **Porcentaje alma:** 56,2%. **Porcentaje funda:** 43,8%. **Deslizamiento funda:** 0,1%. **Alargamiento:** 4,5%. **Fuerza de choque:** 3,8 kN. **Resistencia estática:** 21,2 kN. **Certificación:** Semiestática EN 1891 Tipo B. **Tamaños:** disponible en 50, 60, 70, 100, 200 o 400 metros. **PVPR:** 3,30 €/metro.

En los últimos años, la oferta de pies de gato se ha disparado, con una enorme variedad de modelos cada vez más especializados. En este artículo repasamos las tendencias actuales para ayudarte a elegir el modelo que mejor se adapte tanto a la forma de tu pie como al tipo de escalada que practicas.

RECORDEMOS que los pies de gato cuentan con poco más de medio siglo de vida y que no nacieron siendo ese calzado hiperespecializado que hoy nos sirve de excusa para no encadenar (que si me viene grande, o está recién resolado, o muy desgastado...). A finales de los 70 y principios de los 80, quien tenía un pie de gato ya podía considerarse todo un afortunado y lo usaba no solo para escalar –cualquier tipo de roca o de vía– sino muchas veces también para hacer la aproximación y los descensos, de tan poco apretados que los llevaban.

El paso de tener un único par de pie de gato "para todo" a no saber por dónde empezar a escoger ante la enorme variedad de modelos que hay en el mercado, no ha ocurrido de un día para otro. Las suelas se fueron haciendo más adherentes, se fue mejorando el ajuste, incorporando materiales más flexibles y transpirables... El aumento de la dificultad y la especialización llevó a la necesidad de cubrir demandas de un mayor control y precisión de la pisada, con múltiples mejoras en busca de un máximo rendimiento adaptado casi a cada tipo de escalador y escaladora.

Precisión y comodidad, ese difícil equilibrio

Uno de los objetivos más buscado –y más difícil de conseguir– en un pie de gato es lograr un buen equilibrio entre comodidad y precisión. Estos conceptos pueden llegar a parecer contradictorios puesto que, cuanta más precisión buscamos, mayor ajuste necesitamos y por tanto más nos apretará el pie de gato y menos cómodo nos resultará.

Durante unos años, especialmente en los 90, cuando los pies de gato empezaron a especializarse, llevar un pie de gato técnico era sinónimo de dolor. Normalmente te lo comprabas al menos 2 o 3 tallas por debajo de tu calzado de calle y, especialmente los primeros días, aceptabas escalar con dolor como parte del juego. Después de un tiempo de uso, el pie de gato daba de sí y pasaba a ser soportable. Hoy en día, los materiales con los que se confeccionan son menos flexibles, sin sacrificar la transpirabilidad y las hormas son más firmes y duraderas, lo que permite fabricar modelos más cómodos, que no tenemos que llevar hiperajustados y que mantienen la precisión y la tensión con el uso.

El fundamental ajuste

Los distintos sistemas de ajuste de los pies de gato condicionan gran parte su rendimiento. Que el calzado se vuelva prácticamente una unidad con tu pie es lo que te ayuda a transmitir la fuerza de los dedos a las presas. En líneas generales, existen tres sistemas de ajuste de los pies de gato: cordones, velcro y tipo calcetín.

Los de cordones suelen ofrecer un ajuste que permite más precisión y personalización, pudiéndose adaptar mejor a pies más estrechos o más anchos. Habitualmente son los más utilizados en los modelos destinados tanto a las vías largas como a las deportivas.

Los de velcro resultan más rápidos de poner y quitar, motivo por el que suelen

JOSÉ YÁÑEZ

Cada firma ha desarrollado su propia tecnología que busca esta "tensión", habitualmente empleando una estructura formada por bandas de goma o de otros materiales, que recorren el pie de gato desde el talón al empeine y la punta.

Ejemplos de tecnologías de ajuste son: P3 System de La Sportiva, Draxtor System de Tenaya , Wrap Rand de Boreal, el 3D Fit de Mad Rock o EvoWrap de Evolv. En líneas generales, buscan que el pie de gato mantenga la tensión interna incluso durante el movimiento, sin perder precisión.

Más blandos o más duros

Por lo general, los pies de gato más blandos se adaptan mejor al relieve de la roca. Funcionan mejor en desplomes, agujeros y adherencia, donde el pie necesita máximo contacto con la superficie de la roca. Sin embargo, pierden eficacia en mircorregletas o presas pequeñas, donde un pie de gato duro nos irá mucho mejor, pues soportará el peso de nuestro cuerpo y nos dejará aplicar fuerza de forma eficiente.

La mayor o menor rigidez no viene determinada únicamente por el tipo de goma empleada, que puede ser más blanda o más dura, sino que también es clave la horma y la estructura del propio pie de gato. Como hemos visto, las tecnologías que aumentan la tensión interna también influyen en la rigidez.

También hay modelos que incluyen plantillas rígidas que aportan soporte adicional, especialmente útil en microcantos de apenas unos milímetros. Ejemplos de pies de gato rígidos serían el Katana Lace de La Sportiva o el Anasazi Blanco de Five Ten.

En el extremo opuesto, entre los modelos más blandos encontramos el Drago de Scarpa, el Mantra de La Sportiva o el Zenist de Evolv, entre otros que priorizan sensibilidad y adaptación.

Arriba, Roberto Llorente con los gatos Method S de Black Diamond, blandos y con talón pronunciado, ideados para rocódromo, búlder y desplomes. Debajo, atándose los Crux Lace de Boreal, técnicos pero más todoterreno. A la derecha, Álvaro Mungía con los versátiles Kokoro de Garra; y empotramiento de los Utah de Tulsol Tolf, específicos para escalada en fisura. Las tres últimas marcas, junto a Tenaya, son de fabricación nacional.

ser más usados en búlder, donde nos tenemos que descalzar a menudo entre un bloque y otro. Aunque en una primera impresión puedan parecer más difíciles de ajustar con precisión, hay modelos que incluyen sistemas de velcro que logran una sujeción tanto o más firme que los cordones.

Los de tipo calcetín (o bailarina), sin cordones ni velcro, ofrecen comodidad y son los más rápidos de poner y quitar, pero no dan un ajuste tan preciso como los anteriores. Se emplean para gatos menos técnicos, para iniciación o "de calentar".

Más tensión

Sin embargo, el sistema de ajuste no se limita a si llevan velcro o cordones. Los fabricantes han desarrollado otras tecnologías que buscan que el pie de gato se adapte por completo a nuestro pie y lo envuelva con firmeza. La clave está en aumentar la tensión, de forma que seamos capaces de ejercer más fuerza en las presas más pequeñas, buscando la máxima precisión combinada con potencia, y evitando el deslizamiento del pie dentro del calzado.

Piel o tejido sintético

El material con el que esté hecho el pie de gato va a influir principalmente en su capacidad de transpiración y en su flexibilidad. Los que están fabricados en piel (cuero) se adaptan bien al pie y son cómodos y transpirables, pero suelen ceder más que los de tejidos sintéticos. Estos últimos mantienen mejor su forma con el uso durante un tiempo prolongado. Los de piel se suelen utilizar más en los modelos para vías largas, en los que la comodidad es un factor fundamental.

También hay modelos, como el Momentum de Black Diamond, que han incorporado una parte superior con lo que llaman "Engineered Knit Technology", que es básicamente un textil elástico que ofrece comodidad y buena transpirabilidad, respetando el movimiento del pie.

Hay algunos que incorporan forro interior, lo que mejora su transpirabilidad y evita que nuestro pie se quede teñido con el color con el que está tintado el cuero o piel.

Goma por todos lados

La goma ha ido saliéndose de su limitado terreno de la suela para prolongarse en ocasiones por todo el talón, la puntera o incluso el empeine. Esto se ha debido sobre todo a la necesidad de una mayor adherencia ante los movimientos tipo taloneos o gancheos, en los que se utilizan distintas partes del pie más allá de la suela. Aunque son más habituales en el búlder, estos movimientos también se ven en vías deportivas de desplome y en pasos técnicos de rocódromo.

Modelos como el Drago o el Instinct SR de Scarpa, el Shadow de Black Diamond o el Satori de Boreal, se caracterizan por tener un perfil agresivo y una puntera envolvente, recubierta de goma de alta fricción, e igualmente un talón rígido de goma que facilita este tipo de pasos en los que se utiliza el talón y el empeine.

En las competiciones de bloque, donde se combinan volúmenes grandes, presas pequeñas y pasos dinámicos, se exige un pie de gato sensible, preciso y con goma en zonas estratégicas. Algunas marcas desarrollan modelos específicos para este tipo de exigencias.

COL. ÁLVARO MUNGUÍA

Simétricos para vías largas

En las escaladas de varios largos, donde hay que llevar los pies de gato puestos durante muchas horas, la comodidad es una prioridad. Los modelos diseñados para este uso suelen tener una horma simétrica y planta plana, buscando la distribución correcta del peso y el movimiento natural del pie.

Ejemplos de esta categoría son el Mythos (La Sportiva), el Quantum (Five Ten), el Aspect (Black Diamond), el Alpha de Boreal, el Instinct (Scarpa), el Masai (Tenaya) o el Kokoro (Garra), entre otros. También hay fabricantes que incorporan plantillas acolchadas para este tipo de pie de gato, logrando aún más comodidad.

Encontramos aún más especialización en los modelos destinados a la escalada en fisuras, que cubren la parte del tobillo (para no dañarla cuando empotramos los pies en las fisuras), como los Utah de Tulson Tolf o los Yosemite Bum de Evolv, entre otros.

Puntera afilada, agresiva, redondeada...

Otra tendencia actual es la de fabricar pies de gato con hormas muy curvadas, tipo "banana", que concentran toda la fuerza en la punta del pie para maximizar la precisión en agujeros y regletas pequeñas. Son modelos específicos, que resultan eficaces en las vías técnicas, pero menos cómodos en desplomes prolongados o adherencia.

Un caso especial es la tecnología No Edge de La Sportiva (en modelos como

Arriba, Alberto Ginés compitiendo en una prueba de Copa del Mundo con los gatos Theory de La Sportiva, especialmente ideados para la escalada indoor. Abajo, detalle del gato Arpía V de Scarpa, versátiles. Ambos llevan goma Vibram® XS Grip 2.

Genius o Futura), que elimina los bordes definidos de la puntera para maximizar la superficie de contacto con la roca.

Entre los gatos técnicos de las distintas firmas, que prometen máximo rendimiento en vías deportivas exigentes, encontramos modelos como los Miura o Katana de La Sportiva; los Drago o Chimera de Scarpa; los Mastia o Indalo de Tenaya, los Dharma o el Crux de Boreal; los Mystix o Voltage de Red Chili, entre otros de las principales marcas nacionales e internacionales.

Una goma para cada roca

La goma de la suela es un componente clave que afecta directamente al agarre, la sensibilidad y la durabilidad del pie de gato. Su composición, grosor y dureza determinan su rendimiento.

Entre las suelas más empleadas en escalada están las de Vibram, marca italia-na fundada en 1937 por Vitale Bramani, que inventó la primera suela de goma vulcanizada tras un accidente en los Alpes causado por suelas de cuero con clavos. Entre sus compuestos más utilizados en pies de gato están:

• XS Grip 2: goma blanda y adherente, ideal para búlder, desplomes y rocódromos. Máxima sensibilidad, pero se desgasta más rápido.
• XS Edge: más dura, rígida y duradera, indicada para vías técnicas, placas, fisuras o escalada tradicional.
• XS ECO Flash 2: desarrollada para rocódromos. Es un compuesto coloreable que no deja marcas en las presas o paredes de los rocódromos.
• XS ECO: compuesto fabricado con un 20% de material reciclado sobrante de la confección de otras suelas, que anteriormente se desechaba.

Pero Vibram no es la única, también hay otros compuestos desarrollados por las propias marcas para sus pies de gato, que ofrecen un alto rendimiento para la escalada.

Entre ellos están la goma Zenith que usan Boreal —nacida en los años 70 en Villena, Alicante—, que fueron pioneros en lanzar internacionalmente las primeras suelas de goma cocida para pies de gato en los ochenta (con su mítico modelo Fire) y que hoy siguen desarrollando suelas de la máxima calidad. También Boreal tiene en su catálogo el pie de gato Beta Eco que está hecho con materiales reciclados casi en su totalidad, destinado principalmente a rocódromos.

También la goma Stealth de la casa Five Ten fue revolucionaria en el momento de su lanzamiento, a cargo del escalador e ingeniero Charles Coles en 1986 (con icónicos modelos como el Anasazi). Hoy la suela la sigue comercializando la casa Adidas tras su adquisición de la marca en 2011.

Otros ejemplos son la goma Trax de Evolv o la Xtreme Friction Rubber de Mad Rock, entre otras opciones, cada una con sus particularidades.

El grosor habitual de las suelas oscila entre 3,5 y 5 mm: las más finas ofrecen mayor sensibilidad pero se desgastan antes; las más gruesas son más duraderas, pero menos sensibles.

En conclusión, no existe el pie de gato perfecto que sirva para todo. La clave está en encontrar el modelo que mejor se adapte al tipo de escalada que practicas. Si eres escalador o escaladora polivalente, probablemente necesitarás varios pares: unos para rocódromo, otros para vías largas, otros para bloque, etc. Pero, sobre todo, recuerda que lo que llevas dentro de la cabeza importa más que lo que llevas en los pies.

Redacción DESNIVEL